企业重组案例丛书

U0674811

Cases of
Companies Reorganization
in China

中国企业
重组案例

第2辑 制造业专辑·上

丁友刚 ◎主编

东北财经大学出版社
Dongbei University of Finance & Economics Press
大连

Ⓒ 丁友刚 2010

图书在版编目（CIP）数据

中国企业重组案例：制造业专辑·上（第2辑）／丁友刚主编.
—大连：东北财经大学出版社，2010.1
（企业重组案例丛书）
ISBN 978 - 7 - 81122 - 825 - 0

Ⅰ. 中… Ⅱ. 丁… Ⅲ. 制造工业 - 工业企业 - 企业合并 -
案例 - 中国 Ⅳ. F279.23

中国版本图书馆 CIP 数据核字（2009）第 202865 号

东北财经大学出版社出版
（大连市黑石礁尖山街 217 号 邮政编码 116025）
教学支持：（0411）84710309
营 销 部：（0411）84710711
总 编 室：（0411）84710523
网 址：http：//www.dufep.cn
读者信箱：dufep @ dufe.edu.cn
大连美跃彩色印刷有限公司印刷 东北财经大学出版社发行

幅面尺寸：170mm×240mm 字数：277 千字 印张：13 3/4 插页：1
2010 年 1 月第 1 版 2010 年 1 月第 1 次印刷

责任编辑：李智慧 责任校对：王 瑜
封面设计：张智波 版式设计：钟福建

ISBN 978 - 7 - 81122 - 825 - 0
定价：30.00 元

前言

摆在大家面前的这套"企业重组案例丛书"是我多年来在教学过程中积累起来的。最初的目的是想通过让同学们自己编写和讲解这些案例，学会搜集资料、整理资料、讲解案例以及点评别人的案例。随着几年教学的积累，案例越来越多，于是我萌发将其汇编成辑，以便与国内同仁们交流分享的想法。这个想法得到了东北财经大学出版社的支持——东北财经大学出版社多年来致力于中国财经学术和教育类图书的出版工作，并且不遗余力。

中国经济目前仍然处于高速发展阶段，企业重组事件异常活跃，几乎每一天都有企业重组的事件在上演。这当中有着丰富的学习和研究素材。我们在教学过程中，通常都是选择一些比较有典型意义的重组案例，让同学们去搜集资料，并根据我统一设计的框架去整理资料。然后，每位同学将自己所作的案例在课堂上报告，接受其他同学的点评和提问。课后，我带着同学逐一修改他们写作的案例。这样，可以让同学们在资料搜集能力、专业写作能力、综合分析能力、报告和评论能力等多个方面都得到一定的锻炼。同时，也让同学们了解到各个行业的发展状况、企业的发展状况、重组的过程与动机、重组的财务结果、股票市场对企业重组的反应以及重组定价、重组融资、重组支付、并购会计等财务学和会计学的知识和协同效应、纵向整合、规模经济、战略考虑等经济学和管理学方面的知识。多年来，教学效果反应良好。

截至目前，我们已经积累了148个这样的案例。根据这些案例的特点，我们将其分成七辑出版，其中，1993—2006年间的典型企业重组案例按照专题汇编成第一辑至第四辑，2007—2008年间的重组案例按照时间汇编成第五辑至第七辑。具体地说，第一辑为中央企业专辑；第二辑和第三辑为制造业专辑（上、下）；第四辑为第三产业专辑；第五辑为2007专辑；第六辑和第七辑为2008专辑（上、下）。

改革开放以来，特别是近20年以来，中国企业发展波澜壮阔。我们有幸在学习和欣赏这道美丽风景的同时，采撷到了其中的几朵浪花。希望通过我们的工作，能对中国企业发展过程中的精彩片段作一些点滴记录。因为这套丛书来自于教学过程，所以更希望这套丛书能够为从事企业并购重组课程教学和学习的师生提供一份可资参考、交流和讨论的资料。

这些案例主要出自学生之手，书中引用诸多他人的宝贵资料，同学们已经尽可能注明了文献出处，但仍恐有疏漏之处，敬请谅解！

参与这套丛书编辑整理工作的还有许晗瑜、蔡诚、蔡磊、邹双娟、古捷、姚姿、李碧荣、羊芳蔚、宋颖、曹振昌、陈坚宁、关韵琴、黄尉伦、施志君、王振峰、文宝英、张小冰、许建宁、徐达伟等同学，在此一并感谢！

丁友刚

2009 年 9 月

致谢

感谢暨南大学企业发展研究所及管理学院"十一五"211 建设项目"管理理论与应用"对本丛书的资助出版！

企业重组案例丛书

中国企业重组案例

第一辑　中央企业专辑

第二辑　制造业专辑·上

第三辑　制造业专辑·下

第四辑　第三产业专辑

第五辑　2007 专辑

第六辑　2008 专辑·上

第七辑　2008 专辑·下

目录

案例 1	复星集团要约收购南钢股份	1
案例 2	新唐钢集团的组建	12
案例 3	*ST 美雅反收购案例	23
案例 4	粤美的管理层收购	36
案例 5	TCL 收购德国施耐德	44
案例 6	TCL 换股合并	51
案例 7	TCL 合并汤姆逊彩电业务	64
案例 8	美的集团控股合肥华凌	77
案例 9	海信入主科龙	84
案例 10	四川长虹收购美菱	93
案例 11	佳通收购桦林轮胎	103
案例 12	TCL 集团出售两子公司	112
案例 13	联想收购汉普	120
案例 14	联想并购 IBM 个人电脑业务	128
案例 15	日资收购北旅	138
案例 16	东风汽车牵手日产汽车	147
案例 17	比亚迪收购秦川汽车	158
案例 18	宇通客车 MBO 案例	167
案例 19	马自达入股长安福特	176
案例 20	三菱参股东南汽车	186
案例 21	四通 MBO 案例	196
案例 22	深圳华强 MBO 案例	203

复星集团要约收购南钢股份

2003 年 6 月 12 日，南京钢铁联合有限公司（以下简称"南钢联合"）宣布从 2003 年 6 月 13 日起的 30 个自然日内向本公司除南京钢铁集团有限公司（以下简称"南钢集团"）以外的所有股东发出收购要约。国有法人股要约价格为 3.81 元/股，要约股份数量 240 万股；流通股的要约价格为 5.86 元/股，要约股份数量 14 400 万股。收购的结果是，无论流通股股东还是法人股股东都不愿意按上述价格出售股份，南钢联合最终以零预售的结果结束了这场我国证券市场的首例要约收购。

1. 行业背景

1.1 钢铁产量大幅增长

改革开放以来，中国钢铁工业得到了迅速发展。自 1996 年以来，中国钢产量已经连续 6 年超过 1 亿吨。经过 50 年的建设与发展，截至 2002 年，中国钢铁产业已形成了由矿山、烧结、焦化、炼铁、炼钢、轧钢以及相应的铁合金、耐火材料、碳素制品和地质勘探、工程设计、建筑施工、科学研究等部门构成的完整工业体系。

2002 年，在国内外利好消息的刺激下，我国的钢铁行业一改往日的低迷，开始回暖。2002 年，我国累计产钢 18 155.16 万吨，同比增幅高达 20.34%；加上进口部分，2002 年我国钢材消费量高达 2.1 亿吨，钢铁产、销量创历史新纪录，继续保持着全球最大的钢铁生产和消费国地位。钢材主要品种价格的上扬，促使钢铁行业实现利润 250 亿元，同比增长 22%，是 1994 年以来效益最好的一年。承接 2002 年良好的发展态势，2003 年上半年，我国钢铁行业形势趋好，国内钢铁生产持续高速增长，产量连创新高，全年钢铁产量突破 2 亿吨。据国家统计局统计，2003 年全国累计生产生铁、钢和钢材分别为 20 231 万吨、22 234 万吨和 24 119 万吨，分别比 2002 年增产 3 323 万吨、4 065 万吨和 4 715 万吨，同比增长分别为 19.65%、22.38% 和 24.30%。钢铁产量快速增长的主要原因为国内钢材需求旺盛、价格持续上涨，以及经济效益的不断增加。

2003 年，在国内钢铁产量大量增加的情况下，我国钢产量占世界总产量的比重不断增加。据国际钢铁协会的统计，2003 年我国钢产量占世界总产量的比重达到了 23.09%，比 2002 年提高了 2.97 个百分点。就新增产量而言，2003 年我国钢产量增加了 4 065 万吨，占国际粗钢增加量的 68.20%，也就是说世界粗钢新增加产量的 2/3 来自于中国。

1.2 钢铁企业规模效益不断扩大

截至 2001 年年底，我国年销售额 500 万元以上的钢铁企业有 2 506 家，其中年产钢大于 1 000 万吨的有 1 家（宝钢集团），全年产钢 1 868 万吨，占全国产钢总量的 12.54%；700 万吨～900 万吨的有 3 家（鞍钢、首钢、武钢），3 家全年钢产量占全国产钢总量的 16.2%；100 万吨～600 万吨的企业有 38 家，其总资产达 8 252 亿元，其中固定资产原值 5 054 亿元，从业人员 127 万人。2001 年，全国钢材产量 15 745.37 万吨，粗钢产量实际水平已突破 1.49 亿吨，至 2002 年，65 家重点大中型钢铁企业连铸比已经达到 91.37% 的水平。通过产业结构调整和技术改造，我国钢铁工业品种增加、质量提高，已由过去的仅能生产 100 多个钢种、400 多个品种规格的钢材发展到今天的 1 000 多个钢种、4 万多个品种规格的钢材。国产钢材的国内市场占有率已经达到 90% 以上，95% 以上的钢材从品种、质量到数量均能满足国民经济各部门的需要，有力地支持了国民经济的持续快速发展。但其总体竞争力仍然不高，存在着 2 000 多万吨落后的型线材和叠轧板材轧机需要压缩和淘汰。

国内各钢铁企业在 2003 年持续增加投资、扩大生产规模，使国内钢铁企业的总体规模显著扩大。据统计，钢产量在 500 万吨规模以上的企业由 2002 年的 9 家增加到 13 家，产量合计为 9 789 万吨，占全国同规模产量的 44.47%；200 万吨规模以上的企业由 25 家增加到 34 家，产量合计为 15 338 万吨，占全国同规模产量的 69.68%。

2. 企业背景

2.1 南京钢铁股份有限公司

南京钢铁股份有限公司（以下简称"南钢股份"）是 1999 年 3 月南钢集团改制时，由南钢集团下属的 7 个生产单位合并设立的。改制设立初期，南钢集团投入了主要的优质经营性资产，包括焦化厂、第一烧结厂、第二烧结厂、炼铁厂、炼钢厂、中板厂、棒材厂等。公司主导产品为板材、棒材、钢带和钢坯等，具有年产 170 万吨铁、150 万吨钢和 11 万吨钢材的综合生产能力。

2000 年 9 月，公司在上交所上市发行 12 000 万 A 股股票，每股的发行价为 6.46 元，实际募集资金 7.58 亿元。南钢集团是南钢股份的第一大股东，持有公司 70.95% 的股份，另外 4 家战略合作者各持 50 万股，共持有 0.48% 的股份。上市 3 年来，公司的业绩表现良好，主营业务收入和净利润均逐年增加，2000 年每股收益达到了 0.61 元。南钢股份具有一定的区域优势和明显的产品优势。其公司位于江苏省，该省的建筑业、机械制造业十分发达，为钢铁行业的发展创造了一个良好的市场环境。同时临近江苏省的浙江省对钢铁的需求也极为旺盛，为其发展提供了一个广阔的市场空间。早期公司的重点产品为船板、容器板、锅炉板等中板产品，主要用于造船、压力容器、锅炉、桥梁等行业。在西气东输、南水北调、青藏铁路等一批国家重点工程中以及在汽车、造船业都有较大需求。2002 年，南钢股份的中板销售价格一路上扬，全年涨幅超过 30%，毛利率高达 21%，接近 2001 年销售价格的两倍。2002 年南钢股份中板产量为 80 万吨，船板的销售量位居全国第三，其研制成功的高附加值产品——AH32、AH36 高强度船用钢板已取得欧美权威船级社的认证。普板和船板在上海的市场占有率为 15%，普板和普带在浙江的市场占有率分别为 20% 和 30%。我国相当一部分专用中厚板，如造船板、锅炉板、容器板等还必须依赖进口，国内生产的专用板无论从数量上还是品种质量上都是不能满足需求的。

不过，在钢铁行业中，南钢股份的生产规模较小，与同处华东地区的宝钢股份、杭钢股份相比，显然不具备竞争优势。另外，随着民营企业大举介入钢铁行业，其规模迅速赶超国有钢铁企业，而且极具成本优势，加剧了钢铁行业的市场竞争。南钢股份脱胎于国有企业，至 2003 年仍为国有控股公司，经营机制转变相对较晚制约了南钢股份的发展速度。仅就江苏省内而言，原排名第二的沙钢的规模已经大大超过了南钢股份（包括划拨过来的淮钢）。为了扩大生产规模，进一步巩固并提高竞争优势，南钢股份抓住自 1999 年来国内经济快速增长、投资回升较快、钢铁业需求猛增的市场机会，计划大规模投资中厚板项目。

南钢股份于 2002 年 5 月发布公告，宽中厚板（卷）工程已经动工，标志着公司设备大型化、现代化技术改造的开始。南钢宽中厚板（卷）项目是国家批准建设的国内第一条宽中厚板（卷）生产线，工程总投资 33.8 亿元，设计能力为年产100 万吨宽中厚板（卷），计划于 2004 年建成并投入试生产。

2.2　上海复星高科技（集团）有限公司

郭广昌和他的三位复旦同学于 1992 年在上海成立上海复星高科技（集团）有限公司（以下简称"复星集团"），属于民营高科技企业，当时主要从事生物医药业务。仅十余年，复星集团就从一家只有几万元自有资金的小企业，成长为一个包括多家上市公司在内的由 80 余家企业组成的大型民营控股集团。2002 年，复星集团总资产达 114.78 亿元，实现销售收入 101.17 亿元，在 2003 年 8 月公布的"中国企业 500 强"中名列第 144 位，在"中国民营企业十强"中名列第 6 位。

虽然公司的核心业务为生物制药、房地产和信息产业，但复星集团更擅长资本运作，多次大举收购上市公司。例如，2000 年 8 月，复星通过注资 1.49 亿元拥有天津药业集团 22% 的股份，成为该集团第二大股东；2001 年 6 月，该集团下属的天药股份在上交所上市。通过一系列的资本运作，复星集团先后参股羚锐制药、河南信阳、天津药业、武汉中联、广西花红药业等公司，并收购了两家上市公司——豫园商城和友谊股份，同时还对重庆药友、北京金象等公司控股。2003 年 1 月，复星集团出资 5 亿元与中国医药集团合资组建国药集团，并拥有该集团 49% 的股份。复星集团非常重视投资回报率，通常只介入高利润行业的龙头企业，同时也注重产业经营和资本运作之间的平衡，通过资本运作进入有利可图的产业，用合理的经营去推动下属企业的发展。

2.3 南钢集团

南钢集团的前身是 1958 年成立的南京钢铁厂，于 1993 年 12 月进行了股份制改造，注册资本 8.5 亿元，南钢集团的经营状况甚佳，是江苏省最大的国有企业。经过 40 多年的建设和发展，南钢集团已成为集采选矿、钢铁冶炼、钢材轧制为一体，具备 350 万吨钢、200 万吨铁和 450 万吨材综合生产能力的大型钢铁联合企业。2002 年，南钢集团的销售收入超过 145 亿元，实现盈利 5 亿元，跻身全国同业排名的前 5 名。2003 年，集团完成销售收入 185 亿元，在"中国企业 500 强"中名列第 69 位。

2.4 南钢联合

南京钢铁联合有限公司是由复星集团、上海复星产业投资有限公司（以下简称"复星产业投资"）、上海广信科技发展有限公司（以下简称"广信科技"）和南钢集团于 2003 年 3 月 12 日签订《合资经营合同》而合资成立的，合同中载明"南钢联合的注册资本为 27.5 亿元"。其中，复星产业投资和广信科技都是复星集团的下属子公司。因此，南钢联合实际是由复星集团及其关联企业和南钢集团组建的合资公司。南钢联合的资本构成和出资方式如表 1—1 所示。

表 1—1　　　　　　　南钢联合的资本构成和出资方式

公司名称	出资方式	作价（亿元）	资本所占比例（%）
南钢集团	南钢股份国有股 35 760 万股及其他部分资产、负债	11	40
复星集团	现金	8.25	30
复星产业投资	现金	5.5	20
广信科技	现金	2.75	10
合计		27.5	100

3. 过程描述

2003 年 3 月 12 日

南钢集团与复星集团以及复星集团下属的复星产业投资和广信科技合资组建南钢联合。双方在《合资经营合同》中约定，南钢集团以其持有的南钢股份国有股

35 760 万股（占总股本的 70.95%）及其他部分资产、负债合计 11 亿元出资，占南钢联合注册资本的 40%；复星集团公司以现金 8.25 亿元出资，占南钢联合注册资本的 30%；复星产业投资以现金 5.5 亿元出资，占南钢联合注册资本的 20%；广信科技以现金 2.75 亿元出资，占南钢联合注册资本的 10%。

由于南钢集团是以所持南钢股份的股权出资，因此需要得到财政部、证监会等部门的批准。3 月 27 日，财政部批准了南钢集团以其持有的南钢股份的国有股份出资成立南钢联合。南钢集团以南钢股份的股份进行注资，对于南钢股份来说，已经构成了上市公司股权转让和收购行为，且收购的股份超过南钢股份已发行总股本的 30%，依照法律已经触发要约收购义务。与此同时，南钢股份此次要约收购不符合《上市公司收购管理办法》中对要约收购义务进行豁免的条件。因此，作为股份承受人的南钢联合，将根据有关规定履行要约收购义务，向南钢股份法人股和流通股股东发出全面收购要约。这是沪深股市有史以来第一例要约收购。

2003 年 4 月 8 日

南钢联合发布《南京钢铁股份有限公司要约收购报告书摘要》，拟对其余持有南钢股份股票的股东进行要约收购。根据相关规定，南钢联合首先将履约保证金 17 059.68 万元存入中国证券登记结算公司上海分公司指定账户中，并于 2003 年 4 月 17 日在工商银行南京分行大厂支行开立账户存入现金 68 300 万元。南钢联合、大厂支行和兴业证券三方签订资金账户共管协议，保证该账户中现金余额在要约收购完成前任一时点不低于 68 238.72 万元。

2003 年 6 月 7 日

南钢股份董事会公布了《南京钢铁股份有限公司黄亭会关于南京钢铁联合有限公司收购事宜致全体股东的报告书》，建议流通股股东不接受要约，国有法人股股东可以接受要约。

2003 年 6 月 12 日

南钢联合发布了经证监会审核并修改的《南京钢铁股份有限公司要约收购报告书》，要约收购进入实施阶段。根据要约收购报告书的相关规定，南钢联合于 2003 年 6 月 13 日起的 30 个自然日内对南钢股份进行全面要约收购，收购的标的为 1.44 亿股流通股和 240 万股法人股，合计占南钢股份已发行股份总数的 29.05%。根据证监会、中国证券登记结算公司及上交所出台的一系列规章制度，南钢联合对 1.44 亿流通股的要约收购价格为每股 5.84 元，这是根据公告前 30 个交易日的每日加权平均价格的算术平均值的 90% 确定的，对 240 万法人股的要约收购价格为每股 3.81 元。由于南钢联合公告前 6 个月没有买过南钢股份的股票，因此流通股的价格是由北京中证评估公司评估确定的。

2003 年 6 月 23 日、7 月 3 日、7 月 10 日

南钢联合先后三次在《中国证券报》和《上海证券报》刊登了要约收购提示性公告。

根据规定，南钢联合此次要约收购的有效期限为发布《要约收购报告书》之

日起的 30 个自然日（即 6 月 13 日至 7 月 12 日）。2003 年 7 月 13 日，南钢联合公布了《要约收购实施情况的公告》，在要约收购期内没有股东接受要约，我国首例要约收购宣告结束。

4. 动因分析

4.1 南钢集团方面动因分析

南钢股份的经营状况向来不错，自 2002 年以来不停上涨的钢材价格使得企业经营业绩得到不断改善，但经营压力也在不断增加。钢材市场的红火吸引了各路资本迅速向钢铁行业集中，使得国内钢铁业的产能在短期内急剧扩张，地方政府和民间资本投资的钢铁生产项目也是遍地开花。在供给能力不断增加的情况下，钢铁企业之间的竞争也在不断加剧。面对激烈的市场竞争，南钢股份没有规模优势，一旦钢材价格回落，势必对公司业绩产生影响。南钢股份一直在走自我积累、自我发展的道路，技术引进较迟缓，经营机制转换较慢，现有状况已经不能适应企业发展需要，必须借助资本集聚、迅速扩张以获得技术竞争力和规模竞争力。基于钢铁行业的竞争现状和前景，为了在市场竞争中取胜，南钢股份决定通过实施宽中厚板项目，提高生产技术水平、扩大生产规模，实现自身规模和竞争力的尽快提高。该项目需要高达 33.8 亿元的资金投入，而南钢股份可用自有资金约 15 亿元，中厚板项目尚有 18 亿元的资金缺口，若要继续此项目需要向外部筹资。南钢负债率仅45.71%，可以进一步举债。此外，南钢股份还试图利用其上市公司的地位在证券市场上吸纳股权资金，但遭到市场投资者的强烈反对，股价迅速跌停。如果与复星集团合资成功，南钢股份将加快实施增发计划，辅以贷款，抓紧完成宽中厚板项目投资。同时，南钢联合将实施与宽中厚板相关的前道设备技改项目，共同打造南钢中板强项。

另一方面，对于南钢集团自身来说，虽然并购前发展势头良好，资金还算充裕，但其机制比较僵化，难以进行重大改革。将南钢股份转给复星集团，也是希望复星集团可以为其带来新的机制、更好的管理理念和管理水平，给南钢股份注入新的动力。因此，复星系入主南钢股份，将充分发挥双方的优势，使得本身属于绩优股的南钢股份步入高速发展的快车道。复星集团的优势主要集中在高科技方面以及先进的管理技术，在复星集团间接入主南钢股份后，可以预期将会利用高科技手段来改造传统产业。此外，还可以利用复星集团先进的管理技术来提升南钢股份的内部管理，充分挖掘内部潜能。复星集团的营销网络、高科技储备项目也是南钢股份扩大市场份额、增加高科技含量的强力支持。

4.2 复星方面动因分析

虽然复星集团的主业是医药，但其早已进入钢铁行业。2001 年 7 月，复星集团与河北唐山建龙实业公司合资成立了钢铁企业,截至 2002 年底,年产量已达 300 万吨,而在宁波建立的企业——宁波建龙的规划产量是 600 万吨。如果成功入主南钢股份之后,再加上南钢股份的 350 万吨,复星集团拥有的钢铁企业年产量将达到 1 200 万吨。复星集团对钢铁行业投入巨资,主要是看好钢铁业在中国的发展,尤其是工艺先进、成本领先的钢铁企业在国内以及国际钢铁业中的长期竞争优势。自 2002 年 2 月以来,国内钢材市场钢价一路攀升,平均每吨钢材获利 124.8 元。在钢价持续高位运行、钢企利润增加的情况下,复星集团希望分享钢铁行业的增长。从长远来看,在中国生产钢铁的原材料成本、资金成本与国外持平,但设备成本比国外低 1/3,人力成本是主要产钢国的 1/20 ~ 1/10。因此,在中国生产钢铁有天然的成本优势。当然,要发挥这种成本优势,还需要提高中国钢铁企业的劳动效率,而复星集团恰恰在企业运营方面有着丰富的经验。

中国钢铁业的现状是厂家众多,地域分散,规模总体偏低;低档产品多,中高档产品少;国有钢铁企业多,民营钢铁企业少。钢铁价格偏高,而政府一旦对钢铁业进行调控,钢材价格势必下跌,达不到规模的中小型钢铁公司势必举步维艰。另外国外钢铁业的发展证明,钢铁业是适合开展规模经营、实现协同效应的一个行业,复兴集团积极投入到产业整合中帮助其他企业进行产业融合,寻找市场盲点创造财富。同时,复兴集团还看准了国有企业退出一般竞争性行业蕴涵着的巨大的获利机会,积极尝试民营机制同国有企业的有效嫁接方式。

◆ 5. 结果评价

对南钢联合来说,合并十分顺利。虽要履行要约收购的义务,但结果是零预受、零撤回。对于南钢联合的大股东——复星集团来说,这样的结果避免了大笔收购费用的支出,节省了大笔开支。之所以有这样的结果,需要从公告发布前后南钢股份的股价变化中看。要约收购的最初公告日为 4 月 7 日,要约收购的期间为 6 月 13 日 ~ 7 月 12 日。图 1—1 为要约收购期间股价变化图。

由于流通股的收购价为 5.84 元,4 月 6 日的股票收盘价为 6.68 元,自 4 月 7 日起迅速上涨,至 4 月 17 日已升至 9.98 元,以后虽有下降,但始终在 8 元以上。在这样的股价条件下,流通股股东不愿意将股票卖给大股东是很自然的事情。对法人股的股东来说,每股 3.81 元的收购价仅比其 2002 年的每股净资产 3.46 元和 2003 年一季度的每股净资产 3.65 元高出 10% 和 4.4%。对于一家业绩良好、盈利前景光明的公司来说,这样的转让价是没有吸引力的。因此,没有人愿意出让法人股。由此可见,南钢联合在履行要约收购义务时成功地实现了零预受的原因,是南钢集团与复星集团之间的战略合并得到了市场的认可,市场投资者对南钢股份未来的股价有更高的期待。

另外,将南钢股份 2003 年 1 月 2 日至 12 月 19 日的股价分为三个阶段:第一阶段为要约收购公告前,即 1 月 2 日至 4 月 6 日;第二阶段为要约收购阶段,即 4

股价（元）

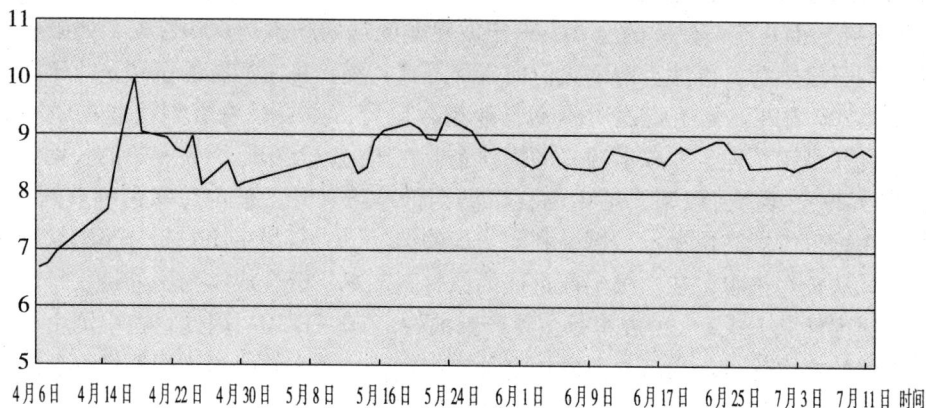

图1—1 股价变化图

月7日至7月11日；第三阶段为履约后阶段，即7月15日至12月19日。表1—2为不同阶段平均股价与平均指数比较表。

表1—2 　　　　　　　　　不同阶段平均股价与平均指数比较表

	公告前	要约收购阶段	履约后	履约后比公告前
平均股价	6.44 元	8.62 元	7.97 元	—
平均指数	1 474 点	1 539 点	1 420 点	—
平均股价增长率	—	33.85%	-7.54%	23.76%
平均指数增长率	—	4.41%	-7.73%	-3.66%
股价增长率减指数增长率	—	29.44%	0.19%	27.42%

　　从上表的结果可知，在不考虑市场大盘、只考虑公司股价的情况下，要约收购阶段与公告前相比的增长幅度是最大的，达33.85%；履约后阶段与要约收购阶段相比股价下跌了；但履约后阶段与公告前相比较，还是有较大增长，增幅为23.76%。也就是说投资者在公司合并后更有信心了。

　　但这里没有考虑大市对股价的影响，如果排除大市的因素，股价的净增长情况为：要约收购阶段与公告前相比增长29.44%；履约后与要约收购阶段相比增长0.19%；履约后与公告前相比较增长27.42%。这就是说，无论如何比较，合并后公司股价表现都优于合并之前。这既说明双方战略性合并确实带来了协同效应，也说明投资者对南钢股份充满了信心。

6. 问题探讨

6.1 什么是要约收购？为何南钢联合要对南钢股份进行要约收购？

　　收购上市公司有两种方式：协议收购和要约收购，而后者是更市场化的收购方式。

所谓协议收购，是指收购者在证券交易所之外以协商的方式与被收购公司的股东签订收购其股份的协议，从而达到控制该上市公司的目的。收购人可依照法律、行政法规的规定同被收购公司的股东以协议方式进行股权转让。

所谓要约收购（即狭义的上市公司收购），是指通过证券交易所的买卖交易使收购者持有目标公司股份达到法定比例（《证券法》规定该比例为30%），若继续增持股份，必须依法向目标公司的所有股东发出全面收购要约。

与协议收购相比，要约收购要经过较多的环节，操作程序比较繁杂，收购方的收购成本较高。而且一般情况下要约收购都是实质性资产重组，非市场化因素被尽可能淡化，重组的水分极少，有利于改善资产重组的整体质量，促进重组行为的规范化和市场化运作。

根据《上市公司收购管理办法》的规定，以下四种情形可以豁免要约收购：一是上市公司实际控制人未变的，如国有主体之间的转让可以视同实际控制人未变，南钢股份的实际控制人已经从南钢集团转变成由复星集团控制的南钢联合，显然不属于此类豁免的情形；二是上市公司面临严重财务危机，从目标公司南钢股份2002年的年报来看，其业绩良好；三是发新股；四是法院裁决。对于南钢联合来说，由于在其设立过程中，南钢集团以持有的70.95%南钢股份股权进行出资，相当于将该部分股权转让给南钢联合，已经超过了30%的限定，同时南钢联合不符合豁免要约收购的条件，因此南钢联合必须对南钢股份的所有股份进行要约收购。

虽然《上市公司收购管理办法》中也做了弹性规定，即监管部门可根据市场的发展做出其他豁免情形的认定，但显然南钢联合并没有尝试提出豁免申请。在这种情况下，复星集团通过南钢联合采取直接发起要约的方式来履行自己的义务。这实际上是反映了收购方对自身实力和重组前景的充分信心。另外，复星集团采取这个措施也有其他的考虑：要申请豁免要约收购义务，不仅难以得到批准，而且光是审批程序就要3个月以上，而采取要约收购方式，只需30天时间即可完成收购。

6.2　南钢股份要约收购对证券市场的意义

作为国内资本市场上的首例要约收购，南钢股份的要约收购将促进证券市场兼并业务的进一步发展。在上市公司的收购过程中，其实很多都涉及要约收购，要完全满足申请豁免要约收购义务的情况是比较少的。复星——南钢的合作收购模式，将给市场带来参考作用，能够被许多潜在的收购者所学习，从而促使收购重组行为更趋活跃，甚至将来可能会出现在要约收购中互相竞价的情况。

南钢股份流通股的要约收购价与二级市场价格之间存在着相当的差价，此差价一方面使流通股股东不愿意卖给收购方，从而使收购方财务压力大减；另一方面还使流通股股东相信，既然收购方敢在此价位接盘，那么现价离股票的内在价值应该不远，后市理应看好。从另一个角度来看，收购方对目标公司的流通股股价也要有相当的控制力，否则一旦股价失控，则收购方将面对大量卖出的流通股。如果最终收购的股份超过 75%，还可能使公司终止上市，这显然不符合收购方的利益。因此，本次南钢股份要约收购案就其本身而言，象征意义大于实际意义，只是完成一个程序，走个过场而已。

南钢股份要约案的真正意义，在于表明了中国资本市场的逐步成熟，各种国际资本市场流行的运作方法正逐渐地被引入国内。这些并购方式的传入，将对我国证券市场的运作格局产生重大的影响。

6.3 收购价格的制定问题

南钢联合制定了较低的收购价，实际上豁免了自己要约收购的义务。那么，这个价格是如何制定出来的？这种制定价格的机制是否合理？

对于要约收购的价格，2002 年发布的《上市公司收购管理办法》规定，要约收购上市流通的同一种类股票价格不得低于下列价格中较高者：①在提示性公告日前六个月内，收购人买入被收购公司挂牌交易的该种股票所支付的最高价格。②在提示性公告前 30 个交易日内，被收购公司挂牌交易的该种股票的每日加权平均价格的算数平均值的 90%。基于这样的价格规定，结合本案例的实际情况，可以看到南钢联合之所以能够制定比市价还低的收购价，是因为南钢股份的市场价格从 2003 年初开始到提示性公告的 4 月 9 日，总体上处于一种上升的态势，市价低于 6 元的只有在 1 月 8、9 两日出现很小的成交量，特别是在公告之后，南钢股份的股价持续飙升，使得收购价格形同虚设。因此，这种定价模式是不合理的。

按照原来《股票发行与管理暂行条例》的规定："在上市公司收购中，以下列价格较高者进行收购：①收购要约发出前 12 个月内要约人购买该种股票的最高价格；②要约发出前 30 个工作日内该种股票的平均价格。"这种方法抬高了要约成本，但从很大的程度上保护了小股东的利益。而后来的《证券法》则对此做了修改，放宽了对要约收购的限制，适当降低了要约成本，也适当保护了小股东的利益。这样看来，法定的价格是合理的，但也存在缺陷。

可以看出，《证券法》规定的要约收购价格是以"通过证券交易所交易"为基础的。在这个前提下，任何收购价格都得由市场来定。因此，想私下达成价格联盟来达到控制数量较大的股份，进而再用低价的方法收购其余小股东股份的方法是难以实现的。但由于我国股票市场的特殊性，使得收购者可以直接从大股东手里收购股份，突破市场的限制。因此，在国有企业中国有股一股独大的情况下，要控制一个类似的公司，通过协议收购是首选方法，而通过协议收购之后，即使进入要约收购阶段也可以采取变通方法，如本案例中的南钢联合。若是协议不成，就算要约价再高，也买不到国有股，因为得不到审批。另外，如果要约方除了在持有国有股之前已经持有流通股，其也可以通过种种股票市场惯用的手法（如注入优质资产、炒作新概念）来抬高股价。只要目标公司的股价不断上升，那么就可以使最低法定要约价低于市价，从而减少收购方的成本。

南钢联合的要约价格之所以如此低廉，是因为它先完成了协议收购，随后再进入到要约收购程序。而在我国资本市场发展不完善的条件下，要约收购的市场定价规定容易被操纵。所以，需要对从协议收购方式进入要约程序的情况做出新的价格规定。

主要参考文献

1. 佚名:《"钢铁热"中有隐忧》,中国证券报·中证网,http://www.cs.com.cn/csnews/20030415/354056.asp,2003-04-15。

2. 佚名:《南钢股份要约收购》,天涯社区,http://www.tianya.cn/publicforum/Content/no100/1/18397.shtml,2006-03-02。

3. 佚名:《国研中心:钢铁还有20到30年的高速发展期》,多彩财经,http://www.mfzq.com.cn/Blog/Diary.aspx? Data=S&Tid=131865,2003-07-26。

4. 佚名:《南钢股份(600282):要约收购将带来全新机会》,新浪财经,http://finance.sina.com.cn/e/20030410/1248330086.shtml,2003-04-10。

5. 布尔古德:《复星巧避规则收购南钢:中国首例要约收购案例分析》,载《中国投资》,2004(6)。

6. 东山:《南钢要约收购大幕落下》,载《中国证券报》,2003-07-15。

7. 韩强:《质疑南钢要约收购》(IFN时评),载《国际金融报》(第四版),2003。

8. 佚名:《南钢要约收购案例分析》,载《中国并购评论》,2003(4)。

9. 熊进光:《上市公司收购若干法律问题研究——兼评<证券法>立法缺陷及其完善》,载《江西财经大学学报》,2002(5)。

10. 吴帆:《公司并购新利器——"要约收购"》,载《金融世界》,2000(1)。

11. 李平:《我国二级市场要约收购立法中存在的问题及解决思路》,载《淮北煤炭师范学院学报》,2001(6)。

12. 刘毅、衰兰兰:《我国要约收购的缺陷性分析及对策》,载《投资研究》,2003(11)。

13. 朱保宪:《零预受的首次要约收购——南钢股份收购案》,载《资本市场杂志》,2004(3)。

14. 刁岳川:《审时度势努力提高南钢集团的企业竞争力》,载《南钢科技》,2003(1)。

15. 佚名:《钢铁行业分析及趋势预测》,载《产经透视》,2003(12)。

案例参编:周　航　卢敏珠

新唐钢集团的组建

2006 年 2 月 28 日，河北唐山钢铁集团有限责任公司（以下简称"唐钢集团"）正式成立，其是由宣化钢铁集团有限责任公司（以下简称"宣钢"）、承德钢铁集团有限公司（以下简称"承钢"）的国有资产整体划入唐山钢铁集团有限责任公司（以下简称"唐钢"）重组而成的。唐钢集团的组建是国内产钢第一大省河北省有史以来规模最大的国企整合，它的成立标志着我国又一大型钢铁集团重组成功，重组后的唐钢集团成为我国第二（仅次于上海宝钢）、亚洲第五、世界第十二的特大型钢铁集团。

1. 行业背景

20 世纪是世界钢铁工业快速发展的世纪，世界经济的快速增长促使钢材的需求旺盛，推动了全球钢铁产量的持续增长。钢铁工业作为国家基础产业部门，曾被视为是一个国家总体实力的象征，强大的工业经济实力是有赖于钢铁工业向制造业提供装备和材料的。2000 年全球粗钢产量达 8.47 亿吨。进入 21 世纪后，钢铁工业发展的重点向发展中国家进行了转移，在科技进步和市场需求的拉动下，世界钢铁生产的规模、地区格局与原材料供应等都发生了显著变化。早期工业化国家如美、英、法、日均是在进入工业化后钢产量迅速增长，并保持若干年高峰期。在20 世纪 80 年代中期基础设施建设完成、进入后工业化阶段后，其钢产量下降并进入稳定期。因此，未来发展中国家和新兴工业化国家将成为世界钢铁生产增长的主力，自 2000 年以来全球钢铁生产的增长已经明显地表现出这种趋势。世界钢产量跃上了一个更高的水平，主要是靠中国等发展中国家钢铁工业的快速增长实现的。其中，中国、印度、巴西和韩国钢年产量增量占全球钢铁年产量增量的 70% 以上，如果扣除中国的钢年产量，世界钢年产量仅增长 3%。

为适应当今世界经济全球化的要求，世界钢铁工业的改组、改造和重组的步伐也在加快。因此，21 世纪的世界钢铁工业将在高科技的推动、原材料供给与产品销售的激烈竞争以及环境容量的制约下，进入新的结构调整和发展时期。自 20 世纪 90 年代以来，全球钢铁工业进入了战略同盟时代，通过并购形成的钢铁巨头不断出现，如当今全球最大的钢铁企业阿塞勒（Arcelor）集团公司，正是由法国于齐诺尔、卢森堡阿尔贝德及西班牙的阿塞雷利亚三大世界级钢铁公司组建而成。发达国家在钢产量达到历史顶峰以后，国内市场需求一直处于稳定状态，故而转向在发展中国家寻找新的利润空间。近年来，钢铁工业这一长期以来被认为是"全球化"程度较低的产业，也在全球范围内加快了资本重组的步伐。特别是亚洲地区以其巨大的钢铁消费潜力，吸引各跨国公司争相到此投资。

我国钢铁工业的起步比较晚，自改革开放以来，钢铁工业作为我国国民经济的基础产业，得到迅速发展。我国年产钢量在1996年突破1亿吨后，连年快速上升，始终保持世界钢年产量第一的位置，2003年又突破2亿吨（达到22 234万吨），创造了一个国家年产钢世界新纪录。随着我国扩大内需的积极财政政策逐步发挥效应，钢铁行业亦呈现出迅猛的增长势头。

中国是钢铁大国，却并非钢铁强国，在经历了以数量扩张为主的发展时期后，钢铁工业已进入了结构调整、全面提升竞争力为主的阶段。钢铁产业是我国的传统产业，同时也是资金、资源和能源密集型产业，它的发展不仅仅是钢铁行业自身的事情，还涉及到上下游的诸多行业，涉及到国民经济全局。虽然中国钢年产量很高，世界排名第一，年产量超过全球钢年产量的1/4，但是钢铁行业的产业集中度较低、工艺装备水平整体落后、企业自主开发创新能力不足，导致了钢铁产品结构不合理、低端产品过剩且高端产品短缺、产品质量较低、资源消耗较高等方面的问题。同时，在原材料的采购和产品销售方面与上下游的谈判能力较弱，大大降低了中国钢铁业在国际钢铁市场中的竞争力，钢铁行业结构调整和产业升级的任务仍然很艰巨。表2—1为2001～2004年中国钢铁企业产量集中度，表2—2为2001～2002年世界主要钢铁国产量集中度比较（以CR_2为例）。

表2—1   2001～2004年中国钢铁企业产量集中度

年份	2001年	2002年	2003年	2004年
CR_2	0.18	0.16	0.14	0.12
CR_8	0.40	0.37	0.32	0.30
CR_{15}	0.55	0.53	0.48	0.45

注：CR_n表示某一行业中规模最大的前n家企业的市场占有率，如CR_2表示前两家企业的市场占有率。

资料来源　国家统计局《中国钢铁工业年鉴》。

表2—2   2001～2002年世界主要钢铁国产量集中度比较（以CR_2为例）

	韩国	美国	日本	德国	中国	印度	巴西	俄罗斯
2001年	0.80	0.27	0.435	0.48	0.18	0.53	0.54	0.34
2002年	0.70	0.29	0.44	0.56	0.16	0.53	0.54	0.35

资料来源　《世界经济年鉴》（2003）。

随着2005年7月20日国家发改委关于钢铁产业发展政策的出台，中国钢铁行业将进入淘汰期。面对这一形势，通过钢铁产业组织结构调整，实施兼并、重组，扩大具有比较优势的骨干企业集团规模，从而提高产业集中度，已成为大势所趋。

2. 企业背景

2.1 唐山钢铁集团有限责任公司

唐钢是国有特大型钢铁企业、全国十大钢铁企业之一，创始于 1943 年 4 月，是我国碱性转炉炼钢的发祥地。1992 年 11 月更名为唐山钢铁（集团）公司，1994 年 6 月经河北省经济体制改革委员会冀体改委股字（1994）3 号文件和（1994）38 号文件批准，集团公司作为独家发起人，以定向募集方式设立子公司唐山钢铁股份有限公司（股票代码为 000709），1996 年改名为"唐山钢铁集团有限责任公司"。

唐钢是河北省最大的钢铁企业，中国主要的基础建设和建筑钢材生产基地之一。1979 年以来唐钢抓住机遇内涵发展，先后投资 40 多亿人民币，引进国外先进技术和设备，实施大规模改造扩建工程，一批具有国际国内先进水平的大中型项目相继竣工投产，实现了转炉全连铸和建材产品系列化，技术装备水平显著提高。现拥有矿山、焦化、冶炼、轧钢、机修、建安、耐火材料、自行车、科研等生产和辅助单位 59 个，已建成 14 条国际标准生产线，按国际标准生产的产品达 16 种。唐钢的产品在国内国际市场上享有良好的声誉和信誉，从国家开始抽查实物产品质量以来，历次抽查产品全部合格，生产的产品在国内市场上一直走俏，产品质量均达到国内同行业先进水平，通过了质量、环境、职业健康安全管理体系"三合一"整合认证。"十五"以来，唐钢实施了铁、钢、轧三大系统技术改造的"三步走"发展战略和完善老区、联合周边、加快开发曹妃甸的"三极支撑"发展战略，现有 60 台套主要设备中有 41 台套达到国内或国际先进水平，主要高炉、转炉和轧机实现了现代化、大型化，特别是高速线材轧机、棒材轧机、超薄热带生产线、冷轧及产品深加工生产线均从国外引进。同时，积极加强环境保护，推行清洁生产，发展循环经济，实现了煤气、蒸汽、废水、废渣等排放物全部回收处理再利用，实施了余压发电和热电联产，实现了负能炼钢，多年来经济效益稳定增长。

唐钢是河北省实施铁矿石采购"走出去"战略较早的企业，早在 10 多年前就与澳大利亚的必和必拓（BHP）和哈默斯利两家矿业公司建立起贸易联系。在 2004 年与武钢、马钢等国内企业共同出资，购买了澳大利亚威拉拉铁矿项目。据此，唐钢每年可承购 350 万吨铁矿石。

2.2 宣化钢铁集团有限责任公司

宣钢是国家大型一类企业，也是国家重点钢铁企业之一，创建于 1919 年 3 月，迄今已有 80 多年的历史。经过几十年的发展，走出计划经济时代的宣钢已成为一个集采矿、烧结、焦化、炼铁、炼钢、轧钢、动力、运输等为一体，具备年生产铁 500 万吨、钢 420 万吨和钢材 400 万吨综合配套能力，拥有在岗职工 2 万余人，资产总额 130 多亿元的大型钢铁企业。集团公司下属烧结、焦化、炼铁、炼钢、轧钢、动力、运输等 8 个钢铁主体生产厂，2 个分公司和 12 个子公司。其中，全资子公司 5 个，控股子公司 2 个，参股子公司 5 个。主导产品有线材、棒材、小型材、热轧带刚、焊管等，其中炼钢生铁、热轧带刚、螺纹钢、焊管等荣获河北省名牌产品，螺纹钢荣获国家冶金产品实物质量"金杯奖"，"龙烟"牌热轧带肋钢筋获得国家免检产品称号，拥有 3 个部优产品、10 个省优产品、3 个省名牌产品。同时还通过了 ISO 9002 国际质量体系认证，产品销往全国各地，出口日本、韩国、俄罗斯、东南亚、欧美等国家和地区，在国际国内享有较高的声誉。2004 年宣钢在"全国大型工业企业"排序中名列第 143 位，名列"中国 500 强企业"第 236 位，2004 年钢产量在全国钢铁行业排第 21 位并荣获"全国五一劳动奖状"，2005 年名列河北"百强企业"第 5 位。

2.3 承德钢铁集团有限公司

承钢是国家重点大型钢铁企业、河北省大型支柱性企业集团、我国北方最大钒钛钢铁基地。承钢创建于 1953 年，前身为热河钒钛联合工厂，为国家"一五"规划期间、前苏联援建的 141 项重点工程之一。承钢是国家重点支持的 500 家工业企业之一，连续 7 年跻身于全国 500 家最大的工业企业，现拥有 18 家子公司（其中 2 家为与中国香港合资的子公司）、14 家分公司，其于 1994 年 6 月发起成立的子公司"承德新新钒钛股份有限公司"是上市公司（股票代码为 600357）。

50 多年来，承钢一直致力于钒钛磁铁矿资源的开发利用和相关科研成果的产业化应用。1965 年，冶金工业部为建设攀枝花钢铁基地做技术准备，集中了全国 108 位冶炼专家在承钢进行钒钛磁铁矿冶炼试验，摸索总结出了一整套钒钛磁铁矿冶炼技术。承钢依靠丰富的钒钛磁铁矿资源和先进的技术优势综合发展，努力将资源优势转化为技术优势和产品优势，经过十多年不间断的技术改造，逐步发展成为集钒钛磁铁矿石采选、钢钒冶炼及钒钛化工、钢材轧制于一体，运输、动力、机械、电子、辅助设施配套齐全的大型企业集团和中国钒钛产业化的先导企业，形成以含钒低（微）合金钢和高纯五氧化二钒等产品为代表的两大类钢钒产品，含钒钛钢材产品主要有系列钢筋、热轧带钢和钢管、机械用圆钢等。其发展的新Ⅲ级钢筋，广泛应用于三峡工程、黄河小浪底工程、上海和天津电塔、首都机场航站楼、北京东方广场、澳门中银大厦等重点工程；"燕山牌"Φ12～40mm Ⅲ级钢筋被中国质协、冶金质协评为全国实物质量第一；"鸡冠山"牌五氧化二钒产品出口日本、韩国、中国香港、中国澳门、西欧等 20 多个国家和地区，获墨西哥国际市场研究会"国际质量铁石星奖"，被中国质量协会用户委员会评为"全国用户满意企业"。

2005 年，承钢产钒 5 700 吨，居世界第五位；钒产品产量占国内年总产量的 21%，占世界年总产量的 6%，其中粉剂钒产量占国内年总产量的 65%。2005 年河北省委、省政府确定了建设两大钢铁集团，建设两大钢铁基地和建设六个特色产品企业的"226"发展规划，承德钒钛钢铁基地名列其中。

3. 并购过程

从"九五"初期开始，河北省就着手制定钢铁产业重组规划，但在河北钢铁产业重组的问题上，一直存有争议。

2000 年 5 月 18 日

河北省政府正式将唐钢、宣钢、承钢、石家庄钢铁有限责任公司、邢台钢铁有限责任公司五家企业的国有资产合并，合并成河北唐钢集团有限责任公司。

2001 年 6 月

河北省又提出将河北唐钢集团与邯郸钢铁集团合并组成一个新的集团，但这个方案最后不了了之。2003 年，河北唐钢集团有限责任公司也被撤销。

2004 年底

河北省提出了"推进钢铁企业整合，培育钢铁龙头，优化钢铁工业布局，努力实现由钢铁大省向钢铁强省转变"的整合思路。

2005 年 5 月 25 日

河北省政府通过新闻发布会宣布，河北省将省内六家国有钢铁企业进行整合，建成南部以邯钢为主，北部以唐钢为主的两大钢铁集团。据河北省国资委有关人士透露，邯钢整合石钢、邢钢及部分钢铁企业，唐钢整合宣钢、承钢及部分钢铁企业组成两大钢铁集团，首先要进行组织结构调整，然后进行工业结构调整，最后进行产品结构调整。

2005 年 8 月 9 日

唐钢、宣钢、承钢三家企业共同向省政府提出方案，建议共同组建钢铁集团。

2005 年 10 月 26 日

唐钢集团组建方案经河北省人民政府批复，同意由唐钢联合宣钢、承钢共同组建唐钢集团。

2005 年 11 月 19 日

河北省政府公布了关于同意组建新唐钢集团的批复，标志着河北钢铁产业重组迈出了实质性步伐。

2006 年 1 月 23 日

唐钢集团完成工商变更登记标志着整合后的新的唐山钢铁集团有限责任公司正式成立。唐钢集团注册资本 50 亿元人民币，新组建的唐钢集团将建设国内第一的钒钛制品基地、中国较大的优质板材精品基地和优质结构钢生产基地，全面提高企业在国内、国际的竞争力。

2006 年 2 月 28 日

由唐钢、宣钢、承钢三家企业联合组建而成的国有独资有限责任公司——唐山钢铁集团有限责任公司（简称"唐钢集团"）在石家庄正式挂牌成立。

4. 并购动因

4.1 外部因素

从国际的角度看，欧美发达国家已经完成工业化阶段，钢铁消费强度减弱。钢材市场供大于求的矛盾越来越突出，日趋激烈的外部竞争环境促使传统优势企业逐步寻求从对立竞争转向争取合作垄断竞争。国际钢铁企业强强联合、兼并、重组浪潮一浪高过一浪，出现了米塔尔、阿赛洛等超大型钢铁集团，产业集中度显著提高。

从国内的角度看，我国钢铁企业主要以自身的规模扩张为主，平行发展造成钢铁产业集中度比较低，我国钢铁企业在与国外钢铁巨头的较量中已明显处于弱势，许多企业面临着生存危机。于是，国内大型钢铁企业纷纷进行整合重组，中国钢铁企业重组时代已经来临。从企业所处的具体环境来看，河北省是中国钢铁第一大省，钢铁工业是河北省的支柱产业，其对于全省的经济社会发展有着重要的影响。但省内钢铁企业数量众多，产量分散，布局分散，众多钢铁企业间形成对原材料资源、交通、能源的各种恶性竞争，造成对矿产资源的滥开滥采和环境污染严重，严重制约了当地钢铁工业的发展，对河北省的自然环境、经济发展也造成了严重的损失。

此外，国内外钢铁巨头陆续进军河北，安塞乐米塔尔、俄罗斯耶弗拉兹集团等国际钢铁巨头与河北民营钢铁企业积极接触，拟通过境外股权收购的方式进入河北；宝钢、首钢等钢铁集团公司也积极在河北省实施战略布局，谋求扩张发展。河北钢铁产业发展所需的有限资源，包括产能资源、矿产资源、沿海区位优势及华北市场等，正在承受着来自国内外钢铁企业强大的竞争威胁。因此，集中优势把企业做大做强，成为河北钢铁行业发展的重点。唐山是目前全国钢铁企业最为集中的地方，占据了河北省 60% 以上的市场份额，由唐钢牵头重组具有很多有利条件。

4.2 内部因素

从企业自身的发展情况来看，唐钢作为全国十大钢铁企业之一，虽然整体实力不俗，但周边钢铁企业的迅速发展，也使其明显感受到强大的竞争压力和危机感，但受地域和资金限制，再进一步提升其在钢铁行业中的位次和竞争力都存在相当的难度。宣钢和承钢融资能力差，是多年的困难企业，已被银行列入不予支持的企业名单，营运资金的严重不足影响了正常的基建和生产，不仅谈不上发展，连正常经营都举步维艰。三家企业同处于华北地区，产品大部分处于重叠的状态，相互竞争激烈，造成区域内原材料价格不断上涨，产品销售价格下降；基建项目无统一规划，造成重复建设和资源浪费；产权结构比较单一，辅业改制较慢，企业缺乏活力；科研投入少，新产品开发能力差。面对这样的境况和今后发展的需要，为了实现河北省由钢铁大省向钢铁强省的转变，经过多次的反复探讨论证，三家企业都感受到走联合重组之路是企业的内在需求和今后的发展方向。

5. 结果评价

从短期角度来看，在市场竞争异常激烈的情况下，新组建的唐钢集团能够发挥整合优势，加强协调管理，重组后的两年来确实取得了很大的成效。2006 上半年，唐钢集团铁、钢材产品产量明显增长，实现销售收入 260.27 亿元，增长 13.6%；利税 35.25 亿元，增长 16.34%；利润 15.13 亿元，增长 18.78%，超额完成了上半年的经营指标。2007 年，唐钢集团累计实现营业收入 872 亿元，位列"中国企业 500 强"第 46 位，初步实现了省委、省政府建设超大型钢铁企业集团的战略构想。同时，唐钢集团共实现利润 57 亿元，占河北省省属国企全部利润的 1/3，是组建前的 2.27 倍。其 2005 年到 2008 年的业绩状况如下表 2—3 所示。

表 2—3　　　　　唐钢集团 2005～2008 年 1～5 月的业绩状况表

业绩项目 年份	钢产量 （万吨）	资产总额 （亿元）	营业收入 （亿元）	利润 （亿元）
2005 年	1 069	575	617	21
2006 年	1 906	673	721	28
2007 年	2 275	981	872	57
2008 年 1～5 月	1 072	1 095	508	29

唐钢集团成立了集团公司资产财务部，统一规划整个集团公司投、融资和产权改革工作。利用集团自身的规模优势和影响力，仅在 2007 年一年就直接融资 90 亿元，间接融资 100 亿元。通过改变融资渠道和利率优惠，获取直接经济效益 6 000 万元，大大缓解了宣钢、承钢在生产经营和发展中的资金紧张局面；投资控股了河北财达证券公司，当年实现净收益 4.4 亿元，投资回报率高达 130%；组建了唐钢集团国际贸易公司，统一负责钢材进出口矿的采购，最大限度地降低了集团外矿的采购成本，保障外矿供应。

从长期角度来看，唐钢集团围绕发展与规划，针对技术管理及生产经营中存在的重点、难点问题，通过对资源、业务、资产、技术和文化的整合，集团优势初步显现。集团内部消除了子公司之间的"信息壁垒"，实现了信息公开。集团还建立了内部价格协调机制，对产品产量和销售区域进行规划，控制产品总量，避免了产品价格倒挂。为保障集团效益最大化，集团统一公开大宗原燃物料采购的相关信息，与国内重点供应商建立对口业务关系，加大业务整合的力度，积极协调采购价格，统一对外形象，体现整体优势。组建两年以来，唐钢集团大力做好节能减排工作，强化能源管理，走上了创新节能之路，在资源利用、减少能源消耗等方面取得显著进步。2007 年，集团节约 92 万吨标准煤，节能效益达 10 亿元。

从钢铁工业发展方向看，组建唐钢集团顺应了国内外钢铁产业组织发展的趋势。近年来，国内钢铁行业结构调整出现了一些新的变化趋势，钢铁企业平均生产规模正在迅速扩张。从米塔尔参股湖南华菱集团开始，国际钢铁巨头或产业集团开始介入中国钢铁产业重组，国内众多钢铁企业都成为其国际化布局的棋子。河北钢铁企业如果不进行整合，不仅难以进入国内"第一梯队"，而且有被国内外大企业兼并、收购的可能，很可能出现"钢铁第一大省"没有自己龙头企业的局面。因此，唐钢集团的组建顺应了钢铁行业的发展趋势和竞争要求。

从河北钢铁工业发展现状看，组建唐钢集团是做大做强优势企业、实现钢铁大省向钢铁强省转变的重大战略举措。唐钢集团的组建，对加快河北钢铁产业战略性调整步伐，进一步优化全省产业结构，提高钢铁产业的集中度，促进全省钢铁产业优化升级，实现钢铁大省向钢铁强省的转变，具有十分重要的意义。

从辐射效应看，唐钢集团的组建对河北乃至华北地区钢铁行业的整合重组具有积极的示范作用和推动作用。华北地区是国内钢材生产加工和消费相对集中的地区，但产业集中度较低。唐钢集团的组建打破了原有的格局，从现有生产规模、资源和物流条件等因素考虑，唐钢集团在 3~5 年内，将成为继宝钢集团、鞍本集团和武钢集团之后又一家综合生产能力达到 3 000 万吨级的大型钢铁集团。其不仅能够成为优化河北省钢铁工业布局、实现由钢铁大省向钢铁强省转变的主要推动者，也有望成为华北地区钢铁产业结构调整的重要组织者。组建新的唐钢集团可以聚集各方力量，充分发挥大集团的综合效能，实现各成员企业在资源、产品、技术、管理、文化诸多方面的优势互补和资源高效合理配置，降低成本，最终实现建设"钒钛基地、板材基地和结构钢基地"的奋斗目标。

6. 问题探讨

6.1　重组后的整合问题

处理好集团和地方之间、集团和直属企业之间以及各个直属企业之间的利益和关系，是唐钢集团重组后遇到的最为关键的问题。唐钢集团是以资产经营为主，生产经营权仍然集中在各个成员企业手中。为了发挥整合优势，调动子公司的积极性，集团 3 个子公司的法人地位并没有取消，而是实行实质性的法人治理结构，债权债务独立承担。在实现产权、股权整合——将宣钢、承钢的全部国有资产划入唐钢之后，由集团公司组织逐步地对唐钢、承钢进行辅业改制，对宣钢进行股份制改造，随后将现唐钢、宣钢、承钢集团撤销，成立新唐钢集团。唐钢股份、宣钢股份、承德钒钛成为新集团的子公司，与其相并列的还有实业公司、财务公司、技术中心、国际贸易公司等。集团公司共设 8 家子公司，在保持各子公司独立经营的基础上，对资金平衡、产品定价、大宗原燃材料采购、技术开发、国际贸易等业务进行统一协调与平衡。新唐钢集团除集团公司的高管人员由省政府统一任免、管理外，各子公司的领导均由集团公司任免、委派或向子公司股东大会提出人事建议，省委、省政府对其实行备案管理。按照集团发展的统一目标，确定集团标识，明确集团精神与理念，集团媒体整合实现突破，集团文化初步形成。

在整合之初，唐钢集团的3家直属子公司都有较高的资产负债率。从融资方面来看，宣钢、承钢贷款很困难，但唐钢股份的效益较好，容易取得银行贷款，贷款利率甚至可以下浮10%；为解决宣钢、承钢债务困难的问题，唐钢股份以9亿元购买了宣钢14亿元的债务，并将这些债务转为对宣钢的股份，相当于债转股，减轻了宣钢的债务压力；同时，唐钢股份又出资5亿元解决了承钢8亿多元的债务。

唐钢集团下属3家直属子公司的技术改造以及生产任务都比较重，需要大量贷款。为此，唐钢集团为宣钢和承钢作了大量的贷款担保。截至2006年6月末，唐钢集团为宣钢提供了7亿元的贷款担保，为承钢出具了17亿元的贷款担保，不仅有效解决了3个钢铁企业的生产经营资金，也使承钢和宣钢有可能争取到更多的贷款支持。

6.2　重组与产业集中的阻力问题

我国目前有产钢企业共870多家，自"九五"期间启动联合重组以来，钢铁行业整合重组取得了一定的进展，但产业集中度却进一步降低。现阶段，国家的相关产业发展政策是倾向于国内钢铁企业的并购重组，那么为什么中国的钢铁行业集中度仍然提不上去呢？平安证券钢铁行业首席研究员聂秀欣认为，原因是多方面的，但归根到底取决于两个关键因素：利益因素和体制因素。

整合过程中，利益的表现方式多种多样。首先，利益直接体现在"分税制"，分税制把所有税种分为中央政府收入、地区政府收入和中央地方分享收入三类。跨省区并购中，各级利益本应让步于企业本身的发展需要，但是现实中往往难以平衡。跨地域并购重组的最大障碍是地方政府，如果钢铁工业在该地工业中占相当的比重，那么地方政府则不会轻易放弃；反之，将容易与并购者谈妥条件。因此，需要国家以行政的手段及市场限制的手段同时加以推进。其次，利益也会表现在人事平衡上。这主要来自企业领导层，整合中难免涉及人员角色和职务的转换，尽管这类问题摆不上桌面，但却在心力、执行力上形成损耗。此外，利益还表现在遗留问题的处理中。目前国有钢铁企业历史遗留问题不少，如企业承办的社会和辅业单位的负担沉重、企业富余人员过多、企业大集体问题等等，遗留问题的处理，也成为钢铁企业整合重组的重要阻力之一。

另外，体制上的障碍也构成了整合重组的屏障。我国国有资产管理体制，名义上都是国有企业，实际上已经分割为中央国有、省属国有、市属国有，即政府管理企业且管资产、管人、管事"三合一"。这种体制下，联合重组企业就成为有关政府之间利益协调、讨价还价的砝码。因此，如果不从体制上深入改革，不把各地区、各部门各自为政的围墙彻底打破，不对自我发展的钢铁企业进行重新整合、统筹规划，要推行钢铁企业跨省、跨市、跨地区强强联合重组，发展具有国际竞争力的大型钢铁企业集团，将是阻碍重重、难以实现的。同时，聂秀欣认为这甚至是钢铁行业整合重组无法根本市场化的根源。

6.3 河北钢企整合提速

通过一定的方式，在一个恰当的时机组建钢铁集团是提高钢铁产业集中度、稳定市场秩序、减少重复建设、降低能源消耗、保护资源与环境的重要措施。早在2005年，河北省有关方面曾经公布过一个方案，提出先组建南北两个大集团的设想。即在河北省南部，以邯钢为主，整合石钢、邢钢和其他南部钢铁企业，形成南部钢铁集团；在北部，以唐钢为主，整合宣钢、承钢和其他北部钢铁企业，形成北部钢铁集团。2006年2月，唐钢以国有资产划拨方式将宣钢、承钢收入旗下，完成了河北省北部钢铁集团的关键一步。组建唐钢集团不仅是河北钢铁产业重组的重要一步，也是遵循"国家产业发展政策"、优化河北钢铁产业结构、积极应对钢铁产业全球化的重要举措。

2007年，发布的《河北省2007年加快推进钢铁工业整合基本思路》首次提出了由唐钢来整合邯钢，最终在省内形成一个超大钢铁航母的设想。《思路》提出，"在新唐钢集团和邯钢集团成功运行的基础上，可考虑由南、北两个集团重组为一个年产5 000万吨钢以上的特大型钢铁企业集团。"2008年6月6日，河北省常委会上获批通过组建河钢集团的议案，11日河北省政府正式向社会宣布整合唐钢集团、邯钢集团组建河北钢铁集团有限公司。至此，经过多年的艰难谈判，酝酿已久的唐、邯集团重组终于得以完成。新组建的河北钢铁集团公司年产量目前已达到3 158万吨，暂时超越宝钢的2 858万吨年产量，从而在钢年产量上跻身国内第一、世界第五。虽然在产量上暂时超越了宝钢，但是效益及竞争力却并不高。而且，此次整合虽然能够大大提高河北钢铁业的产业集中度，但由于河北钢铁业巨大的产能总量，此次整合所能集中起来的产能也只能占到河北钢铁业的1/3左右。而按照业内人士的普遍估计，河北钢铁业要形成规模效应，至少要将产业集中度提高到1/2以上。铺在河北钢铁集团和中国钢铁工业面前的仍是一条任重道远的路，河北钢铁集团的整合还将继续接受时间的考验。

主要参考文献

1. 李道国、高永如：《企业购并策略和案例分析》，北京，中国农业出版社，2001。

2. 宋雪莲、徐婷婷、王磊：《河北新唐钢重组之谜：一个钢铁巨头的诞生》，载《中国经济周刊》，2007-05-25。

3. 金克胜：《唐钢集团组建一年 实现利润28.3亿 比上年长31.6%》，载《河北日报》，2007-01-08。

4. 刘忠：《唐山钢铁集团有限责任公司》，载《中国冶金》，2001(1)。

5. 罗锋：《我国钢铁行业发展现状、问题及对策》，载《经济论坛》，2005(5)。

6. 言心：《探寻钢铁业未来整合轨迹》，载《证券时报》，2008 - 07 - 12。

7. 冶金价格信息中心：《钢材市场行情分析》，载《冶金财会》，2008(9)。

8. 王天义：《新唐钢集团组建和"十一五"战略考虑》，载《河北企业》，2006(5)。

9. 金晓明：《新唐钢集团整合重组实践及其启示》，载《冶金经济与管理》，2007(6)。

10. 张凯：《唐钢集团联合重组的探讨》，载《冶金财会》，2008(7)。

11. 吴勇：《唐钢集团公司创立揭牌》，载《中国冶金报》，2008 - 07 - 04。

12. 徐秀芳、胡晓刚：《我国钢铁行业扩张的特点分析》，载《武汉冶金管理干部学院学报》，2005(2)。

13. 赵昌武：《国内外钢铁行业的未来发展形势分析》，载《冶金经济与管理》，2004(5)。

14. 张晓平、张青云：《世界钢铁工业发展趋势及对我国钢铁工业的影响》，载《世界地理研究》，2005(2)。

15. 王凯中、宋伟：《对我国钢铁工业发展的思考与分析》，载《河南工业大学学报》，2005(3)。

案例参编：李碧荣　王振锋

＊ST 美雅反收购案例

2003 年 9 月 21 日，万和集团有限公司（以下简称"万和集团"）绕过＊ST 美雅管理层，直接与鹤山国资办签订了＊ST 美雅国有股收购协议。10 月 16 日，＊ST美雅管理层发起了一场全面的反收购战役。截至 10 月 18 日，万和集团鸣金收兵，＊ST 美雅反收购战役大捷。最终，鹤山国资办与广东省广新控股轻纺（控股）公司（以下简称"广新控股"）签订了国有股转让协议，广新控股受让鹤山国资办持有的 24.99% ＊ST 美雅国家股，成为＊ST 美雅的第一大股东。

1. 行业背景

1.1 WTO 后中国纺织行业发展面临的有利形势

2001 年 12 月 11 日，我国正式成为世界贸易组织成员，这给中国纺织行业带来了前所未有的机遇。这种有利形势主要来自出口配额的逐步取消，配额的取消无疑将大大促进我国纺织工业的发展。根据《2001/2002 中国纺织工业发展报告》，2001 年我国纺织工业生产、销售和出口均稳步增长，增幅为 9% 左右，全国纺织纤维加工总量净增 100 多万吨，特别是出口额达到 532.8 亿美元，创历史新高。2002年，随着全球经济环境的好转和中国加入 WTO 积极因素的影响，我国纺织行业贸易出口继续快速增长。据海关统计，2002 年 1～10 月中国纺织品服装出口 507.17亿美元，同比增长 14.16%，实现贸易顺差 388.9 亿美元，是全国商品平均贸易顺差的 157%。该行业当年出口额突破 600 亿美元大关，增长 15% 以上，达到近年来最高的增长幅度，贸易顺差大幅提高。

1.2 WTO 后中国纺织行业面临的不利因素

随着加入 WTO 后出口配额的逐步取消，纺织行业的出口环境发生了深刻变化，出现了许多不利的因素。一些纺织品服装进口国纷纷设立种种新的贸易壁垒，如对纺织品服装进口数量的增长率不能超过 7.5%（毛纺产品 6%）的限制等，对纺织行业的出口都产生了不利的影响。在出口数量增长的同时，市场竞争愈加残酷，企业间竞相压价现象严重，企业毛利率日益下降。2002 年 1～10 月我国纺织品服装出口 14% 的增长中，数量增长了 20%，而价格下降了近 6%。其中，对非设限地区数量增长 17%，价格仅下降 3.3%，而对设限地区数量增长了 30.7%，价格下降幅度高达 14.3%。这种低水平的价格竞争的不良影响至少表现在三个方面：第一，影响了我国纺织行业在国际市场的形象；第二，损害了国家和企业的利益；第三，招致一些国家和地区对我国纺织品实施反倾销及特殊保障措施。例如，美国不仅加大了对我国纺织品的反倾销措施，甚至要求对从中国进口的 5 种本已取消配额的纺织服装商品实施"特别保障措施"并重新设置配额；印度、巴西、土耳其、南非等一些发展中国家的反倾销力度也呈快速上升趋势。应对反倾销，无论是在 2002 年还是在接下来的几年中，都将是摆在我国纺织行业面前的一个令人头痛的重要课题。此外，纺织业虽然一直是我国出口的支柱产业之一，但有关资料表明我国整个纺织业除掉服装后的国际竞争力系数仅为 0.07。加入 WTO 后的全球竞争将给中国纺织企业带来很多深层次的问题和压力。

2. 企业背景

2.1 ＊ST 美雅

＊ST 美雅是一家国有控股的上市公司，其第一大股东是广东鹤山市国有资产管理委员会办公室（简称"鹤山国资办"）。截至 2003 年 12 月 31 日，该公司的前十大股东如表 3—1 所示：

表 3—1 　　　　　　　　　＊ST 美雅公司十大股东

数据截至日期为：2003 年 12 月 31 日

股东总数：96 234

股东名称	股份性质	持股数（万股）	比例（%）
1. 鹤山市国有资产管理委员会办公室	未流通	10 898.9858	27.490
2. 广东省广新外贸轻纺（控股）公司	未流通	1 862.0283	4.700
3. 鹤山市海峰贸易发展公司	未流通	1 113.3650	2.810
4. 鹤山毛纺织总厂联合毛绒厂工会	未流通	1 054.9000	2.660
5. 鹤山市床上用品厂工会	未流通	884.5000	2.230
6. 广东省民族贸易公司工会	未流通	366.3000	0.920
7. 鹤山市鹤昌实业投资公司工会	未流通	220.0000	0.550
8. 鹤山市昌盛制衣有限公司工会	未流通	220.0000	0.550
9. 广东粤财信托投资公司	未流通	220.0000	0.550
10. 鹤山市宏科贸易有限公司	未流通	218.0490	0.550

＊ST 美雅的前身为广东鹤山县毛纺厂，于 1979 年 4 月建成投产。1992 年 7 月 5 日，经粤股审（1992）13 号文批准，鹤山县毛纺厂被改组为广东（鹤山）美雅股份有限公司，将原有净资产折为 3 070.72 万国家股、法人股 3 667.62 万股和内

部职工股 650 万股。1993 年 10 月，该公司发行了 2 550 万公众股，同年 11 月 3 日
其正式更名为"广东美雅集团股份有限公司"，11 月 18 日"粤美雅 A（000529）"
在深圳证券交易所上市交易。该公司主营拉舍尔经编毛毯、腈纶毛条、精纺针织绒
线、粗纺羊毛针织绒线、涤纶长丝、氨纶包芯纱、高档连裤丝袜、PVC 薄膜生产
销售；兼营进出口商品；开展补偿贸易及三来一补业务；承包境外纺织行业工程及
境内国际招标工程及劳务输出。公司尤以主打产品——拉舍尔经编毛毯闻名，是全
球最大的毛毯生产企业，美雅牌毛毯年度市场占有率连续十八年居全国同行业首
位，至今无出其右者。

可以说，上市已十多年的美雅曾是深圳股市"一朵花"。1997 年以前，该公司
业绩良好，一直作为"蓝筹股"的形象出现。然而好景不长，从 1998 年开始，美
雅业绩迅速滑坡，亏损额逐年加剧。1999 年每股亏损 0.75 元，2000 年每股勉强赢
利 0.02 元，2001 年每股亏损 0.81 元，2002 年每股亏损 2.14 元。至 2002 年 12 月
31 日，美雅共计负债 9.001 亿元，资产负债率高达 73.81%，每股净资产仅为 1
元。由于 2001 年、2002 年该公司连续两个会计年度审计结果显示的净利润均为负
值，根据深圳证券交易所《股票上市规则》第九章"特别处理"的有关规定，该
公司股票自 2003 年 4 月 21 日起实行特别处理，正式扣上了"ST"的帽子，被实
行股票交易退市风险警示的特别处理。证券简称由"粤美雅"变更为"＊ST 美
雅"，＊ST 美雅开始进入了保牌的倒计时阶段。

表 3—2　　　　　　　　　　美雅 2000 ~ 2002 年财务数据　　　　　　　（单位：万元）

	2002 年	2001 年	2000 年
总资产	14 453.71	233 616.82	268 816.14
净资产	39 666.16	125 115.10	157 810.63
主营业务收入	45 751.23	50 800.80	70 406.08
净利润	- 84 821.00	- 32 083.76	520.23
净资产收益率	- 213.84%	- 25.64%	0.33%
资产负债率	72.56%	45.52%	40.50%

2.2　万和集团

已不是第一次染指上市公司的万和集团有限公司为民营企业，由卢楚其、卢楚
隆、卢楚鹏三兄弟于 1993 年 8 月创办。公司注册资本 2.5 亿元人民币，主营范围
包括：热水器、脉冲变压器、电冰箱除臭器、空气清新器、炉具及配件、家用电
器、电子产品等产品的生产，国内商业，物资供销业等。万和集团拥有全亚洲最大
的消毒柜生产基地和国内规模宏大、设备一流的热水器生产基地，热水器和消毒柜
的年生产能力均达到 200 多万台，总资产为人民币 9.58 亿元，银行负债率低，具
有很强的融资能力，银行授信额度高达人民币 5 亿元。借助 2002 年热水器行业资
本与技术洗牌之机，万和集团一鸣惊人，取代万家乐成为中国燃气具协会新理事

长，标志着燃气具行业对其技术、实力、资本、营销的认可。2003 年万和集团的出口销售收入更是高达 3 500 万美元。公司依靠规模、质量、服务、管理等各方面的强大优势，产品畅销中国及欧美、东南亚等国家和地区，形成了以家电生产经营为主导，资本运营为辅的多元化战略格局。

2.3 广新控股

广新外贸轻纺（控股）公司是＊ST 美雅的第二大股东，持有＊ST 美雅18 620 283 股国有法人股，占上市公司已发行股份的 4.7%。其前身为广东省纺织品进出口（集团）公司，成立于 1988 年 1 月 29 日，注册资本为 28 980 万元，是我国最早从事纺织品和服装国际贸易的大型国有企业之一，主要经营范围为纺织品和服装，同时涉及轻工、工艺、机电、医药保健等产品。截至 2002 年年末，广新控股总资产为 305 398.1 万元，净资产为 65 422.60 万元，主营业务收入479 347.84 万元（其中出口额达 41.86 亿元），利润总额 19 489.66 万元，净利润10 708.45 万元，净资产收益率达 16.37%。凭着 2002 年交出的这一份优良业绩，公司在中国商务部公布的"中国进出口额最大的 500 家企业"中名列第 100 位，在"中国出口额最大的 200 家企业"中名列第 55 位，在中国纺织品进出口商会公布的全国服装类产品出口的排名中名列第 3 位。2003 年在"中国 500 强企业"排名第 287位。2003 年 8 月 6 日公司正式更名为"广东省广新外贸轻纺（控股）公司"。

广新控股的母公司是广东省广新外贸集团有限公司（以下简称"广新集团"），持有广新控股 100% 的股权。广新集团成立于 2000 年，是一家由广东省人民政府授权经营的国有企业集团，拥有超过 6 000 家的境外客户，进出口业务遍及世界187 个国家和地区。旗下有 6 家年出口额超亿美元的骨干企业，以及 3 家年进口额超亿美元的主要企业。截至 2002 年年底，广新集团总资产达到 93.96 亿元，全年销售收入达到 161.94 亿元，上缴各种税金总额达 4.56 亿元。

2001 年 1 月，当时的美雅第一大股东鹤山市国有资产管理办公室与广东省纺织品进出口（集团）公司签订股权转让协议。当时美雅的每股净资产较高达到4.14 元，二级市场股价尚在 7 元至 8 元之间，因此，双方协定以每股 5.50 元购进美雅 1 862 万股国有法人股。协议签订后上报财政部，2001 年底财政部批复，2002年初双方完成股权过户手续。这起股权转让案例一度由于创下了国有股超市价转让的记录而备受市场的广泛关注。然而，美雅随后连续 2 年的亏损让广新控股痛心不已，1 亿多元的投资转眼之间就只剩下 1 000 多万了。

3. 并购过程

第一阶段：以牙还牙，协议之中巧过招

2003 年初，急于摆脱退市命运的＊ST 美雅开始寻求资产重组，前后与其洽谈过买壳事宜的企业包括万和集团有限公司、深圳创新投资集团有限公司、广东新的科技集团、上海石化、新疆德隆以及广州贤成集团等 7 家公司。在众多买家当中，鹤山国资办对实力并不出众的万和集团情有独钟。虽然万和集团并没有开出任何优于其他买家的条件，但鹤山国资办仍于 2003 年 9 月 21 日（星期日）与万和集团签订了《广东美雅集团股份有限公司国有股权转让协议》，出让其持有的全部 ∗ST 美雅 27.49% 国家股（共计 108 989 858 股国家股），转让价格以 2002 年 12 月 31 日经审计的每股净资产 1.0007 元为基准，考虑溢价因素后确定的最终转让价格为每股 1.0107 元，转让总价款为人民币 110 156 049.48 元。

万和集团之所以能脱颖而出，据称是因为其接受了鹤山国资办提出的"四不准"要求。何谓"四不准"？即：不更名，不改变主营业务，不改变注册地，不随意解雇员工。对重组方来说，这无疑是一道"紧箍咒"，提出的条件可谓是极其苛刻的。然而，对于急欲借助收购上市公司，提升品牌形象，加速推进整体素质上升的万和集团来说，却是一次难得的机遇。

当然，在竞争激烈的市场中脱颖而出的万和集团自然也不会一味地被动接受限制。在《股份转让协议》中万和集团制定了一条经营限制性条款：在受让方向出让方支付第一期转让款（转让金总额的 50%）之日起到本次股权转让获得国资委批复之日止的过渡期内，∗ST 美雅的生产经营活动、重大资产处理、对外融资、对外投资等事项在进行决策前，双方应进行充分沟通，并取得一致的意见。同时，万和集团与鹤山国资办"约法四章"：一是双方均不得擅用 ∗ST 美雅公司资产为任何企业提供任何抵押、担保和其他第三方权利；二是不得擅用 ∗ST 美雅及其子公司名义向银行或其他金融机构贷款；三是不得占用 ∗ST 美雅的自有资金；四是不得擅自处置 ∗ST 美雅的资产，但依据董事会、股东大会和证监会批准的资产置换工作所进行的资产处置除外。万和集团的这一巧妙应对，意味着只要万和集团向鹤山国资产办支付了第一期股权购买款，∗ST 美雅管理层的控制权就要受到限制，没有万和集团的点头同意，∗ST 美雅管理层独自处理的生产经营、对外融投资等活动均无法开展。

9 月 22 日，∗ST 美雅管理层接到通知：鹤山国有资产管理办公室已与一家经营热水器等家用电器、不熟悉纺织行业的民营企业——万和集团签订了《股份转让协议》。事实上，整个股权转让过程都是鹤山国资办在一手操办，采取的是定向谈判的方式，事先并未就出让股权一事同 ∗ST 美雅管理层商量，也未征得其他大股东及有关债权方的同意。对于万和集团来说，此举可以绕开 ∗ST 美雅管理层以达到省时、省力、省钱的目的。然而，万和集团通过鹤山国资办直接拿下 ∗ST 美雅控制权的做法也引起 ∗ST 美雅管理层的强烈不满。

第二阶段：兵临城下，∗ST 美雅管理层曲线自救

面对这突如其来的不速之客，∗ST 美雅管理层打出"同业并购、产业整合有利于全体股东利益"的口号，全面发起了一场反收购大战。

第一招：焦土战

∗ST 美雅借以职工劳动合同期满为名，向职工大量发放补助，导致期间管理

费用同比增加 41.76%，使得 2003 年中报业绩还是秀色可餐的这家上市公司年终以巨亏落幕。这一招就是收购与反收购战中比较著名的焦土战术。

第二招：预亏公告

2003 年 10 月 16 日，＊ST 美雅董事会披露了预亏公告："由于受市场变化及公司客观情况影响，＊ST 美雅经过对 2003 年前三季度经营及财务状况的初步测算，预计其 2003 年 1 ～ 9 月的累计净利润为负数，敬请广大投资者注意投资风险。"（摘录自《广东美雅集团股份有限公司 2003 年第三季度预亏及董事会意见公告》）。这一招的目的是希望通过预亏公告阻吓收购者，保住公司管理层的控制权。

第三招：攻心术

"公司独立董事经过认真研究，本着对公司尽责的态度提出，由于公司已连续两年亏损，今年不扭亏就会有退市的风险，并且兼顾公司长期发展和短期顺利扭亏摘帽的目标，以此次国家股权转让为契机，为公司引入对公司目前从事的纺织行业有充分了解、有纺织领域技术及市场优势，能迅速改善公司经营的战略合作伙伴，相信此举会更符合全体股东的根本利益。公司董事会对出让方为更有利于本公司的发展而决定转让其所持股权，并以公平、公开、公正的原则选择受让方所做的大量工作表示敬意，对受让方给予公司的信任和期望表示衷心的感谢。本公司认为独立董事的提议符合公司的实际情况，希望各方给予理解和支持，以利于公司持续、稳定、健康的发展。"（摘录自《广东美雅集团股份有限公司 2003 年第三季度预亏及董事会意见公告》）

这一招是反收购战中的攻心战术。首先，给鹤山国资办戴了一顶高帽，迫使鹤山国资办面对公众，在出让＊ST 美雅国有股时要"兼顾公司长期发展"的需要，提议"符合公司实际"，"希望各方给予理解和支持"，从而"更有利于本公司的发展而决定转让其所持股权"。其次，是争取中小股东的支持。为了将收购方万和集团置于不受欢迎的境地，管理层在公告中祭出了战略合作伙伴的大旗，强调无论从短期摘帽，还是从长远发展的角度出发，应以国有股转让为契机，引入和本公司主业一致的纺织行业公司，由此大大提高了万和集团收购＊ST 美雅的难度。

第四招：白衣骑士

在打出上述一系列组合拳的同时，＊ST 美雅还积极与主营业务同样为纺织行业的第二大股东广新控股联系，希望能够由广新控股进一步收购鹤山国资办转让的股权。广新集团也表示有意接手鹤山国资办所持国有股股权。白衣骑士的出现成了这次反收购战中最后的一记重拳！

第三阶段：峰回路转，万和集团兵败落马

在＊ST 美雅的全力反攻下，事情出现了转变。面对不利的形势和局面，万和集团不得已收住"临门一脚"而向后撤退。2003 年 10 月 18 日，鹤山国资办与万和集团就终止《广东美雅集团股份有限公司国有股权转让协议》及相关具体事宜签署了《关于终止执行〈广东美雅集团股份有限公司国有股权转让协议〉的合同》，并办理了终止手续。万和集团收购＊ST 美雅宣告失败。

    2003 年 9 月中旬，广新集团向鹤山国资办发出收购 ∗ST 美雅股份的意向书，2003 年 10 月 11 日双方开始正式接触，2003 年 10 月 20 日双方正式签署《广东美雅集团股份有限公司国有股权转让协议书》。根据协议规定，广新控股受让鹤山国资办持有的 24.99% ∗ST 美雅国有股，转让价格为每股 1.0107 元，转让总金额（以下简称"转让金"）为人民币 10 137 085.49 元，全部价款以现金形式分三次支付。鹤山国资办并给予了与万和集团同样优惠的经营管理权限，同意并委托广新控股依法行使其相关权利和权力。2004 年 5 月 9 日，鹤山国资办又与该公司签署了《广东美雅集团股份有限公司国有股权转让补充协议书（二）》，经双方协商，将每股转让价格由 1.0107 元调整为 1.018 元，转让总金额为 100 860 347.30 元。

    本次收购完成后，广新控股将持有 ∗ST 美雅 117 697 245 股，占上市公司已发行股份的 29.68%，从第二大股东跃为第一大股东。鹤山国资办仍持有 ∗ST 美雅 9 912 896 股，占其已发行股份的 2.5%。

4. 动因分析

4.1 鹤山国资办的保壳动机

    ∗ST 美雅是鹤山市的一家上市公司。在 2002 年之前，我国上市公司的并购重组主要动机是保"壳"保"配"。很多上市公司经营不善，但为了达到保"壳"保"配"的目的，通常由大股东出面对上市公司进行重组。尤其是地方国有控股的上市公司，保住上市公司的上市地位或配股资格涉及到当地政府的经济形象和业绩，因此，保"壳"保"配"往往会成为上市公司重组的重要动机。在这类重组过程中丝毫看不到产业整合等战略性的重组痕迹，原大股东愿意出让控股权主要是寄希望于重组方能为公司保住上市地位或得到配股资格，至于新大股东的目的如何，运用什么手段并非是公司所关心的。

    在本起收购案例中，鹤山国资办率先将股权转让给并非以纺织行业为主业的民营企业万和集团，虽然符合当时的国退民进战略，但是从其在收购方行业的选择上，难免没有保"配"动机的嫌疑。对于急于保牌摘帽的 ∗ST 美雅来说，当务之急是寻找一个实力雄厚、能迅速改善公司经营现状的新东家。万和集团是一个实力雄厚的民营企业，鹤山国资办将股权转让给万和集团无论从宏观政策层面，还是从经营机制方面，实现保"壳"似乎都不存在很大的风险。

4.2 万和集团的借壳动机

    从万和集团的角度来看，∗ST 美雅可以说是一个干净的壳资源，主营产品的市场占有率高达 70%。在纺织行业总体形势趋好的背景下，极有可能迅速扭亏为盈，拥有良好的发展前景。尤其对于急于提升整体平台素质的万和集团来说，购买 ∗ST 美雅无疑是首选。其实这已不是万和集团第一次染指上市公司了，在 2002 年

7月万和集团已高调地借壳三板市场，成功收购了海国投实业股份有限公司，完成了对旗下第一家上市公司的控制。但很明显，万和集团并不满足于现有状况，万和集团常务副总裁卢楚隆曾表示，从收购海国实（400005）的一年多来，三板的"海国实"带动万和集团整体平台上升的速度还较慢，万和集团需要一个更为快速的助推器。

因此不难看出，对于＊ST美雅，万和集团看中的是"壳"。从长远发展来说，万和集团要在激烈的市场竞争中稳占一席之地，无论是建立品牌形象还是进行资本融资、扩大企业影响，都需要一个借以突破的平台。此外，＊ST美雅主板上市公司的身份，有助于万和集团将自身建设成为公众性公司。各方面的需求促使着万和集团为快速达到目的，战赢同样对＊ST美雅充满兴趣的收购对手，从而绕道＊ST美雅管理层，直接找上鹤山国资办拿下国有股权。

4.3 ＊ST美雅管理层的反收购动机

这次的反收购行动是由＊ST美雅的管理层发起的。作为一家国有控股上市公司，如果被民营企业万和集团收购之后，首要面临的问题就是管理层改组的问题，这自然会涉及到现有管理层的未来去向。而在国有企业内部经理人缺位的情况下，控制权收益显然是一块比较难得的利益。因此，企业管理层反收购不能不说存在着控制权收益的考虑。

其次，从企业发展的角度来看。万和集团作为一个家电制造业的民营企业，资本实力并不出众，而且在"四不准"令束缚下的万和集团能否在短时间内让急需扭亏的＊ST美雅脱胎换骨，脱离＊ST的泥沼，也遭到众多股东的普遍质疑。作为一家家电制造业企业未来能否带领＊ST美雅继续辉煌也值得怀疑。这可能也是＊ST美雅管理层反收购的重要动机。

相反，如果选择广新控股，则上面的两个问题似乎都比较容易解决。虽说广新控股给出的条件与万和集团相比差异不大，但广新控股的优势在于：其与＊ST美雅业务范围一致，双方均擅长于纺织品市场，有利于现有资源的整合和美雅的长远发展。长期以来，广新控股一直在原材料采购及产品出口方面与＊ST美雅有着十分密切的合作关系，一旦广新控股掐断与＊ST美雅的业务往来，对＊ST美雅的打击将会十分巨大。如果广新控股并购成功，＊ST美雅能够与其实现优势互补，利用广新集团的现在的出口优势，尤其是海外资源，在国际市场获取更多的份额，从而获得更广阔的发展空间。另外，广新控股同为国有企业，其运行机制与＊ST美雅相差不远。对于＊ST美雅的管理层来说，收购后还可以继续在企业保持现有位置，从而实现平稳过渡。显然，广新控股无疑是＊ST美雅管理层心仪的收购方，万和集团的收购则必然遭到反对。

4.4 广新控股的价值链整合动机

在广新控股的十年发展战略中，一个重要的战略目标就是要通过各种资源的整合，构筑一个有利于市场需求的商品生产流通体系，组成纺织品与服装的生产供应链。因此，收购＊ST美雅，可以有利于广新控股在广东建设一个家用纺织品的生产基地，正如广新控股总经理陈金水所称，"这次受让美雅控股权将有利于上述战略的实施"。广新集团也表示，收购＊ST美雅，不单是看重其上市公司的地位，更看重其作为一个生产单位，可以给集团提供一个新的平台。

此外，收购＊ST美雅有助于广新控股摊平成本。2001年1月，广新控股以每股5.5元的价格购买了美雅1 862万股股份，以4.7%的持股比例成为＊ST美雅的第二大股东。而如今＊ST美雅因连年亏损，净资产大幅缩水，转让价格仅为每股1.018元。此次广新控股受让9 907万股后，摊余每股成本大约在1.72元（（5.5 × 1 862 + 1.018 × 9 907）÷（1 862 + 9 907）=（10 241 + 10 085.326）÷ 11 769 = 1.7217），选择在这样一个时机进入，可以让广新控股股权成本摊薄，未来进可攻、退可守。

5. 结果评价

孙子兵法中推崇"上兵伐谋"，讲究"善用兵者，屈人之兵而非战也，拔人之城而非攻也"。在本次并购中，＊ST美雅将这一战术运用得淋漓尽致，在万和集团已拔得头筹，甚至已付首期价款，入主即将成为定局的情况下，利用焦土战、攻心战、白衣骑士战等多种反收购手段，最终强扭乾坤，并与广新控股速配成功。万和集团自发出与鹤山国资办签订了＊ST美雅国有股收购协议的通知后，在位25天即遭到＊ST美雅的全面反攻。万和集团出于多方面因素的考虑，最终放弃收购。

公司收购关系到公司未来的发展，成败与否很难衡量。但从并购后的＊ST美雅的经营状况可以看到，2003年末＊ST美雅一如所愿，实现了扭亏为盈，化解了退市的危机。2004年1~3月份，＊ST美雅的每股收益为0.002元，每股净资产为1.017元，调整后为0.971元。2004年3月24日，公司股票停牌一天，从3月25日起，公司股票简称由"＊ST美雅"变更为"ST美雅"，摘帽成功。但是对于投资者，＊ST美雅2003年的"扭亏"年报，乍一眼看来确是幸事，然而深究这份数据，恐怕没有投资者能笑得出来。让我们再来看看＊ST美雅提供的利润表。

利润表显示，2002年＊ST美雅的管理费用高达5.4亿元，而在2003年，该公司的管理费用竟变成负数，一年之内，管理费用减少6个亿。对此，＊ST美雅的年报在附注中称："管理费用本年发生数比上年发生数减少607 290 229.55元，主要原因为：①上年度计提坏账准备352 564 906.97元，本年度转回坏账准备63 077 273.35元；②上年度计提存货跌价准备81 922 785.77元，本年度转回存货跌价准备83 750 249.02元，原因为本年度销售已提跌价准备的存货。"可见，管理费用的计提手段成为了公司扭亏的重要原因。很显然，＊ST美雅因连续两年亏损戴帽后，为力图扭转颓势，通过报表调节方式，先在第2年的报表中虚报亏损，然后在第3年转回，以实现所谓的"利润"。

表 3—3   *ST 美雅 2002～2003 年利润表数据   （单位：元）

项目	2002 年	2003 年
一、主营业务收入	457 512 259. 93	504 096 025. 44
减：主营业务成本	539 951 307. 53	490 159 427. 13
主营业务税金及附加	2 187 519. 94	2 183 828. 58
二、主营业务利润	− 84 626 567. 54	11 752 769. 73
加：其他业务利润	− 7 979 946. 32	− 11 924 679. 58
减：营业费用	16 251 707. 05	5 892 419. 72
管理费用	541 977 884. 42	− 65 312 345. 13
财务费用	59 821 767. 87	55 974 050. 37
三、营业利润	− 710 657 873. 20	3 273 965. 19
加：投资收益	− 10 259 161. 80	− 26 579. 73
补贴收入	867 973. 00	700 276. 00
营业外收入	6 534 643. 98	2 063 761. 67
减：营业外支出	134 695 620. 78	140 099. 30
四、利润总额	− 848 210 038. 80	5 871 323. 83

进一步分析 2003 年度 *ST 美雅的利润构成不难看出，该公司 2003 年净利润为 587.13 万元，但扣除非经常性损益后的净利润却是亏损 1.43 亿元（见表3—4）。而在扣除的非经常性损益项目所涉及金额的 1.49 亿元中，回转资产减值准备金额高达 1.46 亿元（见表 3—5）。由此可见，当初因计提巨大坏账准备金额而巨亏的 *ST 美雅如今又靠转回资产减值准备实现 2003 年全年度扭亏。在 2002 年洗个大澡，到了 2003 年成功脱帽。

显然，*ST 美雅解除了退市风险并非来自广新控股的功劳。实际上，广新控股 2003 年 10 月底入主之后离年终仅仅 2 个多月的时间，在经营上也很难有所作为。但是在 2004 年，大股东广新集团对 *ST 美雅采取了一系列经营扶持和财务扶持行动。

2004 年 5 月 28 日，广新集团的控股子公司与 *ST 美雅签署了一项关联交易协议。*ST 美雅委托广新集团向国内外供货商采购生产所需的纺织原材辅料，并委托广新集团子公司或双方同意的第三方代理出口其产成品。换句话说，*ST 美雅将其进出口业务都委托给大股东广新集团。在这个过程中，广新集团给予了 *ST 美雅较大的资金支持。截至 2005 年 1 月底，*ST 美雅应付广新外贸控股子公司的原材料采购款达 9 245 万元。除了经营上的支持之外，广新集团还从财务上投入 4 亿多元支持 *ST 美雅摆脱困境，其中 2 亿多元用于偿还银行贷款及利息，减轻 *ST 美雅的财务负担。对于广新集团来说，似乎这些正实现了所谓的产业链上的整合。但是，事实并非像想象的那么美好。*ST 美雅 2004 年年报显示当年亏损 2.03 亿元。2005 年 9 月 14 日，广新集团将其所持 *ST 美雅 29.66% 的股权转让给江门市新会区联鸿化纤有限公司（以下简称"联鸿化纤"），转让价款为 600 万元。

两年来，＊ST 美雅第二次易主，在前两次的股权收购中，广新集团事实上花了 2.2 亿元的代价，才成为＊ST 美雅的第一大股东，但最终却以 600 万元脱手，投资缩水高达 97%。

表 3—4　　　　　2003 年度＊ST 美雅主要会计数据和业务数据　　　　（单位：元）

项　　目	2003 年度
利润总额	5 871 323.83
净利润	5 871 323.83
扣除非经常性损益后的净利润	− 143 582 291.75
主营业务利润	11 752 769.73
其他业务利润	− 11 924 679.58
营业利润	3 273 965.19
投资收益	− 26 579.73
补贴收入	700 276.00
营业外收支净额	1 923 662.37
经营活动产生的现金流量净额	85 269 891.88
现金及现金等价物净增加	− 17 452 330.02

表 3—5　　　　　　　扣除的非经常性损益项目所涉及金额　　　　（单位：元）

项　　目	2003 年度
处置固定资产收益	1 410.71
补贴收入	700 276.00
营业外收入	2 063 761.67
营业外支出	140 099.30
回转资产减值准备	146 828 266.50
合计	149 453 615.58

从这一系列的收购结果来看，＊ST 美雅反收购的目的是达到了，但最终的结果却是美雅重新回到退市风险行列，而作为"白衣骑士"的广新集团在付出惨痛的代价之后，挥泪出局。

6. 问题探讨

6.1　如何看待中国上市公司的反收购状况？

并购的实质是公司控制权的交易。由于控制权存在着私人收益，因此，在控制权买卖过程中往往会出现收购与反收购之争。反收购一般出现在敌意收购情况下。

通常来说，反收购时可以运用的经济手段主要有四大类：提高收购者的收购成本，降低目标公司的收购价值；提高相关者的持股比例，增加收购者取得控股权的难度；制订策略性的公司章程，提高外部人改组管理层的难度；贿赂外部收购者，以现金流换取管理层的稳定等策略。

中国资本市场的反收购历史并不短。1993 年，中国宝安集团通过二级市场收集流通股的方式，取得延中实业第一大股东的地位。随后延中实业采取诉讼的手段对宝安集团发起了反收购行动，开启了中国资本市场反收购的先河。中国资本市场上主要是国有控股上市公司，在政府主导下的协议收购行为比较多，敌意收购行为少之又少，因此，收购与反收购并非常见。在中国资本市场上，常见的反收购措施，主要有相互持股制度、在公司章程中置入反收购条款、管理层收购、股份回购和司法救济等。

6.2　评价我国上市公司反收购行为规范情况？

我国证券市场建立以来，围绕上市公司展开的收购案例越来越多，反收购案例也时有发生，但法律的规制却明显滞后。从《股票发行与交易管理暂行条例》到《证券法》以及《公司法》、《上市公司章程指引》，均未对反收购加以规范。不规范的反收购行为必然会损害企业并购过程中利益相关者的利益。在实践中，目标公司管理层为了保住控制权的私人收益，不顾收购方和股东利益，任意采取反收购措施来阻碍公司控制权的转移。2002 年 12 月 1 日起施行的《上市公司收购管理办法》（以下简称《收购办法》）对反收购行为做出了限制。《收购办法》第 33 条明确规定，被收购公司的董事、监事、高级管理人员针对收购行为所做出的决策及采取的措施，不得损害公司及其股东的合法权益。收购人做出提示性公告后，被收购公司董事会除可以继续执行已经订立的合同或者股东大会已经做出的决议外，不得提议：发行股份或者可转换公司债券，回购上市公司股份，修改公司章程，订立可能对公司的资产、负债、权益或者经营成果产生重大影响的合同（但是公司开展正常业务的除外），处置、购买重大资产，调整公司主要业务（但是面临严重财务困难的公司调整业务或者进行资产重组的除外）。同时也禁止被收购公司向收购人提供任何形式的财务资助。但《收购办法》偏向于保护被收购公司及其股东的合法权益，也就是说，只要不损害公司和股东利益，法律允许董事采取反收购行为。

＊ST 美雅管理层反收购案发生在《收购办法》出台之前。在这个案例中，管理层采用了激烈的法律上和非法律上的反收购措施，万和集团在付了第一期价款后不得不退出的事实再次证明，反收购方面的立法不完善对公司并购行为的阻碍作用。

本次并购案例中，鹤山国资办临阵反悔。2003 年 10 月 18 日，与万和集团签订了《关于终止执行（广东美雅集团股份有限公司国有股权转让协议）的合同》，终止执行双方于 2003 年 9 月 21 日签订的《广东美雅集团股份有限公司国有股权转让协议》，并办理了终止手续。

万和集团的退出，显然不符合其最初入主＊ST 美雅的目的。正因为对于合法收购行为没有相应的保护条例，导致万和集团也无法追究鹤山国资办的违约责任，而且如果与＊ST 美雅进行法律上的较量，极为可能得到的是一个"退市"的壳，收购也就失去了其本身价值。万和集团权衡再三，最终选择主动退出收购。

随着上市公司收购日趋频繁，万和集团的故事是否会再次重演？很显然，只要规则依然如故，只要收购行为无法公正、透明地进行到底，答案自然是肯定的。

主要参考文献

1. 吕爱兵:《＊ST 美雅收购与反收购大战》,载《中国投资》,2004(2)。

2. 佚名:《绕不开管理层 万和兵败罕见反收购案(2)》,中金在线,http://news. stock888. net/031208/101,1317,337393,00. shtml,2003 - 12 - 08。

3. 广东美雅集团股份有限公司董事会:《广东美雅集团股份有限公司 2003 年第三季度预亏及董事会意见公告》,2003 - 10 - 16。

4. 蔡锋:《万和集团收编＊ST 美雅》,人民网,http://www. people. com. cn/GB/paper66/10252/937781. html,2003 - 09 - 25。

5. 佚名:《广新外贸"顶掉"万和集团 ＊ST 美雅青睐同行购并》,网易,http://biz. 163. com/31023/0/05U209BQ00020QC3. html,2003 - 10 - 23。

6. 佚名:《"四不准"令 ＊ST 美雅别恋广新集团》,金融街,http://news1. jrj. com. cn/news/2003 - 10 - 24/000000671678. html,2003 - 10 - 24。

7. 佚名:《2002 年纺织行业十大热点》,大陆投资网,http://www. vvv - china. com/html/jincaishenghuo_detail. asp? type = O&id = 100005288。

8. 姚文祥:《反收购——规则缺失的游戏》,新华网,http://news. xinhuanet. com/fortune/2006 - 01/23/content_4088315. htm,2006 - 01 - 23。

9. 姚文祥:《2.2 亿变 600 万 广新外贸出局 ＊ST 美雅成抽水机》,载《财经时报》,2005 - 10 - 16。

10. 佚名:《加入 WTO 一年 回眸我国纺织行业发展》,第一纺织网,http://news. webtextiles. com/info/Info_9364. htm,2002 - 12 - 17。

12. 刘群:《对目标公司反收购行为的规制》,载《证券时报》,2003 - 04 - 01。

案例参编:李碧荣 羊芳蔚 麦丽芬

案例 4

粤美的管理层收购

广东美的电器股份有限公司（以下简称"粤美的"）从 1998 年起开始计划进行管理层收购。2000 年 4 月，该公司管理层注册成立了顺德市美托投资有限公司（以下简称"美托投资"），经与当地镇政府协商，美托投资分别于 2000 年 5 月和 2001 年 1 月两次收购了当地政府下属公司持有的粤美的法人股，收购完成后持有粤美的法人股达到 22.19%，成为公司第一大股东。这起案例是我国第一例上市公司 MBO 案例。

1. 行业背景

随着 2000 年度上市公司年报的公布，家电行业上市公司的业绩总体上处于下降趋势已成为事实，而彩电、冰箱、空调、小家电等又由于各自的经营环境和竞争特点不同，在业绩上又有较大的差距。而最令投资者感到不解的是，科龙电器的每股收益从 1999 年 0.65 元下降到 2000 年的 -0.68 元，业绩下降速度之快，令证券市场一片哗然。家电上市公司业绩的变化进一步印证了，世纪之交的中国家电行业经营环境总体处于不景气的状况。

造成这种局面的主要原因在于，国内家电生产企业的多元化经营造成各公司之间产品结构越来越趋于相同，各种产品的利润空间越来越小。青岛海尔 2000 年通过增发新股从其集团手中购买了空调生产线，主导产品为冰箱和空调。四川长虹进军空调业后，市场份额也迅速增加，目前已进入行业前 5 名之列，市场占有率已达到 5%~6%。2000 年 11 月，长虹更是斥巨资买下中山的一家空调生产企业。深康佳除进入移动通信行业外，同时还进军了冰箱和洗衣机生产行业。从家电行业的上市公司所走的多元化经营过程来看，大多是把现有的家电生产资源向其他家电产品领域配置，这种多元化发展道路有助于缓解局部的市场竞争压力和提高总体竞争力。但也正是这种多元化经营的道路使得各家电生产企业的产品结构越来越趋于一致，其最终结果是各企业在更多的产品上形成新的竞争，造成整个家电行业的主要产品整体供过于求。规模扩张式的多元化的道路，能否真正使家电上市公司走出困境是值得各家电企业认真研究的。从国外家电品牌在国内市场的占有率逐步回升来看，依靠技术进步提升产品档次和技术含量，获取时间差的超额利润，才能实现销量和利润的同步增长。

2. 企业背景

广东美的企业集团（以下简称"美的集团"）的前身是何享健于 1968 年带领 23 位北窖人集资 5 000 元创办的一家塑料厂——"北窖公社塑料生产组"。起初，这家塑料厂专门生产药瓶盖，后来开始为广州的一家风扇厂生产配件。1980 年，生产组改名为"顺德县美的风扇厂"，开始进入家电业。1983 年，其生产的风扇获"广东省优质产品"称号和"农业部优质产品"称号，成为广东省第一家获此殊荣的乡镇企业。进入 20 世纪 90 年代之后，美的电器已经成为全国最大的电风扇厂，同时也是全球最大的电风扇生产基地，并开始涉足其他家电领域。1992 年 3 月，经广东省人民政府办公厅批准，原公司组建成广东美的电器企业集团。同年 5 月，经广东省企业股份制试点联审小组、广东省经济体制改革委员会批准，原公司改组为股份公司。1992 年 8 月，经广东省工商行政管理局核准注册，原公司更名为"广东美的集团股份有限公司"，至此美的集团完成了上市融资前的股份制改造。

1993 年 11 月，粤美的在深圳证券交易所挂牌上市，成为中国乡镇企业中第一家改组上市的股份制公司。当时粤美的和中国众多乡镇企业一样，采取直线式管理。在乡镇企业早期，这种集权式管理发挥了"船小掉头快"的优势。但在企业规模做大以后，这种方式就随之出现了问题，造成产品生产与销售脱节。1990～1994 年，粤美的空调销售排名始终排在全行业的第三名，1996 年则落至第七位，而且 1996～1997 年粤美的的经营业绩大幅度滑坡。

在困境面前粤美的选择了事业部改造，形成了"集权有道、分权有序、授权有章、用权有度"的内部组织管理模式。事业部改造的效果从 1998 年开始显现出来。这一年，粤美的空调产销 100 多万台，增长 80%；风扇产销 1 000 多万台，高居全球销量冠军；电饭煲产销 150 万台，稳坐行业头把交椅；电机国内市场占有率高达 30% 以上，成为无可争辩的行业领头羊；小家电（主营饮水机、微波炉、洗碗机等）亦名列行业前茅。1998 年，粤美的通过在证券市场发行股票及多次配股，共筹集资金近 8 亿元人民币，总股本由刚上市时的 9 000 多万元增加到目前的 4.3 亿元，资产总额和主营业务收入比上市前增长近 2 倍，税后利润为上市前的 2.3 倍。截至 1998 年年末，同行业的上市公司达到 91 家，粤美的的综合实力排名第四，各项主要财务指标都显示了较强的实力。至此，粤美的无亏损投资和亏损项目，产业结构和产品结构合理，良好的运营业绩也取得了资本市场的认同。除已取得的实际经营业绩外，一套运行良好的制度也成为了未来保持良好业绩的保障。

激励与约束是企业做大后无法回避的问题。企业的发展要靠企业每一个人的努力，平均主义的分配制度是对人的创造性的制约和扼杀，而合理的分配制度是激励人的关键手段。多年来，为谋求企业发展和壮大所需的相对宽松的外部环境而披上的"集体企业"外衣，终成为了美的集团进一步发展壮大的桎梏。粤美的在解决产权问题上的努力始于 1998 年，当时公司就提出了员工持股的构想，年底时在两个企业进行了试点，取得满意效果后，1999 年开始大面积推广，此时粤美的的第一大股东是北窖镇人民政府出资设立的顺德市美的控股有限公司，持股12 761.4331万股，占总股本的 29.66%，其他股东持股均不足 10%。为了进一步完善企业的股权结构和员工激励体系，粤美的开始酝酿 MBO。

3. 过程描述

3.1 美托投资

美的集团管理层（法定代表人何享健等）和粤美的工会等 22 名股东于 2000 年 4 月 7 日共同出资组建了"顺德市美托投资有限公司"，其中管理层持股 78%，工会持股 22%，注册资本为 1 036.87 万元，法定代表人为何享健。

何享健作为粤美的和美托公司的共同法定代表人，是美托投资的第一大股东，持股 25%，执行董事陈大江持股 10.3%，工会持股 22%（主要用于将来符合条件的人员新持或增持）。美托投资成为粤美的 MBO 的主要平台和工具。

3.2 收购步骤

第一步，1999 年 6 月，以何享健之子何剑峰为法人代表的顺德开联实业从北滘镇经济发展总公司手中收购了 3 432 万股法人股，成为粤美的的第二大股东。2000 年 4 月，由美的集团管理层和工会共同出资组建立了一个"壳"：美托投资有限公司。

2000 年 4 月 10 日，粤美的第一大股东顺德美的控股有限公司以每股 2.95 元的价格向美托投资转让了其持有股权中的 3 518.4 万股法人股（占粤美的股权的7.25%）。而粤美的 2000 年度中期财务报告显示，其每股净资产为 4.26 元。

第二步，2000 年 12 月 20 日，粤美的第一大股东顺德美的控股有限公司（以下简称"美的控股"）与美托投资签订了股权转让协议，以每股 3 元的价格（而根据粤美的 2000 年度的年度报告，其每股净资产为 4.07 元）向美托投资转让7 243.03万股法人股（占粤美的的总股本的 14.94%）。股权转让完成后，美托投资正式成为粤美的的第一大股东，所持股份比例上升到 22.19%，而美的控股由原来的第一大股东退居为第三大股东。

美托投资第一次协议受让美的控股持有的粤美的法人股 3 518.4 万股，股权转让价格为 2.95 元，转让金额约为 10 379 万元；第二次协议受让法人股 7 243.03 万股，股权转让价格为 3 元，转让金额约为 21 729 万元。从粤美的 2001 年和 2002 年的相关公告得知，粤美的第一大股东美托投资以其所持有的粤美的法人股共计10 761万股（占公司发行在外总股份的 22.19%）向顺德市农村信用合作社进行质押贷款，共计贷款 3.2 亿元，此次股权质押有效期限为一年，自 2001 年 7 月 24 日起至 2002 年 7 月 23 日止。2002 年 7 月到期后公司再次将这部分股权向顺德市北窖

农村信用合作社质押贷款 3.2 亿元，贷款期限自 2002 年 7 月 15 日起至 2005 年 7
月 15 日。也就是说，美托投资通过股票质押获取银行贷款的方式，完成了 MBO 所
需的融资。

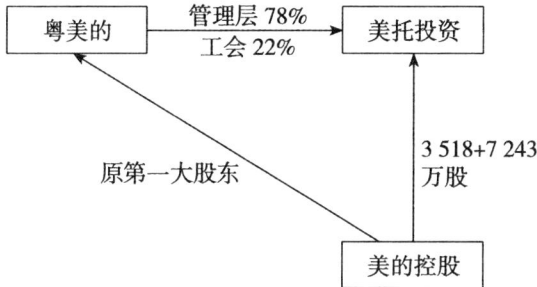

图 4—1　财务关系流程图

4. 动因分析

4.1　强化激励机制

粤美的实行的事业部改造意味着分权管理。分权固然能提高企业对市场的反应
速度，同时但也带来了约束功能软化，难以充分发挥高级管理人员积极性的弊病。

粤美的 MBO 最根本原因是为了激励机制上有所突破，破解员工在市场营销和
生产经营上的动力不足。1997 年前后，已经发展到相当规模的粤美的在竞争激烈
的市场遭到了前所未有的困难，部分产品的市场份额出现大幅度的滑坡，而当时所
实行的模拟股份制只能分红却不能解决兑现问题。于是粤美的转而寻求 MBO，同
时也成为国内上市公司吃螃蟹的第一人。而作为管理层核心的何享健等人在公司的
发展过程中起到了决定性的作用，他们的利益也需要在产权改革中体现。但对于收
购控股权所需要的上亿元资金，由于管理层自身能力有限，因此亟需一个能够提供
方便的融资途径。

4.2　政府的支持

粤美的的第一大股东是美的控股，持股 12 761.4331 万股，占总股本的
29.66%，是北窖镇人民政府出资设立并授权管理部分镇属公有资产的法人机构，
其他股东持股均不超过 10%。

粤美的创业之初镇政府资金投入不多，企业的发展过程基本上是管理层创业并
领导企业发展壮大的过程。面对市场的激烈竞争，政企分开已经成为一种趋势。因
此顺德市政府在粤美的的收购过程中一直持积极支持、配合的态度。

5. 结果评价

5.1 过程分析

粤美的 MBO 模式是由美的集团管理层和工会共同组建一家新公司，新公司通过分次受让上市公司的股权，成为上市公司的第一大股东，而管理层通过控股这家新公司间接持有上市公司的股权，完成 MBO。作为收购平台的美托投资是由美的集团管理层和工会共同出资组成，这是 MBO 明显的标志。另外，完成此次收购的款项除首付的 10% 现金是由管理层缴纳外，其余 90% 通过分期付款解决。这笔款项主要是通过粤美的股权质押的方式从银行贷款筹得。资金来源也完全符合 MBO 通过财务杠杆收购的特征。

何享健曾坦言，创业三十多年来（含 20 世纪 80 年代前的非家电业务），企业的产权问题一直是他的一块"心病"，其已经成为制约企业持续快速发展的"瓶颈"。而管理层收购的完成对粤美的有跨时代的意义。事实上，MBO 后的粤美的确实在产业运作及资本运营中显示出前所未有的智慧和热情，这不禁让业内人士惊叹。

5.2 MBO 实施后股权的变化

股份转让后，公司股份总额和股本结构没有发生变化，见表 4—1。

表 4—1　　　　　　　粤美的 1999～2001 年股份结构表　　　　　　（单位：万股）

粤美的 A	2001 中期	2000 末期	2000 中期	1999 末期
总股本	48 488.9726	48 488.9726	48 488.9726	48 488.9726
发起人股	9 757.8331	9 757.8331	9 757.8331	13 276.2331
法人股	9 575.88	9 575.88	9 575.88	6 057.48
流通股	29 155.2595	29 155.2595	29 155.2595	29 155.2595

从上表可以看到，股份转让前后总股本一直未变，各类股份所占比例也没有改变，但第一大股东发生了变化。其中，"法人股"的很大一部分是由粤美的的管理层控制的。两次收购之后，管理层确立了对粤美的的所有权。粤美的管理层通过对美托投资间接持有粤美的 17.3%（78%×22.19%）的法人股。这时，17.3% 的法人股已经从简单的为一个经济实体所控制的股份，变为控制在管理层人员的手中。在粤美的的管理层中，法人代表何享健通过美托投资持有粤美的 5.5% 的股权（25%×22.19%），持股 2 690 万股。按照 2001 年 1 月 1 日至 6 月 30 日期间的每星期五的收盘价的算术平均值（13.02 元）来计算，市值 3.5 亿元。

5.3 效果评价

实行管理层收购以后，以何享健为代表的管理层具有了双重角色：从代理人成为了所有者，但同时他们又行使着代理人经营、管理、决策的职责。在这种情况下，第一大股东能够获得充分的信息，由于管理层兼任了委托人和代理人的角色，代理成本自然也就降低了。

管理层收购的完成使粤美的实现了所有权与经营权的统一，这似乎是违背了现代企业制度的所有权与经营权分离的要求。但从另外一方面来看，粤美的建立了一种全新的激励机制。

管理层收购完成后，虽然粤美的每年的相对盈利额度都有所下降，但鉴于该公司所处的行业状况，能取得目前的成绩也实属不易。同时，通过同行业上市公司之间的横向比较能够更全面的观察这个问题，2001 年粤美的每股收益为 0.52 元，同比下降 12%；海信电器 2000 年的每股收益是 0.08 元，而 2001 年却出现亏损0.036 元；另外，格力电器 2000 年实现每股收益 0.71 元，但是 2001 年却仅有0.51 元，同比下降 28.2%；春兰股份 2001 年度的每股收益同比降幅也在 49% 左右。因此，粤美的业绩萎缩更多的是出于行业性的因素。从粤美的每股净资产逐年递增的结果也能看出 MBO 的成效，而这一切似乎都应该归功于管理层收购带来的正面作用。

6. 问题探讨

6.1 定价问题

在我国目前已实现的几例 MBO 案例中，包括特变电工、佛塑股份、深方大、粤美的等，其转让价格均低于每股净资产。在管理层收购中出现对收购方有利的定价很容易侵害到国家和中小股东的权益。一般而言，合理、公允的转让价格应该以每股净资产作为基础，综合考虑公司的盈利能力、负债能力、每股现金流量等因素而形成。但我国目前的管理层收购还缺乏公正、透明的游戏规则，难以公平地确定转让价格。

《上市公司收购办法》第 31 条规定："管理层、员工进行上市公司收购的，被收购公司的独立董事应当为公司聘请独立财务顾问等专业机构，分析被收购公司的财务状况，就收购要约条件是否公平合理、收购可能对公司产生的影响等事宜提出专业意见。"因此，在我国短时间内相关规定不完善的情况下，应参照此规定，由被收购公司聘请独立财务顾问对资产进行评估，同时国有资产管理部门协助监督，在评估价值的基础上，对转让价格进行协商，以避免国有资产流失。

一般而言，股权收购价格应不低于每股净资产。粤美的第一次转让价格为每股2.95 元，第二次股权转让价格为每股 3 元，均低于公司 2000 年每股净资产 4.07

元。对于转让价格过低的一个解释是：由于这部分国有股与法人股是不可流通股份，因而不能以二级市场价格同比衡量。另外的一个解释是：考虑到内部职工对公司的历史贡献等因素，价格低于每股净资产也不违反现有规定。

6.2 资金的来源问题

美托投资第一次协议受让美的控股持有的粤美的法人股 3 518.4 万股，股权转让价格为 2.95 元，转让金额约为 10 379 万元；第二次协议受让顺德市美的控股有限公司持有的法人股 7 243.03 万股，股权转让价格为 3 元，转让金额约为 21 729万元。股权收购完成后美托投资便将这部分股权全部质押给银行贷款 3.2 亿元，贷款额度与美托投资当初收购粤美的股权所需资金（约 32 108 万元）极其吻合，其用途不言而喻。

MBO 会使公司面临巨大的偿债压力。从表面来看，MBO 只是公司股权的转让，对公司财务并没有太大影响，但实际上 MBO 对上市公司的财务政策有巨大的潜在影响，这主要是由 MBO 的资金来源而引起的。在我国，公司为进行 MBO 而融资只能通过银行贷款。在粤美的 MBO 过程中，美托投资的收购资金基本上来自于股权质押后的银行贷款（共计 3.2 亿元），这就意味着管理层面临巨大的还款压力。为了缓解沉重的债务压力，MBO 后的管理层和控股股东必须及时获得资金以偿付银行贷款。控股股东通过上市公司获得资金的手法无外乎两类：一是高派现分红；二是采用关联交易套现。具体就粤美的 MBO 而言，由于控股股东美托投资所持有的股权比例仅为 22.19%（加上开联实业也只有 30.68%），采取现金分红难以解决管理层的偿债问题，考虑到中国的法律环境及证券监管现状，粤美的控股股东可能对运用关联交易套现手法更感兴趣。

6.3 美托投资是由管理层和工会共同出资建立的，为何在顺利收购美的后，管理层持有了所有的股份？

管理层联合工会成立美托投资的主要原因是借用工会的资金来进行 MBO，并可避开国家对"壳"公司的股权投资限制，并不是要与工会分享企业的所有权。而在收购完成后，粤美的的核心管理层便使工会完全退出美托投资，从而控制所有的股权。

粤美的在 2000 年实施 MBO 之前，董事、监事及高级管理人员年薪 20 万元～30 万元有 3 人，30 万元～50 万元有 7 人，50 万元～100 万元仅 1 人，2000 年以前不详。由此可推算粤美的经理层所拥有的累计薪酬总额大约在 5 000 万左右，管理层要完成 MBO 过程中的现金支付难度较大。因此，美托投资在建立和收购的初期要借助工会的资金帮助。而在收购完成后，管理层便收回了所有美托投资的股权。

主要参考文献

1. 美的集团主页,http://www.midea.com.cn。

2. 李曜:《品牌价值与产权改革——MBO 后的美的电器案例研究》,载《当代经济科学》,2008(1)。

3. 王可珂:《我国管理层收购(MBO)探析》,载《山东电力高等专科学校学报》,2004(3)。

4. 李玉宝:《管理层收购的理论及相关难题》,载《哈尔滨商业大学学报(社会科学版)》,2005(2)。

5. 赖昭瑞:《对我国管理层收购问题的反思》,载《经济问题》,2004(8)。

6. 刘运国:《"粤美的"管理层收购信息披露的案例研究》,载《投资与证券》,2005(3)。

7. 孙迪:《我国上市公司管理层收购(MBO)财务绩效的实证研究》,北京林业大学硕士论文,2007。

8. 孙喜平、张庆:《粤美的 MBO 案及其思考》,载《财会通讯(学术版)》,2004(9)。

9. 佚名:《美的:MBO 只是过河桥》,原载《中国证券报》,http://www.cs.com.cn/csnews/20020520/231735.asp,2002 – 05 – 20。

10. 佚名:《粤美的 MBO 第一案例的操作过程》,载《中国经济时报》,2003 – 06 – 25。

11. 田晶:《MBO 实战操典经典案例》,北京,机械工业出版社,2004。

案例参编:谢潮昂　劳健茵

TCL 收购德国施耐德

2002 年 3 月，百年老店德国施耐德电器有限公司（Schneider）（以下简称"施耐德"）因负债过多而破产。在德国巴伐利亚州政府的主动牵线下，经过数月谈判，TCL 集团股份有限公司（以下简称"TCL 集团"）终于在 2002 年 9 月 16 日以 820 万欧元全资收购了施耐德公司。施耐德由此正式成为 TCL 在欧洲的高端电视机生产基地。这是截至 2002 年年末中国在欧盟地区投资最大的生产性项目，也是我国企业国际化进程中一次难忘的伤痛。

1. 行业背景

进入 2000 年以来，我国家电行业两极分化严重，整个行业步入整合调整期。这种整合的结果，致使竞争加剧，不仅仅促使各企业将焦点放在外部销售市场，而且也开始关注内部管理，将重点放在了企业管理、营运模式、品牌建设、资本运作、技术开发能力、内部资源优化配置及整合等方面。一些企业在竞争中逐步做大做强，而更多的企业则是在竞争中被淘汰出局。家电行业已经逐步形成了"胜者为王、诸侯分霸天下"的局面。

在家电市场方面，国内家电市场由于供需不平衡以及缺乏强有力的高科技产品，传统家电依然占据大半江山，加剧了家电市场的竞争激烈程度。家电产品几乎全线供大于求，产品价格进一步下滑。国内市场销售不畅，各品牌家电以低价微利进行"血拼"以占据市场份额的状况依然存在。为了生存，各家电企业唯有加快多元化经营的步伐，积极调整产品结构，加大新产品开发力度，开发新的具有高技术含量的产品，将产品的差异化作为企业发展的长久之计，从而寻求新的"卖点"和利润增长点。例如，四川长虹在大规模进军空调业的同时，开发生产了新一代高清晰背投彩电。

较于国内市场的一片厮杀声，国际家电市场情况却有所不同。国际市场对彩电的需求较旺，特别是欧洲电视机市场，其规模要高出美国及中国市场。以德国为例，德国的电视机拥有量为 5 600 万台，2002 年市场规模在 590 万台，是欧洲最大的电视机单一市场。尽管市场广阔，但是由于欧洲人力成本过高，在价格上无法与亚洲电视机企业竞争。随着德国 GRUNDIG 前不久宣布破产，欧洲市场上销售量达一定规模、且继续在欧洲生产的传统品牌基本只剩下法国的汤姆逊及荷兰的飞利浦，其余均为日本及韩国品牌，如索尼、JVC、三星等。

相反，我国的电视机生产和出口却呈现出一片大好的局面。这主要得益于国家继续实施鼓励出口的政策，有效地促进了家电出口的健康快速发展；也得益于我国正式加入世界贸易组织后，国际贸易逐步改善，家电产品的出口空间大幅扩大。2002 年上半年，创维的出口量增加了 70%、康佳增加了 42%、TCL 增加了 1.3 倍，而长虹甚至是增加了 16 倍。但我国电视机出口相对集中在经济较发达的国家和地区，并且针对中国的反倾销事件会越来越多，我国家电业在融入全球竞争的同时面临着很多贸易商的壁垒和阻碍。家电企业国际化是摆在我国大型家电企业面前的一个迫切任务。

2. 企业背景

2.1　TCL 集团

说到 TCL，称其为中国家电业的领头羊也不为过。TCL，代表着 The Creative Life，意为创意感动生活。在 TCL 诞生了中国第一台免提式按键电话、第一台 28 寸大彩电、第一台钻石手机、第一台国产双核笔记本电脑等很多具有跨时代意义的创新产品，TCL 是国内拥有极高知名度的自有品牌。

TCL 集团有限公司创办于 1981 年，主要从事家电、信息、通讯、电工产品的研发、生产及销售，集技、工、贸为一体，是中国目前最大的、全球性经营的大型国有控股集团之一。历经 20 多年的风风雨雨，从无到有，从小到大，TCL 集团现已成为了家电市场中的佼佼者。现拥有家电、通讯、信息和电工四大系列产品，并根据市场需求，实施了音像视频产品以王牌彩电为龙头、移动通信终端产品以手机为代表的企业发展战略。

2001 年，TCL 集团销售总额 211 亿元，利润 7.15 亿元，税金 10.8 亿元，出口创汇 7.16 亿美元，在"全国电子信息百强企业"中列第 6 名。2001 年 TCL 品牌价值 144 亿元，在全国知名品牌中列第 5 名。2001 年 4 月 16 日，TCL 集团引进五家战略投资者：东芝、住友商事、香港金山、南太和 Pentel，随后改组为股份有限公司，摇身变为具有国际化色彩的股份有限公司。

2.2　施耐德电器有限公司

德国施耐德电器有限公司成立于 1889 年，是一家拥有百年历史的老牌企业，最早从事木材加工，1953 年进入音像制造领域。1983 年，施耐德生产了第一台电视机。1986 年，施耐德成为一家上市公司。进入 20 世纪 90 年代，施耐德公司开始亏损。2002 年初，这家具有 113 年历史的老牌企业终于宣布破产，并留下 650 名员工委托给破产管理公司。

但是，这家破产的企业仍然有它的独到之处。破产了的施耐德拥有 3 条彩色电视机生产线，可年产彩电 100 万台。在欧洲有颇为畅通的销售渠道，即使是在破产前的 2001 年，也有 2 亿多欧元的销售额，市场主要集中在德国、英国和西班牙。公司旗下有两个著名品牌——施耐德（Schneider）和杜阿尔（Dual），其中，施耐德更是号称"德国三大民族品牌"之一。另外，其具有较强的研发能力和高技术开发生产计划。它的破产，在某种程度上是受到中国家电企业在国际市场上强有力冲击的无奈之举。

3. 并购过程

早在 2001 年，由于扩展海外业务的需要，TCL 曾多次在欧洲市场探路。恰在此时，施耐德严重亏损，德国的巴伐利亚州政府急于为施耐德寻找出路，因此主动找到 TCL，请其接盘，并表示会全力支持。

双方经过大半年的接触和谈判，TCL 集团旗下在香港上市的 TCL 国际控股有限公司于 2002 年 9 月 16 日宣布，通过其新成立的全资附属公司 Schneider Electronics GmbH 与施耐德的破产管理人达成收购协议，收购其主要资产，金额约 820 万欧元。

根据双方达成的协议，Schneider Electronics GmbH 收购施耐德（Schneider）的生产设备、销售渠道、研究部门、存货及多个品牌，其中包括"施耐德"（SCHNEIDER）及"杜阿尔"（DUAL）等著名品牌的商标权益。Schneider Electronics GmbH 同时协议租用位于 Tuerkheim（土尔可海姆）的面积达 2.4 万平方米的生产设施，用于建立其在欧洲的生产基地。如果一切顺利，预计 Tuerkheim（土尔可海姆）将于 2003 年初开工生产。

2002 年 10 月 25 日，中国 TCL 集团所属的施耐德电器有限责任公司开业典礼在慕尼黑如期举行。据 TCL 集团内部人士介绍，经过整顿后，施耐德公司的产品将从 2003 年起重新投放德国市场。

4. 动因分析

4.1 战略动因

TCL 国际化进程始于 1998 年。1998 年 6 月，TCL 集团成立海外业务部，并选择越南作为其海外业务扩张的第一步。1999 年，TCL 集团提出向世界级企业迈进。1999 年，TCL 越南项目投产，但是一直处于亏损状态。经过拼杀，直到 2001 年，越南公司终于达成盈亏平衡。2001 年 6 月，TCL 集团成立"增强国际竞争力实施方案"工作组，着手制定集团中长期战略规划，由此出台了后来著名的"阿波罗计划"。"阿波罗计划"的本质是实施国际化战略、加大海外扩张，实现"龙腾寰宇、虎跃神州"。"阿波罗计划"的第一步，是实现 TCL 集团整体上市。通过吸收合并子公司 TCL 通讯（000542）并实现 IPO 整体上市的操作办法，令 TCL 备受瞩目。第二步，是与香港长城数码公司共同出资成立一家合资公司，共同开拓国际市场。进行海外收购是"阿波罗计划"的第三步。收购施耐德公司填补了 TCL 在欧洲的"空白"，翻开了该集团向海外发展的新的一页。

4.2 品牌与贸易动因

TCL 进入欧盟市场存在两个问题，第一是品牌认可度的问题；第二是贸易壁垒的问题。从品牌动因的角度考虑，施耐德在欧洲尤其是在德国内有着相当的市场基础，甚至破产当年也有 2 亿欧元的销售额。TCL 大可借收购施耐德之机，在欧盟市场寻求更大的突破，一是可以利用施耐德的品牌效应；二是可在短时间内拥有其遍布全世界的销售渠道和强大的技术力量，快速切入欧盟市场。施耐德旗下的多个品牌都是著名的电子产品品牌，收购施耐德的资产，可以使欧洲人加深对 TCL 品牌的印象，并且能够提升其在海外的知名度及品牌形象，有助于 TCL 开展欧洲市场的业务，并由此获得施耐德的分销网络。此外，施耐德在通讯、信息产业方面也有一定基础，TCL 计划通过施耐德将这两块产业也带入欧洲市场。

从贸易动因的角度考虑，截至 2002 年，中国出口欧盟的家用电器总额为 20.5 亿美元，欧盟已成为中国家用电器出口的主要市场，约占中国家电出口市场的1/4。但中国家电出口到欧盟市场始终存在这贸易壁垒的问题。1998 年，欧盟决定对所有来自中国的彩电征收 44.6% 的反倾销税。在如此高的税率下，中国出口欧盟的彩电由 1993 年的 100 多万台下降到 2000 年的不到 5 万台。进入 2002 年，在彩电方面，尽管欧盟允许中国家电企业出口他们所承诺的配额，但对于家电企业来说，进入欧盟市场后的形势仍不容乐观。欧盟彩电的年销售量是 2 500 万台，但承诺给中国家电企业的配额是 40 万台，仅占其年销售总量的 1.6%。这 40 万台配额还要由国内 7 家家电企业来分，而且欧盟规定 40 万台中约 60% 是 20 英寸以下的彩电，且经销商的供货价要比欧洲本土厂家高。

2001 年，施耐德在欧洲市场的销售额高达 2 亿欧元，所占据的市场份额也大大高于 40 万台彩电的配额，超过了欧盟给予中国 7 家家电企业的总和。相比之下，通过投资建厂、贸易出口等途径在欧盟市场取得一定的地位至少要 5 ~ 10 年的时间，而收购施耐德仅需 3 个月便可立即实现这一跨越。

4.3 技术与管理动因

TCL 的本次并购，不仅可获得海外销售渠道，还可以在技术领域寻求快速突破。在家电市场，作为新兴技术的液晶电视和等离子彩电，TCL 并未掌握其核心技术。随着电视生产技术发展的加快，电视更新换代的周期缩短，中国企业从零开始搞研发，很难在短期内取得突破，而施耐德具有较强的研发和高技术开发生产能力，可以很好地解决 TCL 这方面薄弱的问题。而且施耐德拥有一支良好的管理团队，收购施耐德，还可以给 TCL 带来先进的管理理念，提高 TCL 的国际管理能力，

5. 结果评价

TCL 公司 2003 年年度报告显示，并购后头一年，即 2003 年，公司主营业务销售比上年增长了 28%，净利润比上年增长了 34%。其中家用电器一项的销售收入就增长了 131%，海外家用电器销售收入为 20.4 亿元，比上年增长了 94%。然而，销售业绩的上升并没有给 TCL 带来盈利的增加。2003 年和 2004 年，施耐德项目都没有获得盈利。2005 年，TCL 停止了在德国生产电视机，以至于 TCL 最终不得不承认收购施耐德是一次失败的收购。

6. 问题探讨

TCL 收购施耐德为什么最终没有实现预想的效果？

（1）TCL 对施耐德品牌形象估计过高

TCL 对施耐德的品牌一直给予很高的期望，收购施耐德后，TCL 根据欧盟市场开发了全系列的 TV、AV 产品线，并由中、德两国富有国际经营管理经验的人员组成高、中层管理团队，旨在通过一系列紧跟市场潮流的多媒体视听产品在德国及欧洲重塑品牌形象。

然而，TCL 此举有些过高地估计了施耐德在欧洲市场上的形象。德国著名的《经济周刊》总编辑、经济学家巴龙先生在 2002 年对 TCL 收购德国施耐德这样评论："若要借施耐德进入德国市场，TCL 还不如用自有品牌。"因为施耐德在德国的社会形象是一个保守的、不断破产转卖的私人企业，产品还不如 TCL 先进。施耐德没有太强的研发力量，80% 的产品都不是以自己的品牌销售，而是以其他的杂牌在百货商店销售。在德国人眼里，施耐德生产不了高精尖产品，如果把 TCL 的超薄高精尖电视机贴上施耐德的品牌到德国去卖，德国人不可能接受。尽管施耐德历史悠久，销售渠道庞大，但是近 10 年来，施耐德技术落后、保守守旧，经常由于亏损而裁员，两年前刚刚卖给法国，现在又亏损破产。所以整体来说，施耐德品牌是一个欧洲市场的没落二线品牌，难以支撑 TCL 集团挺进欧盟市场的梦想。

TCL 借助施耐德品牌梦想的破裂进一步说明了中国企业对在国际市场开展品牌建设时缺乏对自有品牌的战略认知，缺乏对品牌的长期性认识，短期投机心理比较严重，因此结果往往事与愿违。

（2）跨国收购完成后跨文化整合的成本高，难度大

毕马威全球并购整合业务合伙人 Jack Prouty 先生总结当今并购的 70/70 现象：当今世界上 70% 并购后的企业未能实现期望的商业价值，70% 的失败源于并购后的整合过程中。并购后两家企业最难整合的莫过于企业文化的整合。并购后 TCL 与施耐德的文化整合尤为关键，这当中的文化冲突不仅包括中国与德国两国之间的文化冲突，还包括施耐德 100 多年的企业文化与 TCL 20 多年的企业文化之间的冲

突。比如，德国人是很精准、谨慎、按部就班，不是很喜欢变化，不像中国人那样灵活、多变，详细周密的未来计划、公开透明的沟通会减轻德国员工的不安定因素，赢得工会的支持，从而提高执行效率。作为年轻的 TCL 和很多亚洲企业一样，大多是欣赏"吃苦耐劳"、"少吃多做"的实干人才，而欧洲企业一般却将企业的工作与员工的生活明确区分，员工一般比较乐于享受家庭生活，通过休闲缓解工作的压力。此外还存在管理理念上的冲突，包括新管理团队和继任管理者之间、新管理团队内部之间的冲突。TCL 合并施耐德之后经历了数次人事变动，首先是施耐德最后一任公司主席兼 CEO 亨利·莱克曼因"水土不服"而退位。莱克曼是老派的欧洲管理风格，他的离去意味着这种经典管理风格的终结。随后，TCL 选中了荷兰籍经理人汉斯·克劳斯普塔担任施耐德的 CEO。汉斯既有飞利浦的工作经验，同时也有在中国香港 4 年的生活经验，了解亚洲文化。2003 年 3 月 1 日，汉斯·克劳斯普塔出任施耐德电子的 CEO，但上任不到几个月后汉斯又因"中西文化冲撞"被辞退。个中原因既包括文化上的冲突，也包括管理理念与风格上的不合。这些文化整合上的冲突不可避免地影响了施耐德的运行效率。

（3）不可逾越的产业宿命

欧洲家电企业的衰落表面上是由于受到亚洲家电企业低成本优势的冲击，实际上是由国际产业分工以及欧洲企业产业升级所导致的。可以说与很多欧洲家电企业一样，施耐德的破产倒闭是一种宿命。导致施耐德公司破产的主要因素是其生产所在地的劳动力成本过高，而施耐德的市场主要集中在德国、英国和西班牙，这三个国家的原有家电企业受到亚洲家电企业低成本竞争优势的冲击导致客户流失严重。这些现象的背后是欧洲家电企业产业结构调整的宿命所致。

如果在德国本地生产彩电，过高的人力成本始终都难以下降。这就是产业特点决定了这种劳动密集型产品已经不适合在欧洲生产了。海尔也曾在欧洲收购过一家白色家电生产企业，但目前未见其对海尔的利润有多大贡献。唯一的出路就是把所有的彩电零配件都放在中国生产，然后把整机组装的最后一道工序放在德国，这样既可以尽可能地避免生产过程中的高人力成本，又可以避免欧洲国家按照"原产地"原则所征收的进口关税。2005 年，TCL 最终关闭了施耐德生产基地，将其业务合并至欧洲利润中心，这进一步证明了产业宿命的不可逾越性。

主要参考文献

1. 干春晖：《并购案例精粹》，上海，复旦大学出版社，2005。

2. 佚名：《TCL 国际化战略全面解读》，中国营销传播网，http://www.emkt.com.cn/article/143/14327.html，2004－02－26。

3. 佚名：《TCL 收购德国施耐德探》，搜狐财经，http://business.sohu.com/61/27/article204092761.shtml，2002－11－03。

4. 佚名：《TCL 收购德国施耐德公司》，新华网，http://news.xinhuanet.com/it/

2002 – 10/28/content_610074. htm, 2002 – 10 – 28。

5. 李东生：《2010 年 TCL 销售收入破 1 500 亿》，载《南方都市报》，2002 – 07 – 24。

6. TCL 集团主页，http://www. tcl. com/main/index. shtml。

7. 肖可：《TCL 收购施耐德彩电业务 中国家电开始反攻外企》，载《中华工商时报》，2002 – 10 – 11。

8. 王珍、李宝洪、邓桐辉：《TCL 收购施耐德引来业界议论 绕过贸易壁垒还需巧妙构思》，http://www. wtolaw. gov. cn/display/displayInfo. asp? IID = 200209191439575155，2002 – 09 – 19。

9. 黄伟东：《TCL 并购施耐德之后》，载《中外管理》，2003(11)。

10. 王育琨：《TCL 的国际化与李东生的反思》，载《经理人》，2006 – 09 – 12。

11. 金凡：《TCL 施耐德人事动荡：德国老管家是否再出山》，网易，http://tech. 163. com/tm/030620/030620_99073. html, 2003 – 06 – 19。

案例参编：李碧荣 羊芳蔚 叶 茜

TCL 换股合并

2003 年 9 月 30 日，TCL 通讯设备（惠州）有限公司（以下简称"TCL 通讯"）发布公告称，该公司通过与母公司 TCL 集团股份有限公司（以下简称"TCL 集团"）换股，以被母公司吸收合并的方式退市。TCL 集团首创通过 IPO 并吸收合并子公司 TCL 通讯实现整体上市，形成了中国上市公司整体上市的"TCL 模式"。

1. 行业背景

1.1 彩电行业

进入 21 世纪之后，中国彩电工业步入了一个历史性的调整期。经过十几年的迅速发展，中国彩电工业从小到大、由弱至强，已经形成了一个生产、营销、科研紧密结合的行业体系，成为我国国民经济中重要的支柱产业。随着市场竞争的加剧，彩电行业正面临着新的发展机遇和发展趋势。彩电企业的兼并收购步伐将加快，优势企业兼并劣势企业，导致企业数目急剧减少。通过行业重组，大大提高了品牌企业的生产能力和国际竞争能力。2003 年以来全球经济回暖，彩电行业在出口和内需的双重拉动下，呈现产销两旺的态势。2003 年第一季度彩电生产总量 1 430 万台，同比增长 30.8%，第三季度彩电出口总量高达 765.5 万台。国内需求也由节假日消费的拉动而创下年度销售的最高水平，从而使彩电行业的产销衔接情况大幅度好转，销售增长幅度开始超过了生产增长幅度。可以说，这是一个喜人的现象，犹如给彩电行业注入了一针强心剂。

在需求持续增长的同时，产品市场需求结构也发生了变化。市场需求已经不再仅仅局限于传统彩电，彩电的高端产品成为了彩电市场主要的销售增长点。背投电视和液晶电视等彩电高端产品销售的增长反映了彩电业发展的新趋势，也是销售收入增幅开始超过了产销量增幅的一个内部原因。根据美国斯坦福资源公司在《世界彩电市场报告》中的分析，截至 2007 年，全球背投彩电市场需求将达到 490 万台，彩电高端产品的市场潜力可见一斑。

尽管我国彩电业进入新世纪后在高端产品的开发、生产和销售方面都有了很大的提高，但是高端产品的大部分核心技术和核心部件仍然掌握在国外企业手中。由于缺乏核心技术和核心部件的自主权，中国彩电行业的高端产品可能还会走向传统彩电的发展道路。

1.2 手机业

从 20 世纪 90 年代中期开始，我国的移动通信业务增长迅速。移动电话用户由 1994 年底的 157 万户增加到 2001 年底的 14 481.2 万户，年复合增长率达到 90.9%。根据信息产业部发布的《中国电信业发展指导》的预测，2005 年我国的移动电话用户将达 3.4 亿户，普及率提高到 26.2%。移动电话用户的增加必然带动手机生产行业的发展。有资料显示，截至 2002 年底，中国手机产量已占到世界总产量的 27%。但是对中国手机生产企业来说，目前众所周知的问题是众多的国产品牌中却没有一个在国际上真正叫得响的品牌。2003 年 12 月下旬，一份《北京手机品牌市场研究报告》指出："国外品牌竞争优势明显，国内品牌仍处于绝对弱势。"诺基亚、摩托罗拉、三星不仅把持着前三把交椅，而且国外手机品牌在品牌认知度、好感情况、使用情况以及未来的换机需求方面集体占据前七位。所以，无论在国际还是在国内，国产手机品牌都处于严重的弱势竞争地位。

面对如此种种有利与不利的因素，中国手机制造商如何抓住契机腾飞便是摆在他们面前的一个最迫切的问题。进行产业整合，打造民族品牌是中国手机生产行业面临的不二选择。

1.3 电话机市场

20 世纪 90 年代，中国电话机生产行业初迅速成长，一度被誉为"金矿"产业。像所有新兴产业一样，庞大的市场需求使电话机生产行业群雄并起，TCL 和侨兴等第一代开拓者纷纷淘走了这第一桶金。随后杂牌军迭起，"山寨工厂"大量的充斥了这个充满诱惑的行业，使整个市场格局处于一片混战之中。20 世纪 90 年代中期，我国电话机厂家猛增到 2 000 多家。相对于手机，电话机的利润十分微薄，但其综合利润率仍在 15% ~30% 左右。

进入 21 世纪之后，电话机生产企业进入品牌竞争时代。2002 年，在信息产业部发布的"电子百强企业"中，电话机销量排名前三的品牌是德赛、TCL 和中国普天。它们的销量分别为 451 万部、446 万部和 299 万部，总量达 1 196 万部，占市场份额的 27%。早先饱受杂牌厂冲击的电话机行业在 2003 年基本上得以肃清，品牌电话机企业短兵相接，一部分弱势品牌企业在竞争中被迫转型或者淘汰出局。在传统产品品牌竞争日趋激烈的同时，新的市场契机正在出现。电信运营商新业务的开展点燃了电话机行业新的希望。众多厂商将电话机行业的第二春寄希望于固话业务的升级，如可收发短信息的 E 信息电话、可视电话，甚至基于 GSM 和 CDMA 移动网络的无线通等，这些新型电话机有望成为中国电话机生产企业的未来增长点。

ot、

2. 企业背景

2.1　TCL 集团

TCL 集团创建于 1981 年。创建伊始，TCL 做过磁带、电话机乃至录音机音像类的产品。经过 20 多年的发展，如今的 TCL 已发展成为一家从事家电、信息、通讯、电工产品研发、生产及销售的特大型国有控股企业。

二十多年来，TCL 稳步发展。特别是在 20 世纪 90 年代，TCL 连续 12 年以年均 50% 的增速高速增长，是全国增长最快的工业制造企业之一，其家电、通讯、信息和电工几大主导产品都位居国内同行前列。2001 年，TCL 集团销售总额 211 亿元，利润 7.15 亿元，税金 10.8 亿元，出口创汇 7.16 亿美元，在全国"电子信息百强企业"中列第 6 名，是国家重点扶持的大型企业之一。2001 年，TCL 品牌价值 144 亿元，在全国知名品牌中排第 5 名。进入 21 世纪后，TCL 开始实施以王牌彩电为龙头的音像视频产品、以手机为代表的移动通信终端产品的企业增长战略。

2.2　TCL 通讯

TCL 通讯的前身是 TCL 通讯设备股份有限公司，为 TCL 集团股份有限公司的全资子公司。该公司成立于 1985 年 3 月。1992 年 8 月，与 TCL 模具注塑有限公司合并改组为股份制企业。1993 年 10 月～11 月向社会公开发行 1 780 万股，同年 12 月 1 日在深交所上市。该公司总股份为 7 120 万股，可流通股份 1 780 万股，属人民币普通股股票，简称"粤 TCLA"，股票代码为 000542。公司主要生产通讯终端产品，目前已经是 TCL 集团旗下六大支柱产业之一，同时也是集研发、生产和销售为一体的中国最大的电话机生产企业之一。

表6—1　　换股合并前（2003 年 6 月 30 日）TCL 通讯主要股东持股情况

股东名称	持股数（万股）	持股比例（%）	股本性质
TCL 通讯设备（香港）有限公司	4 702.72	25	外资股
TCL 集团股份有限公司	3 090.57	16.43	国有法人股
惠州市南方通信开发有限公司	2 602.04	13.83	国有法人股
金泰证券投资基金	555.06	2.95	A 股流通股
裕隆证券投资基金	446	2.37	A 股流通股
国泰金鹰增长证券投资基金	286.91	1.53	A 股流通股
惠州市通信发展总公司	207.9	1.11	募集法人股
开元证券投资基金	170	0.9	A 股流通股
金鑫证券投资基金	120.81	0.64	A 股流通股
裕华证券投资基金	92.86	0.49	A 股流通股

3. 并购过程

这次吸收合并的整个过程可以分为两步，这两步几乎是同时进行的。第一步，TCL 集团 IPO 的过程；第二步，TCL 集团在 IPO 的同时换股吸收合并 TCL 通讯。经过以上两步之后，TCL 通讯流通股股东所持股票将按一定的换股比例折换成母公司 TCL 集团的股票，TCL 通讯通过换股以被母公司吸收合并的方式退市，注销法人资格，其所有者权益和负债将由 TCL 集团承担。最终，TCL 集团通过吸收合并 TCL 通讯并通过 IPO 实现整体上市。担任这次合并主承销商及财务顾问工作的证券公司是中金公司。具体换股吸收合并的过程如下：

2003 年 7 月

TCL 通讯发布公告称已经收到商务部批复，同意 TCL 通讯的股东惠州市南方通信开发有限公司、惠州市通信发展总公司、广东省邮电工程贸易开发公司分别将所持有的 TCL 通讯 26 020 417 股、2 079 000 股、623 700 股转让给股东 TCL 集团股份有限公司。本次股权转让后，TCL 集团股份有限公司持有 TCL 通讯 59 628 800 股，占股本总额的 31.7%；TCL 通讯设备（香港）有限公司持有 TCL 通讯 47 027 200 股，占股本总额的 25%。

2003 年 9 月 29 日

TCL 集团对外发布其吸收合并 TCL 通讯的预案说明及相关公告。公告表明：TCL 集团将以吸收合并方式合并 TCL 通讯。TCL 集团在向公众发行股票的同时，以相同价格作为合并对价向 TCL 通讯全体流通股股东定向发行人民币普通股。本次换股吸收合并与 TCL 集团首发同时进行，互为前提。TCL 通讯流通股股东以所持股份按一定比例换取 TCL 集团流通股股票。双方董事会商定，TCL 通讯流通股的换股价格为 21.15 元，换股比率为 TCL 通讯换股价/TCL 集团首发价（IPO）；合并完成后 TCL 集团为存续公司，TCL 通讯注销法人地位。TCL 集团以人民币 1 元的价格受让其下属全资子公司 TCL 移动通讯（香港）有限公司持有的 TCL 通讯（外资法人股）25% 股份，连同集团现已持有的 31.7% 股份，合计共 56.7% 股份在本次换股合并时不参与换股。双方在合并未完成前不再对未分配利润进行分配，所余未分配利润由双方全体股东共享。合并议案尚须双方股东大会、当地政府及各相关职能部门（商务部、证监会）批准与 TCL 集团首发获批，发行结束认购款交割完成后的次日为合并生效日；TCL 集团完成变更登记，TCL 通讯完成注销为合并完成日；同时，将 2003 年 6 月 30 日定为合并基准日。合并双方拟在首次公告日起 90 日内实施合并安排，有效期为该议案经股东大会批准通过之日起的 12 个月内。

预案对合并双方董事会已通过的《合并协议》作了说明。该协议除对合并主体、方式、换股价格、换股计算比率等有所规定外，还就合并后存续公司的注册资本、合并范围、人员安排，合并双方资产、负债、权益处置，资产保全，职工安置，合并后存续公司的章程修订，合并协议的生效、变更、终止、法律适用等内容作了细化约定。

2003 年 9 月 30 日

TCL 集团在惠州召开新闻发布会，宣布 TCL 集团股份有限公司吸收合并 TCL 通讯股份有限公司的方案已获中国证监会批准。

2003 年 11 月 1 日

TCL 通讯及其控股股东 TCL 集团同时发布公告：两公司进行吸收合并的议案已分别经双方临时股东大会审议通过。

2003 年 11 月 25 日

TCL 集团吸收合并 TCL 通讯的工作进展顺利，集团受让 TCL 通讯设备（香港）有限公司持有的 TCL 通讯 25% 的股份已取得所需的各项批准，并于 18 日办理了过户登记手续，TCL 通讯设备（香港）有限公司不再持有 TCL 通讯股份。TCL 集团股份有限公司直接持有 TCL 通讯公司法人股 106 656 000 股（占总股本的 56.7%）。至此，TCL 通讯法人股股权转让已全部完成。

2003 年 12 月 30 日

中国证监会将 TCL 集团首次公开发行股票的申请提交发行审核委员会审议。

2004 年 1 月 5 日

刊登 TCL 集团招股说明书、发行公告。同时，刊登合并报告书、独立财务顾问报告。

2004 年 1 月 6 日

TCL 通讯换股股权登记日。

2004 年 1 月 7 日

申购日。

2004 年 1 月 12 日

刊登中签率公告、举行摇号抽签仪式。

2004 年 1 月 13 日

公布中签结果、未中签的申购资金予以解冻，TCL 通讯换股完成。TCL 通讯从该日起终止上市。流通股股东所持 TCL 通讯流通股按 1∶4.96478873 的比率，转换为 TCL 集团发行的新股。

2004 年 1 月 30 日

TCL 集团以 9.944 亿股流通股在深交所上市交易。股票简称为 "TCL 集团"，股票代码为 000100。至此，TCL 换股合并案例终于尘埃落定。

吸收合并后，TCL 集团股本大致结构如表 6—2、表 6—3 所示。

表 6—2　　　　　　　　　　**吸收合并后 TCL 集团股本结构表**

股份类型	占总股本比例（%）	股份数（万股）
国家股	25.2	65 228.2698
自然人股	15.9	41 163.6329

续表

股份类型	占总股本比例（%）	股份数（万股）
境内法人股	12.8	33 093.4596
流通 A 股	38.4	99 439.5944
外资股	7.6	19 708.1577
总股本	100	258 633.1144

表6—3　　　　　　　　实行换股后的主要股东情况

股东名称	持股数（股）	所占比例（%）
惠州市投资控股有限公司	652 282 698	25.22
TCL 集团股份有限公司工会工作委员会	235 418 484	9.1
李东生	144 521 730	5.59
南太电子（深圳）有限公司	95 516 112	3.69
Philips Electronics China B. V.	63 677 409	2.46
Regal Trinity Limited	47 758 056	1.85
Lucky Concept Limited	47 758 056	1.85
株式会社东芝	31 838 703	1.23
金泰证券投资基金	30 158 296	1.17
袁信成	24 791 527	0.96

4. 动因分析

4.1　TCL 集团整体上市动因

中国资本市场一个独特的现象是，大部分国有控股上市公司都是集团公司分拆一部分资产上市。这些企业集团大多实行的是主辅业分离，优质资产与不良资产分离，经营资产与非经营性资产相分离的模式，剥离其主业、经营性和优质资产上市。作为集团的母公司改制后留下辅业、非经营性和不良资产。实际上，集团公司与上市子公司之间在人员、财务、资产等方面都没有完全划清界限。例如，有的上市公司的资产不够完整，产供销体系不独立，对于集团公司存在严重的依赖；控股股东因负担过重，往往通过占用上市公司资金、资产或者要求上市公司为其提供担保，把上市公司当成提款机；有的控股股东通过关联交易等手段操纵利润，粉饰上市公司财务报表，使得上市公司的财务报告不能真实地反映其经营成果和盈利能力。上述种种行为不仅严重损害了上市公司和中小股东的权益，进而影响到投资者对证券市场的信心。

解决上述问题的一个主要办法就是实现集团公司整体上市，以避免控股股东及其关联方侵害上市公司和中小股东利益。TCL 通讯在 20 世纪 90 年代初就是通过分拆形式上市的。而整体上市有助于理顺 TCL 集团与 TCL 通讯较为复杂的股权关系，完善公司治理结构，减少关联交易，可谓 TCL 集团最为理想的上市模式。

4.2　协同效应

TCL 集团谋求整体上市，如果其不与 TCL 通讯整合，就会造成同一集团母子两家 A 股企业同时流通的局面，这首先提高了信息披露成本。通过 TCL 集团与 TCL 通讯的换股合并，实现集团的整体上市，使得 TCL 通讯与 TCL 集团置于同一个领导层管理下，可以减少管理层次。在吸收合并 TCL 通讯后，TCL 集团将对集团内移动通信业务、电话机业务等通讯业务进行整合，充分利用现有通讯及相关业务的采购、生产、研发和销售平台，发挥规模效应和协同效应，减少经营成本和管理费用，实现资源的共享并取得规模效益，进一步提升通讯终端业务的核心竞争力，夯实上市公司持续发展的基础。

4.3　TCL 通讯的动因

TCL 集团的主要收入来自手机和彩电，自 2002 年以来，手机价格战越来越激烈，价格下滑、盈利能力下降、库存大增，增长前景令人担忧，经营风险逐渐增加；自 2000 年以来，数字电视的开播将给彩电业带来巨大的市场空间，彩电业以较高的速度开始了新一轮的增长。因此，从经营上看，此次合并可以分散 TCL 通讯流通股股东的风险。对 TCL 通讯来说，利用此次吸收合并的机会，可以避免业务单一带来的经营风险，并可得到足够的资金支持其移动通信业务的快速发展。同时，吸收合并后，TCL 通讯可利用 TCL 集团的资源平台得到更大的发展。

TCL 通讯 2001 年毛利率为 31.27%，2002 年则下降为 27.62%，而 2003 年第一季度又进一步下降到了 19.23%。手机市场价格战是导致毛利率下降的主要原因，TCL 通讯要想在手机市场上持续稳步发展，就必须拥有先进的研发拓展能力，其前提就是拥有足够的资金。在此迫切要求下，与 TCL 集团的换股合并就成为必然，合并后再上市，可以融到巨资以解其燃眉之急。

从招股说明书中可以看到，TCL 集团将运用募集来的一大块资金约 10 亿元，用于兼并收购一至两家国内外与本集团主导产业相关的企业或与该类企业组建合资公司，使本集团的主导产业进一步扩大规模优势，提高核心竞争力。TCL 收购阿尔卡特手机已于不久前得以实现，正如 TCL 集团股份有限公司董事、高级副总裁、TCL 通讯事业本部总裁、TCL 移动通信有限公司董事总经理万明坚所说，"这一令人激动的合作将为 TCL 移动提供一个迅速发展国际业务的平台。我们相信这将有助于我们快速实现成为一家全球领先的移动终端制造商的目标。未来的合资公司与 TCL 移动将能产生巨大的协同效应，提高盈利能力。"

5. 结果评价

5.1 整体上市模式创新

TCL 换股合并的核心是采用"换股合并 + IPO"的方式实现整体上市，特点是非上市控股公司在 IPO 的同时换股吸收合并上市子公司。这种合并模式作为中国证券市场上的首例换股合并案，令很多上市公司及其集团颇受启发。一些与 TCL 集团有相似优势的公司正跃跃欲试，拟效仿 TCL 实现整体上市。这种模式如图 6—1 所示。

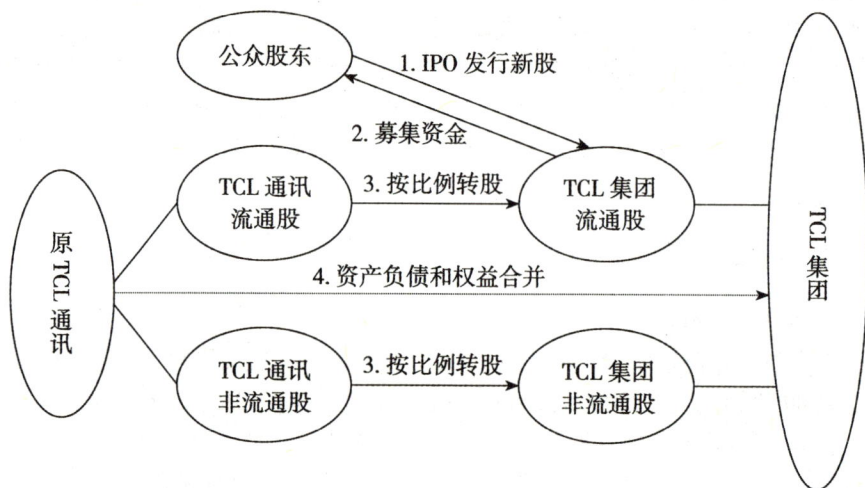

图 6—1　TCL 模式

资料来源　杨华：《上市公司并购重组和价值创造》，北京，中国金融出版社。

其发行与上市方式开创了先河，TCL 集团在 IPO 的同时吸收合并了已经上市的 TCL 通讯，最终实现集团资产总体上市的做法，成为新股发行与整体上市的新模式。本次换股吸收合并与 TCL 集团首发同时进行，互为前提。换句话说，这种模式要求母公司必须同时也具备 IPO 的条件。这个条件对很多已经剥离了优质资产的集团公司来说还是比较高的，因此对于今后具体实施的操作来讲，这种模式很难具有操作的普遍性。

5.2　对中小投资者利益保护的创新

TCL 集团的此次吸收合并属于证券市场的创新产品，投资者了解相对较少，不少投资者不免担心中小股东的利益会受到损害。在这次吸收合并过程中，中小投资者的利益从以下两个方面得到了保护：

第一，在程序上充分考虑中小股东的参与权和市场效率，保护了中小股东的权益。该合并方案引入了独立董事作为向流通股股东无偿征集投票表决权的尝试。2003年 10 月 9 日为 TCL 通讯股东会的股权登记日。在登记日后购买公司股票的流通股股东不再享有表决权，TCL 通讯全体独立董事作为征集人以个人名义向享有表决权的全体流通股股东征集股东大会的投票表决权。依据《关于上市公司建立董事制度指导意见》赋予的职权，利用独立董事征集表决权形式以较低的成本，使更多中小股东有一个自由表达意愿的公平参与机会。在充分发挥独立董事在上市公司的重大决策中的作用的同时，采取股东大会催告程序，即在股东大会召开前 10 天启用催告程序，即统计流通股股东所代表的参会股份数，并公告敦促其参会。征集投票表决权采用公开公告的形式，时间为 9 月 30 至 10 月 30 日。TCL 集团作为控股股东回避表决，即其所持股份不计入表决。按《公司法》规定，股东大会对合并、分立或解散公司这类重大问题的决议必须经出席会议的有表决权的股东 2/3 以上通过方为有效。在国内流通股与非流通股股权割裂的情况下，流通股股东表决权普遍受到漠视，参与积极性极低。由于 TCL 集团、TCL 移动回避表决，流通股股东参与度将至关重要。在整个换股合并过程中，除了公告重大信息外，不对 TCL 通讯股票实行长时间的停牌，以保证广大流通股股东的交易机会以及异议股东在不愿意参加合并的情况下通过二级市场卖出股份而退出合并权利，不愿参与换股的流通股股东可选择退出。

10 月 31 日，独立董事征集投票权，共获 280 位流通股股东授权委托书（有效委托 273 份），代表表决权为 5 948 160 股，占全部流通股的 7.3%，整个吸收合并议案也获出席股东大会的股东全票通过。

第二，流通股的换股价格在实质上保护了中小投资者的利益。集团公司与 TCL 通讯董事会协商确定的 TCL 通讯流通股股票的换股价格为每股 21.15 元。此股价是 TCL 通讯自 2001 年 1 月 2 日至 2003 年 9 月 26 日的历史最高价，约相当于过去 30 个交易日 TCL 通讯每日加权价的算术平均价格溢价 15%。吸收合并完成后，TCL 通讯的流通股股东无需参与抽签即可按首次公开发行价格获得 TCL 集团首次公开发行的新股。合并后存续公司的流通市值更大，流动性更强。而非流通股虽然也是按照流通股的同一比率来换取新股，但由于不上市流通，所以不能够享受市场差价收益，在此也就不存在非流通股股东侵占流通股股东利益的现象。此外，双方公司还约定，在合并未完成前不再对未分配利润进行分配，所余未分配利润由双方全体股东共享。

5.3 折股比例的确定更为市场化

在 TCL 集团吸收合并 TCL 通讯这一案例中，中金公司设计的方案的最大创新之处就是以流通股作为支付对价，解决了上市公司并购的支付瓶颈问题，是《上市公司收购管理办法》实施后推出的并购创新模式。

从已实际操作的清华同方吸收合并鲁颖电子、新潮实业吸收合并新牟股份等上市公司合并非上市公司的案例来看，其股份的估价和折算基本上是按照账面价值原则进行的，即以合并方经会计师事务所审计的合并基准日的每股净资产为合并双方的成本价值，综合参考双方的每股收益、净资产收益率、融资能力等多种因素，确定预期增长加成系数。以清华同方与鲁颖电子的折股比例的确定为例，其公式是：

折股比例 = （合并方每股净资产/被合并方每股净资产）×（1 + 预期加成系数）。其他合并案也多采用这种方法，加以一定的修正，综合考虑双方的融资能力、企业信誉等因素来确定加成系数。这种方法最大的弊端在于合并双方的股票未在同一个股票市场交易，双方的市场价格有内在的不可比性，从而在股份估价和折算中均未考虑市场价格因素，因而不能真实反映公司的内在价值。本次合并，在换股定价方面不再简单地以每股净资产作为换股的基础，而是以市场价格为基础，即换股比率为 TCL 通讯换股价/TCL 集团首发价（IPO），这使得换股比例的确定更加市场化。

5.4 市场反应与财务业绩

据权威人士预测，TCL 集团整体上市，将会营造多赢局面，事实证明确实如此。尽管从静态的每股收益上看，2003 年上半年 TCL 集团实现净利润 34 304 万元，摊薄每股收益为 0.136 元；按照折股比例 4.968 计算，原每股 TCL 通讯将获得收益 0.675 元，比 TCL 通讯 2003 年上半年每股收益 0.772 元低。从静态的可分配利润角度看，合并后 TCL 集团可分配利润为 38 625 万元，摊薄每股 0.153 元；按照折股比例计算，TCL 通讯流通股每股可分摊 0.760 元，仅为被合并前 TCL 通讯每股可分配利润的 58%。但是从市场对合并的预期来看，TCL 通讯的流通股股东是获利的。2004 年 1 月 30 日，TCL 集团正式上市开盘仅仅 20 分钟，股价已经由 IPO 价 4.26 元上涨到了 7.58 元。可见，此次参与 TCL 集团新股申购的投资者获利可观。同时，原持有 TCL 通讯流通股的投资者显然获利更大，因为 TCL 集团给出的 IPO 价格为 4.26 元，此次换股合并的折股比例为 4.965（21.15 ÷ 4.26），相当于 TCL 通讯原股东每股获利 16.48 元（4.965 ×（7.58 − 4.26））。正是由于 IPO 发行溢价的预期，在 2003 年 12 月 25 日 TCL 通讯流通股收盘价达到了 24.85 元，高出折股价格 21.15 元 17.5%。即便是 6 个月以后，2004 年 6 月 18 日，TCL 集团的股价仍然高达 6.64 元，大多 TCL 通讯流通股的投资者仍然是获利的。

整体上市还达到了迅速融资的目的，为 TCL 国际化发展铺平了道路。据 TCL 集团有关数据显示，该次整体上市，首次公开发行募股资金为 25.134 亿元，顺利完成并超过了此前确定的 20 亿的融资任务。资金空前雄厚的 TCL 迅速牵手阿尔卡特，并且在上市之前，TCL 已凭借其良好的资产及发展前景，与法国汤姆逊公司签订了一份涉及 4.5 亿欧元的合同，使得其彩电业务在欧洲达到了将近 10% 的可观占有率，并且获得了许多核心技术。

将其公布的截至 2004 年 3 月 31 日的各项财务指标与 2003 年年末的对比来看，整个集团是朝着良好的方向发展的。

表6—4 TCL 集团主要财务指标

日期	每股净资产（元）	资产负债比率	销售毛利润
2004 – 03 – 31	2.04	56.62%	21.93%
2003 – 12 – 30	1.40	67.40%	19.08%

6. 问题探讨

6.1　合并会计方法选择的问题

企业合并的会计方法有两种：购买法（Purchasing Method）和权益联营法（Pooling Method），又名权益结合法。购买法要求购买方按公允价值记录购入的净资产，将购买价格与公允价值之间的差额确认为商誉或负商誉；权益联营法要求按并入净资产的原账面价值入账，不确认商誉或负商誉。在中国的企业换股吸收合并案例中，几乎都无一例外地选择权益联营法，如表6—5所示。

表6—5　　　　　　　　　选择用权益联营法的并购事件

案例	参与合并企业名称	被并企业（非上市公司）
1	清华同方股份有限公司	山东鲁颖电子有限公司
2	烟台新湖实业股份有限公司	山东新牟股份有限公司
3	湖南正虹饲料股份有限公司	湖南城矾实业股份有限公司
4	山东淄博华光陶瓷股份有限公司	山东汇宝集团股份有限公司
5	上海大众科技创业集团股份有限公司	无锡大众出租汽车股份有限公司
6	青岛双星鞋业股份有限公司	青岛华青工业集团股份有限公司
7	黑龙江电力股份有限公司	黑龙江华源电力（集团）股份有限公司
8	宁夏恒力钢丝绳股份有限公司	山东虎山粮油机械股份有限公司
9	甘肃亚盛实业（集团）股份有限公司	山东龙喜股份有限公司
10	上海同济科技实业股份有限公司	山东万鑫集团股份有限公司

从TCL集团并购会计方法选择上，我们可以发现，"购买法"或"权益联营法"对购并企业的财务状况及经营成果影响重大。由于收购价格往往大大超过被收购企业的净资产，使用"购买法"需要确认巨额的商誉并在规定的期限内摊销导致购并企业利润的减少，所以一般企业都选择权益结合法。我国资本市场上发生的换股合并案无一不选择了权益结合法，就是一个例证。如果企业采用购买法，最致命的不利影响就是商誉的摊销问题，在此次换股合并案例中，如果采用购买法，便会出现大约14.7亿元的商誉，其计算方法如下：

TCL集团持有TCL通讯的全部非流通股，占其总股本的56.70%。2003年6月30日TCL通讯每股净资产3.066元，按并购基准日TCL通讯流通股股东大约持有8 145万股计算。

TCL通讯账面价值：3.066×81 450 000 = 249 725 700

TCL集团购买价格：4.26×404 395 944 = 1 722 726 721

其差额（商誉）：1 722 726 721 - 249 725 700 = 1 473 001 021

根据现行企业会计准则，商誉以10年为期限进行摊销。TCL集团2003年的全年净利润为6.65亿元，以后十年尽管有稳步的增长，但这个每年1.47亿元的商誉摊销也会减少其以后十年每股净收益的 20% ~25% 。这对 TCL 集团以后还要继续融资的情况是相当不利的，而在 2004 年 3 月万明坚（TCL 通讯的 CEO）就证实 TCL 集团将到香港 IPO。TCL 集团在合并 TCL 通讯的时候，在香港 IPO 的计划已有了初步的部署，因此在选择企业合并会计方法时，便选择了权益联营法。购买法对 ROE 也会产生一定的负面影响，而 ROE 是衡量股东收益的直接指标，同时也是上市公司再融资的生命线。

但是，采用权益结合法，导致了另外一个法律问题。截至并购基准日（2003 年 6 月 30 日），TCL 通讯每股净资产 3.066 元，TCL 集团 IPO 价格为 4.26 元（市盈率 16 倍），折股比率为 4.968，TCL 通讯流通股股东取得 TCL 集团每股股份投入的净资产为 0.617 元（3.066÷4.968）。采用权益结合法，就会出现 TCL 集团换股合并的流通股入账价值低于面值。尽管差额部分可以冲减 TCL 集团合并后的资本公积，但根据《公司法》第 131 条规定："股票发行价格可以按票面金额，也可以超过票面金额，但不得低于票面金额。"由此，引发了市场人士质疑 TCL 集团存在折价发行的问题。但事实上 TCL 换股合并发行的流通股与社会公众投资者认购的流通股价格是一致的，不存在折价发行之说。这个问题纯粹属于会计方法本身所导致的与法律相冲突的问题。

6.2 换股折价确定的问题

这次的换股价格为 21.15 元。这个价格是 TCL 通讯从 2001 年 1 月 2 日至 2003 年 9 月 26 日以来的历史最高价，较停牌前的 18.24 元溢价 16% 左右，约相当于过去 30 个交易日 TCL 通讯每日加权价的算术平均价格溢价 15% 。对于中小股东来说，此次换股除了换股得利外，还会因 TCL 集团新股发行溢价而得到额外收益。

此次吸收合并定价不是单纯考虑以净资产作为定价基础，而是结合被合并方的账面价值、市场价值、成长性，以及双方的协调互补性来全面衡量和评估双方资产。这种定价依据与模式是对涉及流通股合并时兼顾流通股与非流通股的价格差异最现实的选择。正是由于合理的定价，才保证了本次吸收合并的顺利完成。作为前车之鉴的 1999 年原水股份与凌桥股份吸收合并案中，双方确定 1999 年 12 月 31 日为合并基准日，以净资产为基价确定的换股比率为 1.396:1，即每 1.396 股凌桥股份换取 1 股原水股份。这意味着凌桥股份二级市场股价要下降到原水股价的 75% 左右，也即如果原水股价保持 7.39 元不变，则凌桥股份股价须由 10.93 元下降到 5.54 元，下降幅度达 50% 才合理。尽管这两公司属同一行业，仅仅以两公司的每股净资产为基础，不考虑合并双方的市场价值、成长性、发展机会等因素，必然会造成凌桥股份流通股股东遭受损失。最终，由于换股比例受到凌桥股份流通股股东的强烈反对而导致失败。

6.3 现金选择权的问题

尽管这次换股吸收合并过程中，TCL 通讯独立董事拟向 TCL 通讯流通股股东征集股东大会的投票权，以充分保障 TCL 通讯流通股股东表达意见的权利。但是，指望全部流通股股东参与表决并不现实。换股股权登记日，TCL 通讯流通股股东即便不同意合并，也将面临强制转股的风险。而且由于本次合并不安排现金回购，一旦股东大会决议获得通过，对于不希望参与换股以及不准备投资 TCL 集团的投资者来说，在换股股权登记日收市前将面临强制转股的风险。因此，在换股合并中，现金选择权安排是非常必要的。

主要参考文献

1. 李东生:《2010 年 TCL 销售收入破 1 500 亿》,载《南方都市报》,2002 - 07 - 24。

2. 陈重博:《MBO 将是最大赢家》,载《上海青年报》,2003 - 11 - 04。

3. 毛志宏、张军:《权益结合法在我国企业合并中的应用现状——TCL 集团换股合并的案例分析》,载《中国管理信息化》(综合版),2005(8)。

4. TCL 集团股份有限公司:《TCL 集团股份有限公司吸收合并 TCL 通讯设备股份有限公司合并报告书》,新浪股票, http://finance. sina. com. cn/stock/company/sz/000100/24/3. shtml,2004 - 01 - 05。

5. 佚名:《论换股合并及其会计方法选择》,http://www. chinaacc. com/new/287/288/306/2006/1/ad014628273517160021064. htm,中华会计网校,2004 - 02 - 12。

6. 文光侠:《彩电行业前景分析》, http://business. sohu. com/84/61/article205336184. shtml,搜狐财经,2002 - 12 - 30。

7. 佚名:《TCL 换股合并案例分析》,http://www. cwgw. com/case/moban. php? docid =4848&type = %D7%CA%B1%BE%D4%CB%D7%F7,财务顾问网,2004 - 03 - 03。

8. 佚名:《TCL 换股合并:权益结合法导致折价发行》, http://www. chinesetax. com. cn/caishuiwenku/zhengquanwenku/zhengquananli/200502/20119. html,中华税网,2005 - 02 - 08.

9. 徐霄:《TCL 通讯首例换股合并:有利可图的买卖?》,载《上海证券报》,2003 - 10 - 08。

10. 黄玫:《整体上市有利厘清股权关系》,载《证券时报》,2003 - 10 - 08。

11. 侯琳:《换股合并在我国证券市场之适用及所涉主要法律问题初探》,http://www. so100. cn/html/lunwen/jingji/tzlw/2006 - 3/13/20060631323494439451641184. htm,搜一百范文网。

12. 丁望岳:《TCL 集团换股吸收合并模式引发的法律思考》,http://www. pinggu. org/html/2008 - 4/4/303451. html,人大经济论坛,2008 - 04 - 04。

案例参编:李碧荣   褚达燕   毛家豪

TCL 合并汤姆逊彩电业务

2003 年 11 月 4 日，TCL 集团股份有限公司（以下简称"TCL 集团"）与法国汤姆逊集团（以下简称"汤姆逊"）签署了彩电业务合并重组意向书，两家公司将共同组建名为 TCL——汤姆逊 Electronics Ltd.（以下简称"TTE"）的合资公司，由 TCL 集团收购汤姆逊的彩电业务。这是迄今为止，TCL 集团在实施向海外扩张的"阿波罗计划"中迈出的至为关键的一步。

1. 行业背景

自从人类发明电视机以来，电视机行业就不断地出现技术创新。进入 21 世纪之后，全球的电视行业都处于转型时期，并随之出现了更多的技术革新与产业调整。

在这个技术发展的过程中，传统彩电已经被逐渐淘汰，高端彩电成为世界的主流。原来一统天下的模拟电视逐渐被数字电视所取代。美国已经宣布将在 2006 年关闭模拟电视，而欧洲各国也计划在 2012 年关闭模拟电视。在亚洲，中国和日本已经计划在 2015 年和 2011 年关闭模拟电视，全面升级为数字电视。在这种背景下，电视产业的生产重点和利润核心将转向高端的数字电视设备，如背投电视和液晶电视等。

国内彩电业虽然在生产规模和市场占有率方面都可称得上是彩电大国，但主要的业务基础还是传统的模拟电视，在高端产品的开发和核心技术方面缺乏自主权，必须向国外企业购买专利。如果不能顺利解决这个问题，其必将阻碍我国彩电产业的发展。

而从国外市场来看，其也对我国彩电企业设立了重重障碍。欧洲市场从 1988 年开始就对我国和韩国的彩电实施反倾销调查，并于 1991 年对我国彩电征收 15.3% 的反倾销税，中国彩电由此被阻隔在欧盟市场之外长达 10 余年之久。2003 年 5 月，美国也开始对我国彩电实施反倾销调查，并于 2003 年 11 月 24 日裁定，我国出口到美国的彩色电视机存在倾销行为。

国内彩电企业面对的发展问题和一系列的国际制裁使我们认识到，必须通过各种方法提升技术能力和核心竞争力，开拓海外市场，适应全球化的竞争。而对跨国企业进行并购，无疑是获得技术和市场份额的一种方法。我们必须走出去，因为只有这样，我们的企业才能够拥有继续生存和发展的空间。正是这些理由，引发了一波又一波的跨国并购浪潮。

2. 企业背景

2.1 TCL

TCL 集团股份有限公司创办于 1981 年，总部位于中国南部的广东省惠州市，拥有两家上市公司：在深圳上市的 TCL 集团（000100）和在中国香港上市的 TCL 国际（1070）。成立二十多年来，TCL 集团一直保持着持续高速的发展。自 20 世纪 90 年代以来，集团连续 12 年以年均 42.65% 的速度增长，是中国增长最快的工业制造企业之一。TCL 集团主要从事彩电、手机、电话机、个人电脑、空调、冰箱、洗衣机、电器配件等产品的研发、生产和销售业务，其在彩电、手机、电话机、个人电脑产品方面颇具领先优势。

1998 年 6 月，TCL 集团成立了海外业务部，标志着 TCL 国际化战略的正式启动，并选择越南作为海外业务扩张的第一站。

1999 年 6 月，TCL 集团成立了越南分公司，收购原陆氏公司在越南的一个工厂作为生产基地。经过激烈的拼杀后，越南分公司终于在 2001 年达到盈亏平衡，站稳了脚跟。目前 TCL 越南分公司在当地的市场占有率仅次于 SONY，居第二位。成功进入越南后，TCL 集团在印度、印度尼西亚、菲律宾也分别设立了分公司。之后，TCL 集团正式提出向世界级企业迈进的战略目标，积极实施国际化战略，开拓国外市场。

2001 年 6 月，TCL 集团成立了"增强国际竞争力实施方案"工作组，着手对集团的中长期战略规划进行制定，并出台了为业界所熟知的"阿波罗计划"。"阿波罗计划"的第一步，是 2002 年 4 月开始的 TCL 集团整体上市行动；第二步是 TCL 集团携手香港长城数码成立合资公司；第三步是全资收购德国施奈德，开拓国际市场；而第四步便是收购法国汤姆逊公司的彩电业务，与汤姆逊合资组建 TTE，这也是迄今为止 TCL 集团在海外扩张中至为关键的一步。

2.2 汤姆逊

法国汤姆逊是全球四大消费电子类生产商之一，其总部设立在法国 Boulogne – Billancourt。汤姆逊的主要业务方向涉及四个方面：内容及网络、消费产品、零部件、专利许可，并以 Technicolor、Grass Valley、汤姆逊及 RCA 等品牌分销产品，业务遍及 100 多个国家和地区，员工达 75 000 人。公司拥有 34 000 多项专利、6 000 多项发明，是世界上拥有专利最多的公司之一。

汤姆逊的股票分别在法国巴黎和美国纽约证券交易所上市。截至 2003 年 12 月 31 日，汤姆逊集团总资产 92.8 亿欧元，净资产 35.8 亿欧元，2003 年销售收入 84.6 亿欧元，净利润 2 600 万欧元，其彩电业务占据北美市场份额的 18% 和欧洲市场的 8%。

汤姆逊集团在北京、广东均设有工厂，生产大屏幕彩电、背投、彩管、音响、DVD 零部件，合计投资高达 4 亿美元，年产值 80 亿元以上，并在广州拥有 70 多人的研发中心。在进入中国之后相当长的时间里，汤姆逊在中国市场采取了保守政策，虽然在彩电生产方面拥有先进技术，但其并没有像飞利浦那样在中国推出自有品牌的消费类电子产品，而是将显像管卖给中国企业，通过国内企业贴牌生产，再将产品外销到国外市场。

中国在生产成本方面的优势，使得国内彩电企业的国际竞争力在不断增强的同时，也使得汤姆逊的彩电与 DVD 在美国和欧洲市场上的竞争力逐渐丧失。竞争压力使得这家电子巨头已经不能仅靠每年 4 亿欧元的专利费生存，而必须寻求转型。对于规模庞大、企业文化根深蒂固的汤姆逊而言，转型是痛苦而艰难的。因此，汤姆逊也希望把转型的代价减到最小。就这一点来说，最好的办法就是寻找一家稳定而优秀的合作伙伴，将彩电与 DVD 业务全面打包转让，在能够继续取得彩电业务方面盈利的同时，使公司能够集中精力在其他核心业务上，从而实现战略转型。

3. 并购过程

3.1 过程描述

TCL 集团与汤姆逊的合作有其必然性，但也有着一个戏剧化的开头。本来 TCL 集团希望与飞利浦进行合作，但双方在相关细节上未能达成一致，合作没有成功。而汤姆逊也正在与康佳进行谈判，但由于双方存在巨大分歧，谈判也是半途而废。2003 年 7 月初，TCL 集团和汤姆逊的高层同时在香港出差。当汤姆逊的 CEO 达哈利得知 TCL 高层在香港时，便邀请对方进行礼节性的会面。在这次会面中，达哈利首先提出合资的意向，TCL 高层也就这个问题进行了认真的思考。

会面之后，双方便开始就合资事宜进行了协商和谈判。经过半年的酝酿，双方于 2003 年 11 月 4 日签署了彩电业务合并重组意向书，宣布将共同组建名为 TCL——汤姆逊 Electronics Ltd.（TTE）的合资公司，并对其未来进行了初步的估计和设想。

2004 年 4 月 27 日，TTE 便在英属维尔京群岛正式注册成立，注册资本 50 000 美元。当年 7 月 29 日，经过一番精心的准备，TTE 在深圳开始正式运营。

2005 年 4 月，TTE 宣布全面受让汤姆逊的欧美彩电销售业务。至此，汤姆逊完全退出彩电销售，该项并购案也便告一段落。

3.2 并购内容

双方在协议中对 TTE 的设立及双方注入资产的形式做出了以下规定：

3.2.1 协议主要内容

（1）TCL 集团、TCL 国际及汤姆逊集团一同成立合资公司 TTE，并将各自的电视机业务及资产注入合资公司 TTE，且由 TTE 拥有和管理。

（2）TCL 集团向 TCL 国际出售无锡及内蒙古资产。

（3）TCL 国际进行重组，将其全部电视机业务和资产，连同向 TCL 集团购买的无锡及内蒙古资产注入 TTE。

（4）TTE 向汤姆逊收购其电视机业务，包括电视机生产厂房、研发设施以及流动资产，预计价值为 2.18 亿欧元。

3.2.2 双方注资内容（见表 7—1）

表 7—1 双方注入资产内容

	币种	汤姆逊注入资产数据（t）	TCL 集团注入资产数据（T）	t/T
总资产	欧元	257 000 000		14.3%
	人民币	2 644 530 000	18 399 323 794	
净资产	欧元	218 000 000		44.44%
	人民币	2 243 220 000	5 047 350 782	
主营业务收入	欧元	1 494 747 000		49.52%
	人民币	13 990 831 920	28 254 258 408	

1. 汤姆逊注入资产范围

（1）电视机生产公司（见表 7—2）

表 7—2 注入 TTE 的电视机生产公司

序号	公司名称	注册地	注入权益
1	RCA Components SA de CV	墨西哥	100%
2	Manufacturas Avanzadas, S. A. de C. V.	墨西哥	100%
3	汤姆逊 Televisiones de Mexico, SA de CV	墨西哥	100%
4	汤姆逊 Manufacturing Operations (Thailand) Co Ltd	泰国	100%
5	汤姆逊兆维多媒体有限公司	中国	100%
6	汤姆逊 India Pvt Ltd	印度	100%
7	汤姆逊 Multimedia Polska Zyrardow	波兰	100%

（2）电视机研究机构（见表7—3）

表7—3　　　　　　　　　注入 TTE 的电视机研究机构

序号	研究机构名称	所在地
1	Indianapolis R&D TV laboratories	美国
2	Villingens R&D Center	德国
3	R&D Center of Thomson India Pvt Ltd.	印度
4	Singapore R&D Center	新加坡

（3）其他实体

来自汤姆逊的其他实体，包括与汤姆逊电视机业务有关的其他固定资产，包括模具等生产设备。截至 2003 年 12 月 31 日，前三项经营单位的固定资产的账面净值约为 1.26 亿欧元，约合人民币 12.97 亿元。除上述 1.26 亿欧元固定资产以及 7 000 万欧元现金外，汤姆逊还将注入账面价值 2 200 万欧元的其他固定资产。汤姆逊向 TTE 注入的上述有形资产净值总计大约为 2.18 亿欧元，约合人民币 22.43 亿元。

（4）流动资产和流动负债

某些流动资产和同等金额的流动负债，包括原材料、在产品和应付账款。汤姆逊对 TTE 做出了不竞争承诺，将不再从事与 TTE 竞争的电视机业务，因此，汤姆逊拟将合并完成时的原材料和在产品转让给 TTE，对价为同等价值的应付账款。此外，TTE 拥有在合并完成日按照账面价值购买汤姆逊的产成品的选择权，对价是 TTE 承担相同金额的应付账款。在交易完成前的 15 日，TCL 国际将有权提出对汤姆逊电视机业务的原材料、在产品和产成品进行盘点，以保证账实相符。

（5）选择权

在 2004 年 12 月 31 日前无偿购买汤姆逊全球 DVD 机业务的选择权，如果该选择权未被行使，则汤姆逊有责任向 TTE 再注入价值 2 000 万欧元（约合人民币 2.06 亿元）的资产（包括流动资产或固定资产、现金，或降低汤姆逊在 TTE 中持有的股权比例）。

2. TCL 注入资产范围

（1）TCL 控股有限公司

TCL 控股（BVI）有限公司的 100% 的权益以及 TCL 控股（BVI）有限公司持有的从事电视机业务的下属公司的权益，具体项目如表7—4所示：

表7—4　　　　　　　　　TCL 控股（BVI）有限公司的控股情况

公司名称	公司性质	持股比（%）
TCL 王牌电器（惠州）有限公司	外商独资企业	100
TCL 王牌电子（深圳）有限公司	外商独资企业	100
河南 TCL 美乐电子有限公司	中外合资企业	52
TCL 王牌电器（呼和浩特）有限公司	外商独资企业	100
TCL 王牌电器（无锡）有限公司	中外合资企业	70
TCL 王牌电器（南昌）有限公司	外商独资企业	100
Brilliant Decade Ltd.	英属维尔京群岛国际商务公司	100
TCL Overseas Consumer Electronics Limited	香港公司	100
深圳 TCL 新技术有限公司	中外合资企业	100

（2）TCL 海外控股有限公司

TCL 海外控股有限公司的100%的权益以及 TCL 海外控股有限公司持有的从事电视机业务的下属公司的权益，具体项目如表7—5所示：

表7—5　　　　　　　　　TCL **海外控股有限公司的控股情况**

公司名称	公司性质	持股比（%）
TCL 销售（香港）有限公司	香港公司	100
TCL OEM 销售有限公司	香港公司	100
TCL 海外销售有限公司	英属维尔京群岛国际商务公司	100
TCL Sun, Inc.	菲律宾公司	50
TCL Electronics (Singapore) Pte. Ltd.	新加坡公司	85
Sizzon Pte Ltd.	新加坡公司	80
TCL Integrated Marketing Inc.	美国公司	100
Luks Technology Development Co. Ltd.	英属维尔京群岛国际商务公司	100
TCL Vietnam Corporation Ltd.	越南公司	100
Schneider Electronics GmbH	德国公司	100
Century Business Ltd.	英属维尔京群岛国际商务公司	100

（3）其他资产

①其他公司：TCL 国际持有的 TCL 电子（香港）有限公司的100%的权益，TCL 国际持有的 TCL 海外电子（惠州）有限公司的100%的权益。

②其他资产：包括中国、德国、东南亚地区在内的全部电视机资产与业务，其中包括账面价值约为8.46亿港元（约合人民币8.97亿元）的固定资产、除现金和现金等价物以外的流动资产和流动负债。

③上述注资中包括 TCL 国际将向 TCL 集团购买的无锡和内蒙古的资产。

3.2.3 双方注入资产的估值及股份比例确认

TCL 国际对 TTE 注入的资产净值约为2.10亿欧元，约合人民币21.61亿元。汤姆逊向 TTE 注入的资产净值总计大约为2.18亿欧元，约合人民币22.43亿元。根据2003年的数据计算，TCL 和汤姆逊电视业务的销售收入贡献比例为45%：55%，毛利润贡献比例为44%：56%，息税前利润的贡献比率为100%：0%。由于汤姆逊的品牌、已经申请的专利技术以及销售网络并未投入合资公司，而且汤姆逊的彩电业务在以前年度存在亏损，双方根据各自的贡献率及其他因素，经过一系列的商业磋商谈判后，最终确定的股权比例是 TCL 和汤姆逊各占67%和33%的股权。

4. 动因分析

4.1　TCL 方面

首先，TCL 斥巨资合并汤姆逊可以打破专利壁垒，提高自身研发实力。虽然我国彩电企业在全球占有比较大的市场份额，但在核心技术方面缺乏自主权，需要向外企购买核心部件，因此只能依靠其他成本优势抢占市场份额。2002 年年底，汤姆逊公司向我国彩电企业提出索要专利费的最后通牒，其所提出的专利共达 20 项，范围囊括从小于 20 英寸的小彩电到 25 英寸的大彩电，平均每台要价 1 美元。作为老牌的国际彩电企业，汤姆逊在彩电领域拥有 34 000 多项专利，中国彩电的所有出口产品都可能采用了其拥有的专利。通过与汤姆逊合资，TCL 就可以避免出口产品的专利危机。

另一方面，TCL 通过与汤姆逊的合资，很好地解决了研发能力薄弱的问题。汤姆逊拥有传统电视机的所有主要专利和大部分数字电视与 DVD 专利，具有强大的研究和开发实力。根据协议，汤姆逊将分布于全球的电视和 DVD 研发中心都划入合资公司所有。合资公司成立以后，自然便拥有了先进的研发团队与技术，由此能够提高 TCL 集团整体的研发实力。

其次，与汤姆逊合资符合 TCL 集团的长期战略目标。TCL 集团的发展目标，是在 5 年内发展成为在国内市场处于领先地位，且初步具有参与国际竞争能力的大型企业；在 10 年内发展成为具有国际竞争力的大型跨国公司。在未来 3～5 年内，TCL 的发展重心是在多媒体显示终端与移动信息终端两大业务上，谋求与世界级公司同场竞技的国际竞争力，并进入全球彩电生产行业的前五名，而在家用电器、信息和电工照明三大业务方面，努力成为国内行业的领先者。

与汤姆逊进行合资，符合 TCL 集团的上述长期发展战略。合资公司 TTE 将成为全球最大的电视机生产企业之一，年生产能力将超过 2 100 万台，合并净资产账面价值将超过 4.28 亿欧元（约合人民币 44.04 亿元）。与此同时，合资有利于 TCL 集团以较低的成本、较短的时间进入国际市场，提高国际知名度。获得汤姆逊的国外工厂和销售网络后，有利于 TCL 集团得到在北美、欧洲等主要市场的成熟制造能力，并有利于建立起国际性的销售、研发、采购、生产和人事管理平台，获得管理跨国企业的经验和能力。

美国、欧洲等地的电视机市场存在一定的贸易壁垒，特别是频繁的反倾销诉讼，使 TCL 集团难以依靠单纯的出口获取国际市场份额，而需要在全球范围内建立生产基地。与汤姆逊进行合资，使得 TCL 集团能够利用汤姆逊的生产工厂直接为当地的销售市场生产产品，从而绕开贸易壁垒。此前，TCL 在完成对德国老牌电视生产企业施耐德的收购时，就成功通过建立欧洲生产基地，绕开了欧盟的贸易壁垒。但收购后的施耐德也存在着一些不足：其目标市场主要集中在德国、英国和西班牙三国，生产地的劳动力成本高昂，原有客户也已经在破产前流失不少。

而汤姆逊则与施耐德不同，其在欧洲和北美均拥有强势品牌，而且在欧美已经建立了比较完善的营销网络。其生产基地也建在劳动力相对低廉的墨西哥、波兰等国，虽然这些国家劳动力成本相对中国要高，但与日、韩等地相比，依然具有较强的优势。如果 TTE 采用在国内生产零部件，在墨西哥、波兰等地整机装配的办法，将可以继续发挥国内劳动力成本低廉的优势，同时也可以避免美国和欧洲市场的反倾销诉讼。

再次，通过与汤姆逊合资可以节约品牌推广成本，加快全球市场扩张。在国内企业进入国际市场的过程中，由于推广自有品牌的成本比较高昂，国内企业除了海尔等少数企业外，大多采用与外资品牌合作，为外资品牌贴牌生产的方式。这样的国际化方式，使得国内企业仅能获得微薄的加工利润，而外资品牌则可以获得高额的品牌溢价。

即使是国际化业务比较领先的海尔，虽然早在 1998 年就开始实施拓展国际化的市场战略，但直到 2003 年才在美国的冰箱市场站稳脚跟，取得一定的成绩。在吸取了一定经验教训之后，海尔在进入日本市场时借助了三洋公司的销售网络来推广自有品牌，结果取得了成功。

实践证明，要在海外推广自有品牌，借助国外企业的现有营销网络是比较有效的。与汤姆逊进行合作，能够帮助 TCL 集团在国外市场进行品牌推广。汤姆逊拥有百年历史，目前为全球四大消费电子类生产商之一，是全球第一台互动电视专利技术的拥有者，在数字电视、解码器、调制解调器、DVD 机、MP3 播放器、电子图书和家用数字网络等方面均处于世界领先地位，是欧美消费者认可的数字巨人。旗下的汤姆逊品牌和 RCA 品牌分别在欧洲与北美市场上拥有良好的品牌形象，经过多年经营，在欧美拥有庞大的销售网络。利用这些有利条件，可以大大节约 TCL 集团进入欧洲数字彩电市场的品牌推广成本。

4.2 汤姆逊方面

首先，汤姆逊选择与 TCL 集团合作可以压缩阵地，使其在研发和高端产品方面集中力量，同时也能够提升双方的生产规模和全球产业链的整合效应。根据协议，TCL 集团将其在中国内地、越南及德国的所有彩电及 DVD 生产厂房、研发机构、销售网络等业务并入新公司，而汤姆逊则将拿出其位于墨西哥、波兰及泰国的所有彩电生产厂房、所有的 DVD 销售业务以及彩电及 DVD 方面的所有研发中心并入其中。这实际上是一次全球范围的整机生产资源的整合，将有利于产生更大的规模优势。合资公司计划年销量可望达到 1 800 万台，这一数字无疑使新公司成为全球彩电行业的领导者。

当前，以等离子、液晶、数字电视为代表的新技术彩电逐渐兴起，传统 CRT 彩电最终要被新技术彩电所取代。汤姆逊自然也不肯错过如此的大好商机，但汤姆逊在传统彩电业务上的巨大亏损包袱，对其造成了比较大的拖累。选择与 TCL 进行合作、逐渐淡出传统彩电生产的方式，比简单淘汰生产线的代价要小得多。

这样，汤姆逊既可以抛开彩管和整机生产方面的包袱，改善彩电业务一直亏损的状态，同时也可以集中精力去发展具有前瞻性的新业务，以在未来的竞争中占据优势。在这次合并中，TCL 注入了所有的彩电业务，而汤姆逊主要拿出了传统的CRT 彩电业务，却并未注入其在法国的高端电视业务，而其在中国内地新投资的工厂也没有出现在合并名单上。这充分说明汤姆逊通过合并而淡出传统彩电业，从而将更多的资源集中在高端电视生产方面。

更为重要的是，这次合资对汤姆逊的销售和品牌也有很大益处。根据协议，新公司在欧洲市场以推广汤姆逊品牌为主，在北美市场以推广 RCA 品牌为主，而两个品牌都属汤姆逊所有，合资公司的规模效益很可能使这两个品牌在欧美市场的地位进一步提高。而在销售渠道方面，新公司将会依靠汤姆逊作为其在北美及欧洲市场的独家分销代理，这等于为汤姆逊找到了稳定的利润来源。另外，虽然汤姆逊已将大部分专利权转给合资公司，但合资公司仍然要向汤姆逊支付专利费用。

此外，双方还约定，汤姆逊在合资公司成立后的 18 个月内，可以用合资公司的股权置换 TCL 国际控股的股权，这又进一步降低了汤姆逊的合资风险。

其次，与 TCL 集团合资可以强化汤姆逊的整机生产能力。虽然汤姆逊在合资公司中没有控股权，但汤姆逊可以通过 TCL 扩大整体生产能力以及其在中国市场的份额，而它所需要付出的，不过是容许 TCL 借用汤姆逊在欧美市场的销售渠道，以及汤姆逊早就想抛弃的亏损的传统彩电业务。

5. 结果评价

5.1 合并后的控股情况

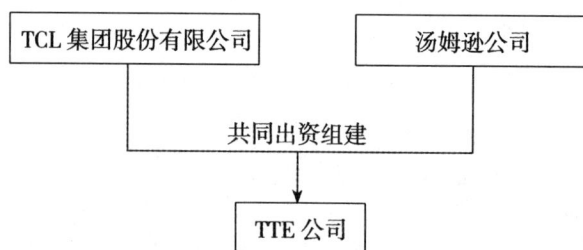

图 7—1 并购后权益结构图

5.2 对 TCL 集团的积极影响

在市场拓展方面，TCL 集团不仅可以利用汤姆逊的知名品牌进入欧美市场，还可以利用汤姆逊在欧美市场的销售与售后服务网络拓展市场，以有效应对美国的反倾销裁决。虽然 TCL 集团仍然是进行贴牌生产,但可以通过合资公司分享汤姆逊的品牌溢价。

在研发方面,通过与汤姆逊合资既可以提升 TCL 集团自身的研发能力,也可以加快其新产品的引入速度。汤姆逊在电视机业务的研发方面进行了大规模的投入,仅 2003 年的研发费用就高达 5 000 万欧元(约合人民币 4.68 亿元),而 2002 年的研发费用则有 5 800 万欧元(约合人民币 4.54 亿元)。在本次合资中,汤姆逊将与电视机生产及制造有关的研发机构一并注入 TTE,使 TCL 集团能够分享汤姆逊电视业务方面的现有实验室与研发系统,从而提升 TCL 集团的研发和专利发明能力,并可以以优惠的条件获得汤姆逊专利的授权使用。同时,双方合并后,合资公司能够在短时间内将欧美市场推出的部分新产品引入国内市场,既有利于促进国内市场的产品结构升级,提高公司盈利水平,又有利于发挥全球优势,促进研发成果在不同市场间的共享,降低单位产品的研发成本。

在成本节约方面,通过合资可以获取规模效应、优化生产布局。合并后,双方计划对电视机部件的采购系统进行整合,对包括显像管在内的部件进行全球范围内的集中采购,通过扩大采购数量、优化部件标准等方法获取更加优惠的采购价格,节约采购费用。由于显像管等部件构成了电视机生产的大部分成本,如果能够在采购方面通过规模效应而降低原材料成本,将可以提高公司的成本竞争和整体盈利能力。此外,通过与汤姆逊合资,TCL 集团获得了位于北美市场的墨西哥生产基地以及位于欧洲市场的波兰生产基地。经过合理规划,TCL 集团将能够进一步在全球范围内优化生产布局,通过遍布世界各地的生产基地优化生产流程,节约产成品的运输费用和进出口限制,提高公司的竞争能力。

在国际化发展方面,能够分散市场风险、培养国际化管理团队。国内电视机行业的竞争日趋激烈,近年来行业盈利水平不断下降。就 TCL 集团而言,其彩电业务的毛利润率在 2001 年是 21.3%,而 2003 年下降到 20.9%。在这种情况下,TCL 集团通过与汤姆逊合资开拓海外市场,有利于减轻其在国内市场的竞争压力,获得新的利润增长点,分散业务风险。与汤姆逊合资后,TCL 集团的管理人员将全面参与 TTE 管理,包括销售、生产、研发、采购的各个方面。通过与汤姆逊这个全球彩电行业规模最大的企业进行合作经营,TCL 集团的管理人员可以获得世界级企业的管理经验和能力,并将为 TCL 集团的全球化战略打下坚实基础。

5.3 TCL 集团所面临的风险分析

虽然 TCL 集团在这次合资中得到很多益处,但同时也面临着不少风险,包括:

(1)汤姆逊电视机业务的亏损可能对 TCL 集团的盈利水平造成负面影响。

(2)合并的协同效应可能无法充分实现,使 TCL 集团的盈利水平受到负面影响。

(3)管理跨国企业经验不足带来的经营风险。

(4)在海外主要市场指定汤姆逊为独家销售代理带来的经营风险。

（5）合资公司在欧美市场主要销售汤姆逊的品牌产品，缺乏自身彩电品牌带来的经营风险。

（6）合资公司不拥有汤姆逊已申请的电视机专利技术带来的经营风险。

（7）高端彩电产品竞争力不强带来的经营风险。

（8）与昂热工厂有关的经营风险。

6. 问题探讨

6.1 扭亏为盈的压力十分巨大

由于汤姆逊的彩电业务存在的严重亏损，TTE 建立初期其必然会对 TCL 集团的利润造成负面影响。根据汤姆逊的 2003 年度报告显示，其彩电和 DVD 等业务共亏损 1.3 亿欧元，过去两年的累计亏损额达到了 2.61 亿欧元。而 TCL 集团在与汤姆逊签署合资公司协议时，已经约定由 TCL 集团承担全部重组成本，包括单独承担合资公司 1.3 亿美元的运营费用。这部分费用将给 TCL 集团带来不小的负担。

对于 TCL 集团来说，其在 2002 年以 820 万欧元收购的德国施耐德集团，直到与汤姆逊合作时仍未完全扭亏。面对 TTE 这个更大规模的合资项目，其扭亏为盈的难度不言而喻。

6.2 多品牌运营的整合

在消费类电子领域，实施多品牌运作尚无成功先例。在与汤姆逊合资后，如何让合资公司 TTE 在汤姆逊、RCA、TCL 这三个品牌之间维持平衡，保持长久的竞争力，是 TCL 必须要解决的难题之一。

以松下公司为例，作为一家著名的跨国的电器企业，松下过去一直采用 Panasonic（电子类产品）和 National（家电类产品）两个品牌。但这两个品牌所涵盖的产品系列都是面向高端的，导致 Panasonic 和 National 在市场上并没有体现出明显的差异化，形成了自我竞争，而且还要投放大量的品牌推广费用。最后松下采取了单品牌策略，在 2003 年将"National"品牌注销后，使销售情况得到了明显改善。

对于 TCL 来说，在实现国际化的过程中，要进入一个新市场并站稳脚跟，必然需要对这个新市场进行整合，包括谋求渠道、品牌形象的统一和独立的控制权。显然，目前这种多品牌策略是不利于 TCL 进行全面整合的。另外，一个企业的品牌若是缺乏清晰的整体定位，势必导致资源的重复投入和浪费，这种浪费不仅体现在广告支出、宣传开支上，还会在消费者心中产生形象重叠与交错，不容易给消费者留下深刻的印象，甚至还会影响消费者的忠诚度。

6.3 多元文化下的人力资源整合

TCL 集团与汤姆逊的合作，也使 TCL 集团面临着如何对双方的人力资源进行整合的问题，因为汤姆逊的人员分布在不同的国家，同时拥有自己的企业文化。

根据协定，在 TTE 的管理层中，TCL 集团将派出 6 人，而汤姆逊方面则派出 3 人，但担任 COO（首席运营官）的又是一名韩国人。这样一个存在着多种企业文化的合资企业，将会在企业文化的融合过程中遇到许多问题。事实上，如何对不同的企业文化进行整合是国内企业国际化过程中的难题。TCL 集团在收购施耐德之后，便遇上了跨国运作人力资源的问题。TCL 集团入主施耐德仅仅一年，在施耐德长期工作的负责人，号称"老管家"的亨利·莱克曼便挂冠而去，后来 TCL 集团聘任的荷兰籍 CEO 在上任几个月后又因"中西文化冲撞"而离开。

因此，如何成功整合汤姆逊的彩电业务团队，对于 TCL 合资项目的成功运营具有重要意义。

6.4 中国家电的"软肋"何在？应该如何应对？

近年来，国内家电行业发展很快，不仅占领了大部分的国内市场份额，在开拓国际市场方面也是做出了很多成绩，如海尔、TCL 集团等企业已经颇具国际竞争能力。但是国内家电业仍然存在着很多的问题和困难，例如国内市场的无序竞争，国际市场的贸易壁垒、反倾销调查和专利权问题等等。那么，问题的根源究竟在什么地方呢？对于国内家电企业来说，最大的问题和软肋就在于行业集中度不高，缺乏核心技术和研发能力。

由于国内家电企业缺乏核心技术，使其必须向国外企业缴纳高额专利费，而家电企业在国外市场频频遭遇反倾销调查，其中的一个重要原因就是国内的家电企业把在国内无序竞争市场状况下的一些运作手法带到了国际市场，从而受到了当地市场的抵制。对这两个问题的根源追根究底，其结论都指向一个问题，那就是国内家电行业的资本太过分散。

行业资本分散，一方面直接导致行业的无序竞争，另一方面无法形成规模效应，进而影响了家电企业的利润和成本，同时使国内家电产业无法在技术研发上投入足够的资源，影响了其对核心技术的掌握。要克服这些困难，就必须通过并购重组，提高行业的集中度，尽快形成几个规模庞大、具有国际竞争力的大型企业，在国际竞争中成长壮大，真正实现"做大做强"的目标。

主要参考文献

1. 干春晖：《并购案例》，北京，清华大学出版社，2005。
2. 王东：《企业兼并与收购案例》，北京，清华大学出版社，2004。
3. 中国并购交易网，http://www.mergers-china.com/news/search.asp。

4. TCL 集团股份有限公司,http://www.tcl.com。

5.《TCL 集团股份有限公司 2005 年年度报告》,http://news.stockstar.com/info/darticle.aspx? id＝JA.20081110.00024803&columnid＝4329&pageno＝7。

6.《TCL 集团股份有限公司 2004 年年度报告》,http://news.stockstar.com/info/darticle.aspx? id＝JA.20081110.00031912&columnid＝4329&pageno＝0。

7.《TCL 集团股份有限公司 2003 年年度报告》,http://news.stockstar.com/info/darticle.aspx? id＝JA.20081110.00038539&columnid＝4329。

8. 邓红辉:《TCL 与汤姆逊强强合作联建全球最大彩电企业》,南方网,http://www.southcn.com/tech/qydt/200402271334.htm,2003－11－05。

案例参编:汤文鑫 李碧荣 葛豆豆

美的集团控股合肥华凌

　　家电行业历来竞争激烈，美的集团虽然是家电界的领先企业，但也面临着西门子、海尔等国内外强势品牌的竞争，市场压力很大。为打破僵局、谋求发展，美的集团有限公司（以下简称"美的集团"）于 2004 年 11 月 8 日与广州国际集团有限公司签署协议，以每股 0.35 元（港币）、总计 2.345 亿元的价格购买其所拥有的华凌集团有限公司（以下简称"华凌集团"）42.36% 的股权，成为华凌集团的第一大股东，希望通过产业合并重组，实现企业的高速发展。

1. 行业背景

1.1　产品结构调整家电行业进入过热区间

　　从家电行业的预警指数走势来看，我国家电行业从 2002 年 1 月开始进入一个稳步上升期，预警指数在 2002 年 9 月，自 1999 年以来首次进入"黄灯区"——偏热状态，并一直持续到 2003 年 1 月。2003 年上半年，由于受非典及原材料上涨等不利因素影响，家电行业预警指数回到了正常区域。但在同年的 9 月开始逐步上升，在 12 月首次进入"红灯区"，处于过热状态，并且一直持续发展。从构成家电行业预警指数的 10 个监测指标来看，家电行业的生产指数从 2003 年 5 月开始提升，在 2003 年 12 月达到最高，又在 2004 年年初开始持续回落。海外市场也是我国家电行业的一个重要市场，但是从 2003 年 8 月开始，家电产品出口的增长速度开始快速提升，在同年 11 月进入"红灯区"。

1.2　原材料涨价威胁全行业

　　自 2003 年以来，钢材、塑料、铜材等原材料价格的飞速上涨，让一向以低价为优势的中国家电企业陷入了困境。随着原材料的不断上涨，家电行业的生产成本也在大幅上升。在下游家电产品供大于求的情况下，企业难以通过相应幅度提价的方式化解原材料涨价的压力，只能压缩利润空间。原材料价格的上涨给企业的生存造成了巨大的危机，但原材料的价格只是影响市场定价的一个因素，影响市场价格定位的其他因素还包括产品质量、品牌知名度、营销模式、库存积压及消费群体的消费意向等相关因素。对于国内的企业来说，最大的挑战还是如何在一个强敌环绕的陌生市场环境中，迅速建立起自己的品牌。家电企业一方面在不断提高产能，以求降低产品单价，提高竞争优势；而另一方面，生产出来的产品没有销路，形成大量的库存。价格战看似是价格上的对抗，其实拼的并不是价格，而是价格背后的技术成本、规模成本以及整个企业运营的系统成本。对此，国内的家电企业应通过挖掘内部潜力降低成本，并通过加大技术投入以及企业之间的并购实现规模效应来降低企业的生产成本，同时真正提高企业的竞争力。

1.3　家电企业合并力度不断加大

2004 年，中国家电行业的利润不断下滑，不少企业被市场淘汰。为适应激烈的市场竞争，家电企业纷纷进行合并重组，美的、新科、志高、TCL 等大型企业都纷纷兼并了一些准备退出市场但还拥有生产能力和固定资产的企业，例如美的集团并购华凌集团、TCL 与东芝合作建立冰箱生产基地、科龙收购威力等并购事件。同时，2004 年 5 月，美的集团在与格林柯尔、TCL、以色列 EICO 公司的竞争中脱颖而出，取得了荣事达集团下属荣事达·美泰克合资公司 50.5% 的股权。这一系列的并购事件反映了家电行业各大龙头企业通过并购消灭竞争对手、增强竞争能力的意愿。

2. 企业背景

2.1　美的集团

美的集团创立于 1968 年，是一家以家电生产为主，涉足房地产、物流等领域的综合性现代企业集团，是中国规模最大的白色家电生产和出口企业之一。

1980 年，美的集团正式进入家电业；1981 年，开始正式使用美的品牌。目前，美的集团拥有近 8 万名员工，主要产品有空调、冰箱、洗衣机、微波炉、小家电等多个系列，在国内拥有广州、重庆、中山、芜湖、昆明、长沙、武汉、合肥等生产基地，在国外也建立了越南平阳生产基地，在美国、德国、英国等地都设有海外机构。美的集团的产品远销欧美各国，营销网络遍布全球。

美的集团一直保持着平稳、快速的增长。上世纪 80 年代平均增长速度为 60%，90 年代平均增速为 50%。进入新世纪以来，年均增长速度超过 35%。

在美的集团的各个事业部中，负责空调、冰箱、洗衣机等大型家电产品开发、生产、营销的美的制冷家电集团具有重要的地位，其一家就拥有 3 万多名员工，销售额占集团销售总额的一半以上，在空调制造方面是国内规模最大、实力最雄厚的生产厂家之一。

2.2　华凌集团

华凌集团成立于 1985 年，是生产电冰箱、空调、小家电的著名家电企业集团，也是第一家在香港成功上市的国内家电公司。在国内拥有中国雪柜实业有限公司、华凌（广州）电器有限公司、广州华凌空调设备有限公司、广东华凌中央空调有限公司、合肥华凌电器有限公司等子公司，在境外也拥有多家全资子公司。

华凌集团创建伊始，即与世界制冷权威——日本三菱电机进行技术合作，采用国际先进的制冷技术和设备，生产出众多具有国际先进水平的电器。其产品主打高端市场，主要在华南市场销售，特别是在消费强劲、竞争激烈的广东市场拥有较高的知名度，拥有一批忠诚的客户。2004 年，在《中国消费者报》对空调产品售后服务状况的调查中，华凌空调获得"二次购买率最高"、"平均使用时间最长"与"平均故障发生率最低"三项桂冠，充分反映了华凌空调的高品质。

冰箱是华凌集团的强势品牌。其子公司合肥华凌致力于生产、出口小冰箱，80% 以上的产品远销欧美和亚太地区，是目前中国国内小冰箱生产企业中规模最大、实力最强的企业之一。

但华凌集团在企业运营方面存在着很多问题，包括负债率高、内耗严重、缺乏激励机制和管理不善等等。资料显示，华凌集团在 1997 年就出现了 1.7 亿多港元的巨额亏损，到 1998 年底累计亏损已达 1.9 亿多港元。1999 年到 2001 年实现了盈利，但 2002 年又出现了近 2 亿港元的巨额亏损，累计亏损额达到 2.5 亿港元。在美的集团收购华凌集团之前，华凌集团 2004 年中报上的累计亏损额已经高达 4.4 亿港元。

3. 并购过程

2003 年 6 月

在经历近一年的重组传闻之后，华凌集团发布公告宣布公司的股权变动。由具有广州市政府背景的广州国际集团有限公司控股的一家在英属处女群岛注册的离岸公司——AP 公司购买取得华凌集团 42.36% 的股权，成为这家著名制冷企业的第一大股东。

但 AP 公司购买华凌集团股权只是为了理顺华凌集团的股权结构，以便进行二次转让。在 AP 公司成为第一大股东之后，TCL、惠而浦、科龙以及以色列 ELCO 集团都表示有意收购华凌集团。

2004 年 11 月 （正式公告宣布并购）

广州市政府对华凌集团股份的转让十分慎重，在一年多的时间里对几家有收购意向的企业进行认真考察。经过调查研究和仔细考虑，广州市政府决定将华凌集团股权全部转让给美的集团。美的集团战胜了 TCL、科龙和惠而浦等对手，成功入主华凌集团。

2004 年 11 月 8 日

美的集团与广州国际集团签署转让协议，由美的集团以 2.345 亿元的价格购买了广州国际集团所拥有的 42.36% 华凌集团股权，成为华凌集团的第一控股大股东。

2007 年 11 月 23 日

美的电器与美的集团有限公司签署了股权转让协议，拟受让美的集团直接和间接持有的合肥华凌股份有限公司 100% 股权、中国雪柜实业有限公司 95% 股权、广州华凌空调设备有限公司 100% 股权及华凌商标等相关知识产权。

4. 动因分析

4.1 华凌集团方面

华凌集团作为一家历史较长的生产企业，在冰箱、空调生产方面具有较高的知名度，但 2004 年之前却一直出现巨额亏损。虽然 2004 年初，其在香港增股募集资金 8 000 多万港币，但仍然是杯水车薪，不能满足企业生产发展的需要。这其中的主要原因是华凌集团在企业管理方面存在较多的问题，而且在公司的主业上不够专注，没有把精力都集中在主要业务上，而是热衷于在其他领域进行投资，最后这些投资不但没有带来收益，反而造成亏损。在存在巨额亏损的情况下，华凌集团被重组是迟早的事。美的集团与华凌集团的互补性较强，而且两者都是广东的企业，在各方面的合作比较方便。华凌集团的各种经营管理问题急需得到改善，企业文化也急需进行改造，而美的集团具有成熟的管理体制和经验，能够提升华凌集团的经营效率。

美的集团入主华凌集团后，有利于帮助华凌集团开拓北方市场，给华凌集团的扩张提供各种支持。华凌集团一直偏重华南市场，在北方的销售几乎是一片空白，而美的集团在全国都拥有完善的营销网络。因此，华凌集团可以借助美的集团的销售网络向北方市场发展。

4.2 美的集团方面

随着家电行业的竞争越来越激烈，企业的集中度不断提高，各大龙头企业都试图通过并购、重组等资本运作方式，以相对低的成本进一步扩大生产规模以降低成本，并通过扩大产能、消灭竞争对手来增强竞争优势。

通过收购华凌集团，美的集团可以实现产品的多元化，完善产品链，进一步实施国际化战略。华凌集团的产品品质较高，其品牌定位是以进口家电产品为对手，特别是在华南地区的知名度要高于海尔、美的等产品，能够为美的集团扩张冰箱市场提供有力支持。在冰箱生产领域，华凌集团具有近 20 年的从业经验，拥有强大的研发和生产能力。据估计，在华凌集团现有生产系统的基础上加以改进，可以帮助美的集团实现冰箱产能 200 万台的目标。除了冰箱之外，华凌集团的空调生产也是强项，可以使美的集团产能不足的问题得到很好的解决。

此外，华凌集团作为第一家在香港上市的家电公司，具有多年的国际资本运作经验，也符合美的集团的国际化战略。对外出口已经成为美的集团的重要业务，在境外进行资本运作对美的集团来说非常必要。收购华凌集团之后，美的集团获得了进入香港资本市场的途径，为美的集团拓展海外业务提供了方便。并购之后，美的集团将逐步向华凌集团输出先进的管理理念和机制，帮助华凌集团重新获得生机和活力，双方可以有效地共享供应链以及资金资源，产生巨大的协同效应。

5. 结果评价

美的集团并购华凌集团，双方可以达到双赢的目的。目前家电市场在经过十几年的高速发展之后，正在酝酿着巨大的变化，并购、重组成为了产业整合和升级的重要手段。美的集团具有良好的业绩和充足的现金流，为其实行产业扩张提供了有利条件。虽然美的集团在空调、小家电方面具有强大的产销能力，产品在国内外都具有强大的竞争力，但各个产品的生命周期不同，而且在冰箱生产方面的竞争力较差。在收购华凌集团之后，能够帮助美的集团完善产品结构，减少产品结构单一的风险，特别是华凌集团的冰箱业务可以弥补美的集团的短板，通过在制冷产业做大做强来增加利润。

华凌集团也是一个质地优良的企业，特别是其生产设备比较先进，其主要问题在企业文化和企业管理方面。美的集团收购华凌集团是为了切入制冷领域，并继续保持领先地位，因此收购之后的华凌品牌仍将独立运作，专注于制冷产业的生产和销售，在生产规模、运营效益方面实现优势互补。

华凌集团在企业管理、资产管理、团队建设等方面存在很多问题，需要美的集团付出很多精力加以改造。随着美的集团对华凌集团的重组逐步推进，在引入美的集团的管理理念解决华凌集团的制度、生产、技术等方面问题的同时，两者之间在成本理念、人才理念、营销理念等方面存在的差异也越来越明显，毕竟两者的企业文化具有很大的差异。为了对华凌集团的企业文化进行整合，美的集团通过逐步改变内部机制、管理模式和规章制度来引入新的理念，形成员工认可的、有效的科学管理制度以及企业文化。

2004年年报显示，美的集团主营业务收入192.01亿元，同比增长39.53%，家用电器收入167.84亿元，同比增长41.98%。主要原因是公司销售规模扩大所致。

2005年年报显示，美的集团主营业务收入213.13亿元，同比增长11.00%，家用电器收入194.20亿元，同比增长15.71%。主要原因是当年空调产品销售规模持续扩大所致。

2006年11月14日，美的集团董事长何享健认为，近二、三年的资本运作都达到了预期的目标。同时，他还表示："通过收购荣事达、华凌，今年的冰箱年产量已经达到300万台，洗衣机也达到200万台。"

2009年3月10日，美的电器公布其2008年度财务报告，公司主营业务收入

453.13亿元，同比增长28.77%。从不同产品品种划分，第一主营业务空调实现主营业务收入307.51亿元，同比增长22.62%；冰箱实现主营业务收入50.14亿元，同比增长36.25%；洗衣机实现主营业务收入42.17亿元，同比增长136.79%。这主要是因为公司在报告期内先后收购控股合肥华凌、广州华凌、中国雪柜和小天鹅，并购行为提高了其主营业务收入的增速。若扣除收购合并报表等因素，预计公司2008年主营业务收入约为375亿元，同比增长约12.63%。从这些财务数据可以看出，美的集团取得了一定的规模化协同效应，长期竞争优势比较明显。

6. 问题探讨

6.1　华凌集团与美的集团的产品销售会不会产生冲突呢？

　　事实上两者之间的互补性要大于竞争性。在品牌定位上，两者就不一样。华凌集团历来采用三菱的电机和生产标准，以进口或者合资品牌作为竞争对手，主要瞄准高端客户。而美的集团的定位则比较大众化，产品覆盖面很广。在产品结构上，两者的冲突也不大。美的集团以空调、微波炉和小家电著称，冰箱产品表现平平，而华凌集团的冰箱则在冰箱领域内享有盛名。虽然华凌集团也生产空调，但产品定价和定位都较高，是对美的集团的有益补充。并购之后，华凌品牌仍将独立运作。

　　2007年美的集团年报显示，2007年11月23日美的电器股权收购事项的最终完成，彻底解决了公司与控股股东在空调、冰箱业务上存在的同业竞争问题，大幅降低公司日常关联交易的规模，同时进一步完善了公司空调、冰箱业务的产能布局，提高了资源利用效率，发挥资产整合协同效应，对其未来的财务状况与经营成果将带来积极影响。

6.2　美的集团能否使华凌集团扭亏为盈？

　　美的集团并购华凌集团之后，通过调整内部人员、制定新的规章制度以及成本控制等方式引入美的集团的管理模式。在运用美的集团的成熟经验之后，华凌集团企业经营管理的各个方面都得到了有效的提高。要提升华凌集团的业绩，除了削减成本之外，更重要的是要提高销售额。华凌集团一直以来以广东市场销售为主，在北方市场几乎是一片空白。借助美的集团在北方的营销网络进军华东、华北、东北市场，不但能够消化华凌集团的巨大产能，同时也可以为华凌集团带来更多的利润。由于华凌集团和美的集团在产品销售上的冲突不大，因此由美的集团的营销网络为华凌集团在北方推广市场也不存在太大障碍。

　　美的集团还可以通过充分利用华凌集团的产能改善华凌集团的经营效益。美的集团收购华凌集团的目的除了完善产品链、实现产品互补之外，还有一个目的就是通过华凌集团来扩大产能。华凌集团具有强大的生产能力，但销量不高；而美的集团则是生产能力不能满足市场需求。在并购之前，华凌集团就一直帮美的集团进行贴牌生产。因此，在并购之后，美的集团可以充分利用华凌集团的剩余产能大量生产美的的贴牌产品。通过生产线的充分运转，华凌集团也能获得更多的收入。

华凌集团在并购前持续亏损，据公开资料显示，在 2002 年和 2003 年度，华凌集团分别亏损 2.5 亿元及 7 698 万元。2004 年 4 月 22 日，该公司公布其 2004 年巨亏 6.29 亿港元，这也是华凌集团近三年来亏损最多的一年。经过一年的努力，华凌集团的年亏损额由 2004 年的 6.28 亿港元大幅下降为 2005 年的 2.84 亿港元。不过，"扭亏为盈"的经营压力依然很大。

主要参考文献

1. 美的集团主页，http://www. midea. com. cn。

2. 华凌集团有限公司主页，http://www. hualing. com/index/index. jsp。

3. 王志灵：《华凌高管悬疑 美的拿什么来拯救华凌?》，人民网，http://www. people. com. cn/GB/41390/41394/3065925. html,2004 – 12 – 19。

4. 佚名：《美的 2.3 亿"豪娶"华凌》，东方财经网，http://finance. eastday. com/eastday/finance/gsqb/ssgs/userobject1ai671534. html。

5. 佚名：《美的成华凌头号股东或派刘亮进驻》，载《广州日报》，2004 – 11 – 02。

6. 佚名：《家电重组话题：一加一真的等于二吗?》，人民网，http://homea. people. com. cn/GB/5023754. html,2006 – 11 – 10 。

7. 陈志强：《华凌"洗脑"三重奏》，IT 时代周刊，http://www. ittime. com. cn/Content. asp? id = 121,2002 – 07 – 31。

8. 杨兆清：《美的芯推动新华凌》，中国软件网，http://www. soft6. com/article/2005 – 02 – 05/109019. shtml,2005 – 02 – 05。

9. 佚名：《并购推高美的电器（000527）08 年主营收入》，联合证券，http://www. lhzq. com/index. jsp? pageAlias = news_cont&newsid = 2057326,2009 – 03 – 12。

10. 佚名：《强强联合实现并购 美的 2.3 亿"豪娶"华凌》，21CN. COM，http://finance. 21cn. com/news/cydt/elect/2004/11/23/1867463. shtml, 2004 – 11 – 23。

11. 佚名：《美的收购华凌补上冰箱业务短板》，新浪财经，http://finance. sina. com. cn/b/20041102/14361126372. shtml,2004 – 11 – 02。

12. 吴蔷、于洪涛：《对我国目前家电行业景气状况的分析》，载《营销与管理》，2004(7)。

案例参编：邓　艳　朱俊玑

海信入主科龙

2005 年 9 月 9 日，青岛海信空调有限公司（以下简称"海信空调"）与广东科龙电器有限公司（以下简称"科龙电器"）签订《股权转让协议》，海信空调以 9 亿元的参考价协议受让广东格林柯尔企业发展有限公司持有的科龙电器 26.43% 的股份，成为科龙电器第一大股东。2006 年 4 月 24 日，科龙电器发布公告称，大股东顾雏军本人在海信空调收购科龙电器 26.43% 的股权转让协议书上签字，科龙电器的股权转让工作终于尘埃落定。海信空调最终以 6.8 亿元的收购价入主科龙电器。收购科龙电器，将成为海信空调资本运作史上最辉煌的一举。这次收购是国内家电业迄今为止并购资产规模最大、收购价格最高、并购重组程度最复杂的收购案。

1. 行业背景

各个行业固定资产投资的快速增长，带动了能源和基础原材料需求的大幅度上升。同时，国际市场原油价格的不断攀升也在不断增进能源成本和化工产品价格上涨的势头。而这些基础能源原材料价格的上涨都将转嫁到下游产品生产上，使得家电行业的能源原材料购进成本出现较大幅度的上涨。由于我国家电产品已经形成了充分竞争的市场格局，家电产品的价格一直存在不断下降的压力。原材料成本的上涨和产品价格下降的双重压力，挤压了家电行业的利润空间。虽然自 2005 年以来，家电行业工业生产保持了稳定的增长，进入了新一轮的复苏时期，但还是未能摆脱微利的现实。

同时，日韩家电企业如东芝、松下、日立、三星、LG 等明显加大了在华的投资力度，纷纷将其工厂从世界其他地区转向中国，或直接委托国内品牌企业代其加工。这也标志着中国家电业的发展和竞争格局正在发生重大的变化。更为严重的是，中国家电业虽然已经发展了 20 多年，但拥有核心技术的企业几乎没有。绝大多数企业仍以引进和仿制技术组织生产，关键部件仍需要从国外企业购买，直接利用国外的知识产权技术发展低成本的加工工业。缺乏核心技术成为阻碍我国家电行业增长的最根本原因，是未来中国家电业竞争中的首要问题。

随着全球家电业的产能过剩，留给规模较小的家电企业的生存空间越来越小。而国内市场也已经形成海尔和 TCL 等大型企业占据大部分市场份额的局面。因此，对国内家电企业来说，收购兼并是做大做强企业的有效捷径。

2. 企业背景

2.1 海信空调

海信空调是海信集团的子公司，成立于 1996 年，是一家以生产家用变频空调为主导产品的大型企业。同时，变频空调也是海信集团的主导产品之一。到 2004 年，海信空调在青岛的生产基地年产能达 300 万台，冰箱产能也有了很大的提高。几年前，惠尔浦退出北京雪花冰箱厂后，海信集团将"雪花"收入麾下，后来更名为海信（北京）电器有限公司，拥有 160 万台的年产能。2005 年，海信（南京）电器有限公司冰箱工业园在南京经济技术开发区破土动工，其目标年产能为 200 万台电冰箱。尽管如此，海信集团仍然处于二线品牌位置。

海信集团一直希望通过扩充产能来扩大企业规模。在产权市场上，海信集团连续进行了几次大规模、低成本的资本经营。海信集团以现金、产品技术与制造工艺等作为投入投资控股，通过债权转股权的形式以及国有资产异地划拨等方式成功兼并重组了淄博海信、青州海信、临沂海信、辽宁海信、贵阳海信等，以不足 3 亿元的流动资金调控了 30 亿元的国有存量资产。

海信集团在资本运作中，一直坚持"安全比盈利更重要，盈利比规模更重要"的理念，不盲目追求规模。每次并购都是在对企业环境、资产状况、财务状况有了准确判断之后才作决定。海信集团一直很满意自己稳健的财务管理和其平稳的发展风格。但随着企业和市场的不断发展，海信集团的经营者开始意识到，一直以来海信集团太专注于产品和技术而忽视了产品之外的东西，海信集团的经营理念仍停留在产品经营阶段，尚未上升到品牌经营乃至资本经营的阶段。2005 年 7 月海信"信芯"上市发布会举行期间，海信集团董事长周厚健表示，"对于收购企业不强求，但机会合适也不会错过。"2004 年，海信集团的销售额为 273 亿元，而同期海尔集团的销售额高达 1 000 亿元，TCL 集团的销售额也超过 400 亿元。2004 年年底，周厚健再次表示，"规模是海信今后 5 年要解决的基本问题。"

2.2 科龙电器

科龙电器的前身是始建于 1984 年的珠江冰箱厂，创始人为潘宁。表 9—1 为科龙电器的简要发展历程。

在顾雏军接手后的 2002 年 4 月，科龙电器按惯例公布年报，在上年度亏损 6 亿多元的基础上，公司年度继续报亏 15.55 亿元，两年连续亏掉 22 亿元，创下了当年中国家电上市公司之最。

表9—1 科龙电器的发展历程

年份	事　件
1984	潘宁在顺德市创建珠江冰箱厂
1992	股改组建为广东珠江电器股份有限公司
1993	公司的性质变更为合资企业
1994	更名为科龙电器
1996	科龙电器在香港上市，进入了发展的黄金时期
1997	营业额达到56亿元，利税总额8.02亿元。科龙电器生产的容声冰箱占到了全国市场份额的20%
1999	科龙冰箱产量为国内第一，全球第五；成功在深圳发行A股
2000	高级管理层人事动荡；打起价格战，科龙电器受重创；发生第一次质量事故，回收冰箱逾万台；发布首次预亏公告，市值下跌80%
2001	公布2000年年报，报亏6.78亿元；格林科尔收购科龙电器，科龙电器进入顾雏军时代

顾雏军上任以后竭力压缩公司的采购成本，取得了一定的成绩。2002年，科龙电器实现盈利，保住了上市资格的最后期限。随后几年，科龙电器进行了多次大规模的投资活动，包括在南昌投资3.6亿美元建造格林柯尔科技工业园、以3亿元收购吉林的吉诺尔冰箱厂、以1 000万元接手上海上菱电器的两条电冰箱生产线、以4.18亿元控股上市公司亚星客车、投资4亿美元建造年产电冰箱360万台的科龙基地、以2.09亿元受让美菱电器20.03%的股份、以1.84亿元收购商丘冰熊冷藏设备公司、收购上市公司华意压缩等。2004年11月，深圳证券交易所与香港联合交易所一起进驻科龙电器总部，对其财务问题进行集中核查。

2005年1月，香港联合交易所以关联交易为名对顾雏军进行公开谴责，科龙电器股价应声大跌。2005年4月29日，科龙电器年报报出6 000万元巨亏。5月11日，发布正式公告称，公司因为涉嫌违反《证券法》而被中国证监会正式调查。2005年7月29日，顾雏军被佛山市公安人员拘捕。

2005年8月3日，证监会发布《关于广东科龙电器股份有限公司涉嫌证券违法违规案件调查终结报告》。证监会查明，自2002年以来，科龙电器法定代表人、董事长顾雏军等人在科龙电器采取了虚增收入、少计费用等多种手段，虚增利润，导致科龙电器所披露的财务报告与事实严重不符，涉嫌构成未按有关规定披露信息、所披露信息有虚假记载及有重大遗漏等多项违反《证券法》有关规定的行为。科龙电器的相关上市公司股价不断下挫，科龙电器一度停牌，生产几乎处于停顿状态。困局中的科龙电器处于风雨飘摇的状态。

3. 并购过程

2005年5月起
科龙电器的走向引起了海信集团董事长周厚健的密切关注。当时，科龙电器已被证监会立案调查。

2005 年 6 月

科龙电器局势不见好转，市场传言四起。周厚健准备出手，暗中布置战略发展部对科龙电器的产业和业务情况进行摸底调查。

2005 年 7 月 4 日

周厚健与顾雏军首次会面。顾雏军开价 15 亿元，并希望海信集团能把格林柯尔在科龙电器之外的股权、资产都考虑进去。周厚健对于这个价格不能接受，双方约定再谈。

2005 年 7 月 6 日

顾雏军与海信集团在青岛再次商谈。此次谈判，海信集团和科龙电器的高管、律师和财务人员都有介入。海信集团在价格上取得第一次突破，股权价格定格在 12 亿元。

2005 年 7 月 29 日

顾雏军被拘留，有传言称"由包括顺德、佛山、广东省政府在内的地方政府组成的科龙电器重组领导小组，有意以极低的价格将科龙电器尽快转让给当地企业"。此时，海信集团已经准备进入科龙电器开始了资产和经营状况调查。此后，鉴于顾雏军已被拘押，在全国工商联和青岛国资委的努力下，建立了一个曲折但别无选择的谈判通道。

2005 年 8 月 10 日至 8 月底

谈判有了进一步突破，周厚健与顾雏军把股权转让协议定在 5 亿至 9 亿元之间。

2005 年 9 月 2 日

来自海信集团的 30 名管理人员进驻科龙电器，随后得到了科龙电器的任命。

2005 年 9 月 9 日

格林柯尔与海信空调签署了转让协议，双方同意，以科龙电器 2005 年半年报为基本依据，以每股 3.432 元的价格出售 26.43% 的科龙电器股份，拟定标的股份的转让价格为 9 亿元。双方在协议中规定，格林柯尔将与海信空调共同聘请会计师事务所，对所转让股份的价值进行全面审计。最后，将根据审计确认的科龙电器净资产与审计基准日（2005 年 8 月 31 日）的账面净资产差额，调整股权转让价格。

2006 年 2 月底

周厚健亲自赴佛山看守所与顾雏军作了长达四个多小时的面谈。双方将价格区间从 5 亿至 9 亿元进一步缩小到 6 亿至 8 亿元之间。

2006 年 3 月

海信集团开始对外声称，如果 3 月底仍不能确定海信集团在科龙电器的股权，公司则有可能考虑退出这桩收购。

2006 年 3 月 22 日

海信集团在科龙电器的团队接到了青岛周厚健的指示，准备撤出。与此同时，卖方飘出"董事会最终决定将对顾雏军所持有的科龙电器股份进行公开拍卖"的传言。

2006 年 3 月 14 日

科龙电器发出公告，否认"拍卖事宜"。

2006 年 4 月 24 日

在广东各级政府和有关方面的支持下，海信集团最终以 6.8 亿元的收购价入主科龙电器。

4. 动因分析

4.1 战略动因

海信集团收购科龙电器，从其战略角度来考虑，主要有两个驱动因素：一是扩大产能的需要，二是均衡产业布局的需要。

尽管海信集团每年的增长速度平均保持在 20% 以上，企业规模从 1999 年的 106 亿元发展到 2004 年的 270 亿元，但距离大规模还有一段差距。2004 年底，面对跨国公司对国内家电业越来越大的压力和国内家电业白热化的竞争，海信集团提出 2005 年将在白电领域通过资本并购扩大产业规模的发展战略。科龙电器"出事"后，海信集团看到了快速壮大自身白电实力的机会，及时与大股东和广东顺德地方政府沟通，表达了海信集团希望借此次收购快速增加其竞争力的迫切心情。此时，科龙电器的空调年产能已超过 400 万台，将科龙电器揽入怀中，海信空调年产能将达到 800 万台左右。对海信集团而言，此次收购可使其冰箱年产量新增 800 万台、空调 400 万台，一举进入白电行业的第一集团，并且成为国内第一家黑白家电均进入第一集团的企业。

作为国内市场两个等量齐观的白电与黑电企业，海信集团的生产制造基地在北方，科龙电器的生产基地在南方，收购科龙电器有利于海信集团增强其在白色家电领域的整体实力，扩大其市场份额，尤其可以增加华南的生产与销售网点，从而实现更合理的产业布局。而顺德家电产业链作为中国三大家电生产基地中最完整的一个，上下游非常贯通，所有零部件在半小时之内可以全部配齐，这给企业减少库存、加快资金周转带来了优势。更重要的是，海信集团将弥补缺乏绝对拳头产品的不足，使其在制冷行业的控制力和议价能力大大增强。

4.2 协同效应

海信集团擅长以彩电为主的黑色家电，科龙电器擅长以冰箱、空调为主的白色家电，双方的产业联系紧密，在地域上南北遥相呼应，如果有效地整合可以实现优势互补，促成一个双赢的交易。第一，海信集团可以利用科龙电器高产能、高技术水平和广泛的营销渠道来提高自身的盈利能力并拓展市场，同时可节约销售费用和推广费用，从而实现协同效应。第二，科龙电器公司作为一家同时拥有 A 股和 H 股的上市公司，具有较强的融资潜力。海信集团可以拓宽自身的融资渠道，降低融资成本，从而提升集团企业的整体价值，实现财务协同效应。第三，科龙电器通过十多年发展形成的在白电领域的品牌、技术与销售网络是很宝贵的财富，其拥有科龙、容声、康拜恩三大知名品牌冰箱，南方市场对科龙空调的忠诚度也非常高。在产品与品牌的传播上，科龙电器是由集团总体运作品牌，而海信集团是各个分公司根据自己的产品动作"海信"品牌。由于双方产品的关联度很强，以产品为依托的品牌优势会比较容易进行转移或扩散，从而实现无形资产的协同效应。

4.3　自救动因

科龙电器选择被并购，可以说是没有办法的办法。连年的虚增收入、虚增利润，科龙电器已经成为了一具被掏空的虚弱躯体，管理能力和财务状况都达到了非常恶劣的程度。随着事情的败露及顾雏军被拘捕，科龙电器面临着破产的危险。海信集团进入科龙电器之后，在集权管理、供产销业务流程、财务管理流程、市场销售管理等方面都作了较大调整。原来多达 300 余人的管理团队被 60 人的海信集团高层管理团队所取代，海信集团先进的管理思想和管理技术与科龙电器独到的市场认识和理念相结合，提高了经营管理效率，节约了管理成本，提升了企业竞争力。

5. 结果评价

5.1　短期结果

海信集团入主科龙电器后，采取了一系列措施来完成对科龙电器的重组，如调整管理层人员、稳定供应商和销售商、维持现金流等，科龙电器也逐步走上了正轨。

2007 年 4 月 27 日，科龙电器公布了 2006 年年报，年报显示，公司 2006 年度主营业务收入 65.65 亿元，净利润 2 412 万元。海信科龙透露，2006 年度公司为降低各项成本费用采取了一系列的有效措施，并逐步落实到位，费用比往年大幅降低。从这方面来看，海信集团入主科龙电器似乎起到了预期的效果。

5.2　长期考虑

在面对 2006 年之后开始的持续亏损时，周厚健对当初的收购决定流露出后悔之意。而 2006 年实现的盈利，很大程度上是通过海信的关联交易来实现的，但暂时的危机缓解并不能代表危机的消除。从内部力量来看，要想彻底摆脱亏损的局面，必须要从公司的内部管理抓起。事实上，科龙电器在公司内部管理方面存在很大的缺陷。进入 2006 年后，科龙电器多次拒收订单并延迟了既有合同的交货日期。在海信集团进入科龙电器后，科龙电器已有近 2 000 名员工陆续离开公司，其中的相当部分曾经是各级机构的骨干力量，而他们几乎全部流进了美的、志高等一些竞争对手的公司。为了避免停牌的危险，海信集团一方面不得不加紧对科龙电器固定资产的变现；另一方面则加紧把自己的白电资产注入科龙电器，这种方法并不能使科龙电器从根本上得到拯救。

同时，海信集团一直在为重拾市场各方对科龙电器的信心而努力，但就目前的态势来看，情况依然不容乐观。渠道商和银行虽然表示愿意支持科龙电器的发展，但实际上还在观望，银行对其提出的降低保证金额度的要求一直不愿表态就是一个证明。市场反应也很不理想，海信白电资产实力始终游离在国内同行的前5名之外，科龙电器的注入没有激起多大的兴奋。市场似乎并不完全膜拜品牌，无论科龙品牌曾经怎样辉煌，其可能创造的价值仍需看现实的表现，要将科龙电器转入正轨仍需相当长的一段时间。而在市场上竞争对手的你追我赶之中，科龙电器要实现国内白电"老大"的道路仍然前途坎坷。

6. 问题探讨

6.1 股权定价问题

曾有美的、海尔、长虹、美国高盛及德意志银行等不下10家企业对科龙电器表现出极大的兴趣。在这些企业当中，显然海信集团的综合实力并不算强。海信集团的脱颖而出，很大程度上得益于它的"天价"和诚意。

至今，围绕海信集团6.8亿元的最终收购价，外界仍有诸多疑惑，讨论的焦点之一就是当初的9亿元"天价"究竟如何提出？最终6.8亿元的收购价又是怎样达成？

一位参与收购的海信集团高管曾经透露，9亿元报价是一个多方协调下的预估价，决定报价的主导因素并非基于对科龙电器净资产价值的估算，而是对"格林柯尔系"所欠债务的估计。9亿元只是初步约定价格而非最后价格，海信集团在2005年9月9日双方签署的股权转让协议中为9亿元的收购价预留了相当的弹性空间，后来双方在价格上一度呈胶着状态。截至2006年2月，海信仍然只愿出5亿元，而顾雏军坚持要价9亿。

科龙电器公告了毕马威华振就"格林柯尔系"侵占科龙电器资金所作的审计调查结果。结果显示，自2001年10月1日至2005年7月31日（顾雏军入主科龙电器期间），科龙电器及其主要附属公司流向"格林柯尔系"的不正常净现金流达5.92亿元。这个资金数额被质疑为顾雏军侵占科龙电器的最低资金数，也在事实上成为各方商定科龙电器股权转让价的重要参考依据。最后签订协议的时候，海信集团将科龙电器26.43%股权的收购价格调整为6.8亿元。

6.2 接管方式的创新

在这次并购过程中,海信集团以销售代理协议的方式来接管科龙电器,在接管方式上是一种创新。在没有完成股权过户之前,海信集团始终都是局外人,但面对科龙电器的重重危机,海信集团又不能袖手旁观。为了彻底挽救科龙电器,海信集团与科龙电器签署了《科龙内销产品的销售代理协议》,既保证了海信集团前期注资的安全性,又恢复了科龙电器的生产,得到了经销商信任。

在这个过程中,海信集团旗下的海信营销公司先付给科龙电器部分启动资金,作为预付款购买科龙电器的产品,以启动科研、生产,通过与科龙电器商业单位三方合作的方式恢复了科龙电器的销售网络,并新开发了 1 200 个网点,海信集团通过自身的销售平台为科龙电器被查封资产解封,并为其进行银行贷款担保。

海信集团副总裁兼海信空调总经理汤业国认为,海信集团对科龙电器采取销售代理的做法是特殊时期的特殊办法,也是无奈之举。但不可否认,政府部门在这个过程中的确给了很大的帮助,起到了很重要的作用。

6.3 人事整合问题

并购完成后,被并购企业内部的工作人员往往有各种各样的思想问题,比如担心被解雇、不被重用、对企业未来的发展持怀疑态度等。这种态度将会导致员工之间以及员工对企业的不信任、寻求自我保持、士气低下、抵制变化等,最终降低企业的生产效率。

在海信集团收购科龙电器之后,对科龙电器的人事做了很多的干预。在进入不到半年的时间里,科龙电器就已经成为海信集团的一个影子:原来 2 个小时的午间休息时间被减到 1 个小时;禁止员工自由的工作风格,营造严肃、呆板的工作气氛;不管有事无事,延长全国视频开会的时间,对态度不严肃者严厉惩罚等。科龙电器的员工们说,很多员工无法适应如此快的工作节奏,下午上班总是昏昏沉沉,无效率可言。另一方面,对工作氛围的过度管束导致科龙电器内部人心涣散,以致到现在还流传着"科龙人"与"海信人"之说。最为严重的是,海信集团对科龙电器企业文化的不屑一顾伤了不少原科龙电器员工的心,迫使他们纷纷离职。

南开大学企业文化中心主任齐善鸿教授表示,海信空调没有怀着谦虚的心态看待科龙电器,强者意识过重让这场整合更像是一次文化入侵。

主要参考文献

1. 刘宏君:《科龙重生》,载《中国品牌》,2007(7)。

2. 张子:《科龙"救赎"危局》,载《财富运筹》,2007(12)。

3. 王凯:《海信收购科龙惊魂 600 天》,载《新财经》,2007(3)。

4. 王致远:《并购中目标公司的财富效应——海信并购科龙个案实证分析》,载

《财会研究》,2007(1)。

5. 李默风:《收购科龙周厚健露悔意,海信做白电老大前途坎坷》,载《IT 时代周刊》,2007(1)。

6. 林伟:《海信"试婚"科龙:在契约里设计"爱情"》,家电网,http://www. hea. cn/news/90904. shtml,2006 – 05。

7. 欧阳春花:《海信"天价"收购科龙的理性分析》,载《广东财经职业学院学报》,2006(1)。

8. 沈闻涧:《海信收购科龙 掀开中国家电业新篇章》,中国营销传播网,http://www. emkt. com. cn/article/236/23615. html ,2005 – 11 – 04。

9. 韩敏:《科龙系现状观察》,载《电器》,2005(9)。

10. 何斌:《海信抢救科龙 100 天》,载《中国企业家》,2006(3)。

11. 庞丽静:《海信:该出手时就出手》,载《招商周刊》,2005(9)。

12. 周涛:《海信面对的科龙》,载《招商周刊》,2005(10)。

13. 李欲晓:《市场无形驱动政府有形相携:海信成功收购科龙探析》,载《时代经贸》,2005(11)。

14. 芦伟华、张剑锋:《初窥海信收购科龙后的整合》,载《科技广场》,2005(9)。

15. 张汉玉:《 海信:乘危出手猎科龙》,载《中国投资》,2005(10)。

16. 于昊:《接盘科龙:海信的机遇和挑战》,载《电器》,2005(10)。

17. 陈亮:《海信为何盯上科龙》,载《互联网周刊》,2005 – 09 – 19。

18. 王硕:《家用电器行业发展路变窄》,载《中国国情国力》,2005(9)。

19. 胡旺盛:《我国家电行业上市公司竞争力的动态分析》,载《财贸经济》,2006(1)。

20. 张文魁、袁东明、张永伟:《科龙之变》,载《企业管理》,2004(12)。

21. 余凯:《重组的沉重故事——ST 科龙财务价值的演变》,载《经济导刊》,2003(10)。

22. 李元友:《拯救科龙》,载《企业管理》,2003(2)。

23. 任雪松:《收购科龙 300 天——周厚健的冒险》,载《中国企业家》,2006(12)。

24. 董金学:《海信科龙:并购下的重围》,载《品质·文化》,2007(8)。

25. 独木:《海信收购科龙后的台前幕后》,载《大经贸》,2006(8)。

26. 胡润峰:《海信收购科龙落幕》,载《财经·双周刊》,2006 – 05 – 01。

27. 初宜红、宋希亮:《青岛海信收购科龙电器的特征、动机及协同效应分析》,载《财务与会计·理财版》,2006(9)。

案例参编:姚　姿　郭永基

四川长虹收购美菱

2006 年 5 月 18 日，合肥美菱集团控股有限公司（以下简称"美菱集团"）与四川长虹电器股份有限公司（以下简称"四川长虹"）及四川长虹电子集团有限公司（以下简称"长虹集团"）签署了《美菱电器股份转让协议书》，由四川长虹和长虹集团分别收购合肥美菱股份有限公司（以下简称"合肥美菱"）45 000 000 股、37 852 683 股股份（合计占合肥美菱总股本的 20.03%）。收购之后，四川长虹将成为合肥美菱的第一大股东。这是四川长虹在宣布新的企业战略以来，第一次在家电领域展开并购，至此，四川长虹形成了相对完整而且成规模的黑白家电产业体系。这次并购标志着以黑、白家电来划分家电品牌的时代即将结束，黑、白家电一体化的"大家电"时代即将到来，中国家电行业将改变目前厂家众多、品牌繁杂的现状，资源加速向强势企业集中，未来家电生产会集中在少数几个强势品牌上。

1. 行业背景

20 世纪 80 年代中期到 90 年代初期，中国在由计划经济转向市场经济的这一期间，家电行业随着人民币购买力的释放而呈现出火热的景象。国内家电产品严重短缺，行业利润率很高，以洗衣机为例，新建投产的企业只要 3 ~ 4 年甚至 1 年就能收回投资并有可观的盈利，大部分企业的资金年利润率高达 80% ~ 113.4%；其他家电业行业也与此类似。高利润的诱惑，必然导致过度进入，加之过剩的生产能力又缺乏退出市场的通道，必然会引发行业的恶性竞争。

从 90 年代中后期开始，家电产品的销售情况开始降温。在城市市场购买力基本满足、农村市场的购买力却迟迟不能增加的情况下，家电产品开始出现供大于求的问题，竞争日趋激烈。家电企业在生产过剩的严峻形势刺激下，为摆脱货品积压和停产困扰积极参与竞争，竞争方式和手段日益复杂化。企业间依存度和关联性的加强使个别企业的竞争举措往往引发行业内一连串的过激反应，如价格战等。这些竞争举措虽然抵御了外国品牌的入侵，促进了行业资产的重组和品牌的集中，但也侵蚀了企业的利润，降低了厂商用于科研创新的资金投入，造成行业整体效益滑坡、竞争力减弱、行业发展后劲不足等弊端，动摇了家电行业的根基。于是，家电企业通过扩大经营边界，取得关联优势，增强了抗击不正当竞争行为的承受力。

进入 21 世纪以来，家电行业的宏观环境依然严峻。就国内市场而言，钢铁、电力等上游行业不断增加对生产企业的成本转嫁，连锁导致卖场等下游渠道商对家电生产企业的利润不断挤压。在家电销量较大的国外市场，形势也不容乐观，欧美国家不断对我国家电生产企业使用反倾销和贸易壁垒等手段，从而增加了家电生产企业的生产成本。

家电销售市场上的竞争也在进一步的加剧，一向凭借高技术实行高价策略的国外品牌，也加大了在国内市场的营销力度，市场份额不断上升。例如在彩电市场上，虽然平均零售价几乎高于国产同型彩电的一倍，但主打高端市场的 SONY 彩电零售份额却持续高居国内市场销售的首位。在洗衣机、冰箱、微波炉方面，LG、三星等国外品牌纷纷显露出强势，给国内家电企业造成了越来越大的压力。

面对宏观和微观方面的各种不利因素，实施多元化战略，实现产品结构的调整和产业升级，成为国内大型家电企业扩张发展的必然举措。国内家电企业纷纷选择并购重组，通过扩大生产规模、获取规模经济的方式降低成本，谋求更多利润。由此，家电业将出现一个不可遏制的重组浪潮，并随着市场竞争的进一步加剧，家电行业的重组也将更充分、更彻底。

2. 企业背景

2.1 四川长虹

四川长虹成立于 1958 年，前身是研制、生产军用、民用雷达的生产基地。四川长虹作为国家"一五"期间 156 项重点工程之一，是当时国内唯一的机载火控雷达生产基地。在 20 世纪 70 年代，四川长虹抓住了中国家电业迅速崛起的历史性发展机遇。1972 年 12 月，试制成功了第一台黑白电视机。由此，四川长虹开启了第一次企业发展的战略转型——"军转民"。随后，四川长虹逐渐向民用生产倾斜，主要生产彩电。1984 年，四川长虹开始上马第一条现代化彩电生产线，随着彩电在中国不断得到普及，成就了昔日四川长虹的一段辉煌历史。1988 年 6 月，四川长虹改制为股份有限公司，并于 1994 年在上海证券交易所挂牌上市，股票代码 600839，这标志着四川长虹已从产品经营转向了产品经营与资本经营并举的新的发展阶段。从 1988 年改制到 1998 年的 10 年间，四川长虹从机器厂做起，迅速成长为家电生产行业的领头羊。1996 年，其彩电销售收入就已超过了 100 亿元。由此，四川长虹便成为了国内彩电生产的龙头老大。

四川长虹生产的产品主要有视频产品、视听产品、空调产品、电池系列产品、网络产品、激光读写系列产品、卫星电视广播地面接收设备、摄录一体机、电子医疗产品、电力设备、安防技术产品、机构产品、数码相机、通讯及计算机产品，以及化工产品的制造等。

随着国内居民对彩电的需求逐渐达到满足，彩电市场的逐渐饱和导致了彩电生产供大于求的现象，使依靠价格战夺取市场的发展战略逐渐失去了效力。同时，此种低级战略也是杀敌一千，自损八百，对自身利润也会产生很大的影响。受到彩电单一产品的技术、市场、经营和管理风险以及其他各种因素的影响，四川长虹的业绩从 1998 年开始出现下滑，公司利润在 1998 年是 20 亿元，而 1999 年、2000 年分别是 5.25 亿元，2.74 亿元，逐年下降。在利润下滑的同时，四川长虹的市场占有率也逐渐下降，从最高峰时的 27% 下降到 2003 年的 14%。四川长虹本希望通过开拓国外市场来提升业绩，却在国际化的过程中屡受挫折。2003 年，四川长虹在美国的合作公司出现经营问题，使其面临近 40 亿货款无法收回的巨大风险，其不得不在 2004 年两次发布预亏公告，最后这笔货款确实无法收回，使其在 2004 年度确认亏损 37 亿元。

面对国际国内市场的重重困难，四川长虹于 2004 年 7 月对管理层进行重大调整，并开始谋求第二次企业发展的战略转型——由传统家电制造商转型为迎合全球数字化和信息化时代的 3C 信息家电综合产品与服务提供商。

据四川长虹 2005 年财务报表显示：当年四川长虹的主营业务收入和净利润都开始出现大幅增长，这说明四川长虹已经开始逐步摆脱利润下滑的困境，而且其 IT 业务在主营业务收入的比重也在逐步上升，四川长虹的多元化发展战略开始收获成果。

总的来说，四川长虹作为国内老牌家电企业，在国内家电市场占有比较高的市场份额，享有的知名度也较高。同样，在国际家电市场也保持着一定的市场占有率，虽然遭遇了一定的困难，但并未伤及元气。同时，企业基础雄厚，而且及时有效地采取了改革措施。整体上来看，公司未来发展前景仍然比较乐观。

2.2 合肥美菱

合肥美菱前身是合肥美菱电冰箱总厂，于 1992 改制成股份有限公司，并于 1993 年在深圳证券交易所挂牌上市，股票代码 000521，1996 年还发行了 B 股股票，主要生产家用电冰箱、空调器、洗衣机、电脑数控注塑机、电脑热水器及配件。

合肥美菱是家电行业内的著名企业，特别是在冰箱领域拥有比较高的知名度，排名前列。在 20 世纪 90 年代初的国内家电业群雄逐鹿的版图上，美菱冰箱被称作国内冰箱产业的"四大家族"之一，1994 年美菱电冰箱产量、销量均居全国同行业第二位，使其逐渐成为主流品牌。经历 1996 年的巅峰之后，拥有大量现金盈余的合肥美菱却没有继续集中精力做主业的冰箱生产，而是开始推动多元化战略，向洗衣机、空调等其他领域进行投资，但在这些新的领域却没有像做冰箱那样得心应手，在新业务中消耗大量资源却没有取得盈利，冰箱主业又因为激烈的竞争导致了盈利下滑的情况下，公司整体利润逐年下滑。与四川长虹一样，合肥美菱也曾经历过一段"最困难的时期"：2000 年，曾经年盈利逾亿元的合肥美菱跌落至净利润仅552.63 万元；2001 年巨亏近 3.5 亿元；2003 年亏损 1.95 亿元。

为扭转局面，合肥美菱在 2003 年开始进行重大变革。在这场变革中，广东格林柯尔企业发展有限公司（以下简称"格林柯尔"）以 2.07 亿元收购了合肥美菱原来的第一大股东——美菱集团所占有和控制的 20.03% 的股份，美菱集团从原第一大股东退居第二，而广东格林柯尔成为了合肥美菱的第一大股东。

股权变动之后，企业的这次改革随即取得了效果。2004 年，合肥美菱便扭亏为盈，实现盈利 1 677 万元，与 2003 年相比增长 108.61%。随后，2005 年上半年的盈利也出现增长，至此，合肥美菱已经走出了亏损的泥潭。

虽然第一大股东格林柯尔在 2005 年 7 月因为其第一大股东顾雏军在资本运营上的违规操作而出现危机，但 2005 年第 3 季度的财务报告仍然显示公司取得了净利润，合肥美菱并未受到"顾雏军事件"的强烈冲击。但是，在"顾雏军事件"的影响下，合肥美菱内部的管理机制有待重组、资产关系急待梳理，而且其冰箱产品在技术、品牌、产品线、生产规模等各方面更是有待提升。冰箱虽然是合肥美菱的核心，但单一的产品结构不足以保证其在未来家电行业综合化的竞争中依旧保持竞争力。因此，当美菱集团试图回购的协商失败后，合肥美菱必须寻找一个新的大股东——急需资金注入扩充改造其产品线，急需寻找一家既有诚意又有实力的公司，帮助其尽快走出格林柯尔的泥淖。

3. 并购过程

3.1 并购第一阶段

2005 年 7 月

"科龙危机"爆发后，顾雏军受到证监会的调查，其掌控的几家上市公司也随之陷入"格林柯尔漩涡"。尽管合肥美菱向外界传递了公司管理层稳定、企业生产经营正常，并且还在努力谋求发展的信息，但是业界更担心格林柯尔系会步德隆系的后尘。上游原材料提供商和下游分销商开始对包括合肥美菱在内的格林柯尔相关企业采取紧缩措施，特别是银行收缩贷款的举措，使合肥美菱的流动资金吃紧。

在此背景下，美菱集团曾想回购当初从自己手中转让出去的股份，以此对外表明国有股股东乃至当地政府的态度，帮助合肥美菱尽快从顾氏危机中脱身出来，从而达到自救的目的。但是，回购最终以失败而告终。

3.2 并购第二阶段

合肥美菱因股价出现异常波动于 2005 年 11 月 7 日起停牌。

四川长虹于 2005 年 11 月 8 日早盘向上海证券交易所申请紧急停牌。

四川长虹和合肥美菱于 2005 年 11 月 9 日同时发布公告称，合肥美菱现任第一大股东广东格林柯尔与四川长虹已于 11 月 6 日正式签署《美菱电器股份转让协议书》。根据该协议，格林柯尔将其所持有的合肥美菱 82 852 683 股境内法人股转让给四川长虹。收购完成后，四川长虹将持有合肥美菱 20.03% 的股份，成为合肥美菱的第一大股东。

根据公布的收购报告书，本次股份转让的收购金额上限为 1.45 亿元，最终转让价格将待四川长虹与格林柯尔共同聘请的专业审计机构对合肥美菱进行审计后再行确定。若经审计的实际净资产达到该公司 2005 年半年报披露净资产的 50%（含 50%），则按照 1.45 亿元的转让价款总额进行股权转让；若经审计的实际净资产为 2005 年半年报披露净资产的 40%~50%，最终转让价款将在 1.45 亿元的基础上下调 10%；若经审计的实际净资产为 2005 年半年报披露净资产的 30%~40%，最终转让价款则将下调 18%；若经审计的实际净资产为 2005 年半年报披露净资产的 30% 以下，最终转让价款的下调幅度将由双方另行协商确定。同时，本次拟转让的合肥美菱股份已被佛山市中级人民法院予以司法冻结，因此，这部分股份的成功过户存在一定变数。

2005 年 11 月 16 日

合肥市政府与四川长虹、美菱集团在合肥市签署了战略合作协议，合肥美菱战略重组跨出了最为关键的一步，四川长虹以第一大股东的身份开始参与对合肥美菱的全面经营管理。

3.3　并购第三阶段

因涉敏感消息的合肥美菱于 2006 年 5 月 10 起停牌。

停牌长达 10 天后，合肥美菱发布消息称，美菱集团收到国务院国有资产监督管理委员会和财政部于 2006 年 3 月 28 日联合发布的《关于格林柯尔系有关公司收购上市公司国有股有关问题处理意见的通报》（国资发产权［2006］44 号）的文件。由于其在股权转让过程中，未严格履行经国有资产监督批准的转让方案，要求美菱集团按照《企业国有产权转让管理暂行办法》等法规规定的程序依法收回原已转让过户给格林柯尔的合肥美菱 82 852 683 股股份，并退还转让价款。

同时，美菱集团与四川长虹及长虹集团于 2006 年 5 月 18 日签署了《美菱电器股份转让协议书》。根据该协议书，美菱集团同意将依法收回原已转让过户给广东格林柯尔企业发展有限公司的合肥美菱 82 852 683 股股份转让给四川长虹和其控股股东长虹集团，占美菱集团总股本的 10.88%。其中的 37 852 683 股股份转让给长虹集团，45 000 000 股股份转让给长虹集团。三方签署的新股份转让协议显示，本次股份转让价格为合肥美菱最近披露的每股净资产值 2.10 元/股，总价款为 1.74 亿元。

2006 年 12 月 29 日

根据合肥美菱的公告，美菱集团已依法收回原已转让过户给广东格林柯尔企业发展有限公司的合肥美菱 82 852 683 股股份。

2007 年 1 月 11 日

四川长虹和长虹集团分别与美菱集团签署《美菱电器股份转让补充协议书》，

根据补充协议书，合肥美菱股份转让价格调整为 2.12 元/股，四川长虹需要支付的股权转让款为 95 400 000 元。

2007 年 7 月 17 日

四川长虹和长虹集团收到中国证券监督管理委员会《关于同意四川长虹电器股份有限公司和四川长虹电子集团有限公司公告合肥美菱股份有限公司收购报告书的意见》（证监公司字 [2007] 107 号），对四川长虹及长虹集团根据《上市公司收购管理办法》有关规定公告的《合肥美菱股份有限公司收购报告书》无异议。

2007 年 8 月 15 日

四川长虹与合肥美菱的股权转让完成过户登记手续。至此，四川长虹对于合肥美菱历时两年多的收购，也正式宣告结束。

4. 并购动机

4.1 战略需要

在国内彩电行业竞争激烈、利润降低的情况下，四川长虹企图通过拓展国际业务来增加经营业绩。这种战略一开始也取得了成功，在出口业务大量增长的情况下，四川长虹 2002 年和 2003 年的净利润的增长分别达到了 99% 和 37%。然而四川长虹的出口业务却存在着极大的风险，因为其在美国的合作伙伴——APEX 公司存在着严重的经营问题，同时四川长虹的出口产品都是采用赊销模式，先向外发货，随后再收款，而且没有采取有效的风险控制手段。结果在 APEX 公司出现经营困难之后，四川长虹近 40 亿的货款无法收回，最终造成其 2004 年的巨额亏损。

为化解经营困境，四川长虹积极寻求产业结构调整和战略转型。董事长赵勇于 2004 年任职后提出了四川长虹产业发展"三坐标战略"，即以传统家电制造业为原点，沿着三根轴线方向（延伸产业价值链、丰富产业形态和创新商业模式方向）进行产业整合。四川长虹的产业结构调整战略是在彩电生产的基础上，在做好主业的同时，实现向相关产业的多元化发展。一方面要继续做好彩电产品的研发和生产，另一方面逐步实现从单一的彩电生产转向 IT、通讯、3G 在内的其他新兴业务。在实行产业结构调整之后，四川长虹除了在彩电业务上保持平稳发展之外，其他新业务在主营业务及净利润中所占的份额逐步上升，为公司提供了新的盈利增长点。2005 年起，四川长虹在企业发展模式上也有了较大变革，不再局限于寻求自身积累的企业发展方式，而是试图通过加大资本运作（即兼并或收购）来实现企业快速增长的目标。随后，四川长虹在"白电"领域也显示出了高速扩张的势头。

合肥美菱是一家主营冰箱的生产企业，虽然目前经营状况较差，但其品牌的市场占有率在业内还是一流的。为了完善白色家电业务的产品链，收购合肥美菱的股权便成为一直以黑色家电为主的四川长虹继续产业结构调整、优化产品结构的一个重要举动。同时，四川长虹的高管也曾讲过，四川长虹在白色家电领域有进一步扩张的可能。从这个意义上讲，四川长虹收购合肥美菱也在情理之中。

合肥美菱一直在冰箱领域都是领先的生产企业，产品和品牌在国内都有比较高的知名度。但在第一大股东格林柯尔的"顾雏军事件"影响下，合肥美菱内部的股权关系和管理机制急待梳理。此外，在国内冰箱生产行业竞争日趋激烈的情况下，合肥美菱的冰箱业务虽然具有很强的竞争力，但单一的产品系列使得合肥美菱很难在未来家电行业的竞争中长期保持有利地位，合肥美菱必须在技术、品牌等方面进一步提升竞争力。因此，它需要依托一家拥有雄厚的资金、技术和人才实力的企业，协助其进一步提高综合竞争力。

4.2 协同效应

空调生产与冰箱生产同在一个产业链上，上游的原材料采购和下游的产品销售都可以实现资源共享。四川长虹收购合肥美菱股份之后，在双方整体规模扩大的情况下，通过在采购、研发、物流、品牌、销售、服务等方面的联合与整合，会使各方在生产成本、营销费用、对外谈价、反应速度、定价能力、市场影响力等方面获得超越竞争对手的相对或绝对优势。在营销、物流方面，合肥美菱在国内拥有完整的销售网络，在国外则具有成熟的合作伙伴和销售网络，其中相当大一部分与四川长虹现有市场营销网络是相互交叉而不重合的，在相互整合之后可以大大促进四川长虹与合肥美菱的产品销售和影响力，有效降低双方的营销费用，提高售后服务质量，全面提升品牌美誉度和服务形象。通过这些"白+黑"产业整合措施，双方的基础原材料和通用零部件采购成本和营销费用会持续降低，而销售量与销售额会持续增长，从而使四川长虹和合肥美菱的盈利能力与竞争能力进一步提高。四川长虹收购合肥美菱后将形成相对完整且成规模的黑色家电和白色家电产业体系，结合合肥美菱具有的比较强大而健全的白色家电技术、产品研发体系和专业技术人才队伍，将使四川长虹在整个家电领域的综合竞争力大幅提升。

5. 结果评价

此次收购将带来了多赢的结果。从股权收购后短期的财务数据来看，2006年合肥美菱主营业务收入为27.60亿元，主营业务利润率上升为16.00%；2007年主营业务收入为35.92亿元，主营业务利润率为15.03%；2008年主营业务收入为39.48亿元，主营业务利润率为24.12%。目前，合肥美菱已在冰箱领域跃升为国内品牌第二名，并跻身于国内一线冰箱品牌行列。表10—1为四川长虹2006～2008年上半年主营业务收入和主营业务收入同比增长率。

表 10—1　　　四川长虹 2006~2008 年上半年主营业务收入及其同比增长率　（金额单位：亿元）

年份 项目	2006 年	2007 年	2008 年 1~6 月
主营业务收入	187.57	202.68	140.45
主营业务同比增长率（%）	24.54	22.16	31.69

　　从长期的角度来看，四川长虹收购合肥美菱进军冰箱生产行业，正是落实到以冰箱、空调为主打的白电产业链上，空调与冰箱同在一个产业链，上游的原材料采购和下游的产品销售都可以实现资源共享。合肥美菱凭借四川长虹遍及全国的30 000余个营销网络和8 000余个服务网点，充分利用四川长虹在彩电、空调和数码等产品领域的强大渠道优势，使其自身的营销和服务渠道得以迅速扩张，并全面提升其产品档次和服务形象，拓宽市场。对于四川长虹来说此举不仅完善了家电产品线，形成了相对完整且成规模的黑色家电和白色家电产业体系、提升了"长虹"品牌价值，而且将进一步地提升生产长虹综合竞争力，在保持各自原有竞争优势的同时，充分体现和发挥"1 + 1 > 2"的整体优势，使四川长虹和合肥美菱的盈利与竞争能力同时提高。

　　随着合肥美菱在四川绵阳的美菱绵阳冰箱制造基地的正式投产，该基地成为了中国西南地区最大的冰箱制造基地，并达到年产 120 万台的生产能力，是合肥美菱扩展市场的一个有力拳头。另外，合肥美菱还在积极扩建其他生产基地，其中包括年产 400 万台的亚洲单体产能最大的冰箱制造基地——合肥美菱高新产业园和目标年产 100 万台的第三制造基地——江西美菱制冷有限公司。由此，合肥美菱的三大生产基地——绵阳基地、合肥基地和景德镇基地都已成型，这将使得合肥美菱的冰箱产能增长得到质的飞跃。

6. 问题探讨

6.1　四川长虹选择进入冰箱产业问题

　　四川长虹在围绕彩电业务进行产业结构调整之后，开始在产品链和产品结构上寻求多元化发展，以争取新的利润增长点。随着国内消费的水平不断上升，消费者的需求开始向更高级的产品转移，为包括空调、冰箱在内的白色家电产业带来了新的发展机遇。随着市场和消费者心理的日趋成熟，各大生产企业必须通过规模化生产来降低成本，同时谋求更大的市场份额。在这个竞争过程中，各企业之间的兼并、重组、合作越来越多，市场集中度不断提高。

　　由于合肥美菱在以冰箱为主的白色家电上的经营战略和四川长虹较为接近，如价格战策略。因此，四川长虹很容易整合合肥美菱的资源，弥补其在白色家电上的短板。收购合肥美菱的股份，能够使四川长虹以较低的成本取得一块优质资产，并介入冰箱领域的生产和销售市场。由于合肥美菱本身具有比较完善的生产和营销体系，四川长虹在收购其股权之后能够从合肥美菱的利润中取得收益，实现其在新市场中的扩张。此外，四川长虹能够以合肥美菱为平台，把目前四川长虹的白色家电系列如压缩机、空调整合注入，这样四川长虹就具有了以合肥美菱的白色家电为基本阵容的另一条融资路线。

6.2　企业文化的整合问题

对于两个公司之间的企业文化整合，历来是并购重组的头等问题。四川长虹收购合肥美菱股份之后，通过沟通、协调、教育等方法，比较成功地保留和融合了合肥美菱的企业文化。

为稳定合肥美菱的员工队伍和思想，四川长虹一再强调合肥美菱的独立地位，将两者之间的关系定位为战略合作关系，基本保留了合肥美菱原来的经营方式和管理队伍。四川长虹方面最初只向合肥美菱派出三名高管，基本保留了原来的管理层。对于普通员工队伍也很少出现裁员现象，还招收了大量的大学毕业生。在合肥美菱的经营过程中，四川长虹一直持着尊重、坦诚的态度，避免了一般并购重组过程中存在的内部人员斗争、凝聚力不强的现象。同时四川长虹还在企业经营方面对合肥美菱注入了很多资源，转移其对整合的注意力；协助合肥美菱先后建立了新的冰箱生产基地；针对合肥美菱在企业经营方面存在的问题，四川长虹着力在内部控制、绩效考核和营销网络方面进行改革，通过实际的经营效果取得了合肥美菱员工的认同，从而提升了企业的凝聚力，达到整合企业文化的目标。

6.3　收购价格问题

四川长虹在黑色家电行业多年的优秀表现、在进入空调产业以后快速的增长以及产品的性能，一直都受到广泛的认可。可能正是基于这样的认识，顾雏军也好，合肥市政府也好，都对四川长虹寄予了很高的期望，尤其是合肥市政府。对于地方政府而言，收购的价格倒不是最主要的，紧迫的是让企业运转起来、能盈利、能解决就业问题，还有大企业的配套因素和示范效应带来的庞大连环效应，并且引进国内外大企业入皖来盘活国有资本一直就是安徽省的自身诉求。四川长虹对合肥美菱的收购，从文化、地域、人力成本、高素质的劳动力储备等方面也占有明显的赢面。事实上，像安徽合肥这样理想的投资地点已经不是很多了：民风淳朴、教育基础比较好、交通又比较便捷、地价又不高。以一个多亿控股一个在行业中排四、五位的企业，这本来就是一笔合算的交易。

主要参考文献

1. 东方高圣投资顾问公司、中国收购兼研究中心：《中国并购评论》，北京，清华大学出版社，2003。

2. 尹传高：《中国企业战略路线图》，北京，东方出版社，2006。

3. 童辰：《长虹收购美菱意欲何为》，载《中国经济时报》，2005 - 11 - 15。

4. 乐嘉春、田立民：《四川长虹：构筑白电产业发展新蓝图》，载《上海证券报》，2008 - 05 - 13。

5. 杨志刚：《长虹 1.74 亿元入主美菱电器》，载《中国证券报》，2006 - 05 - 19。

6. 田立民：《长虹 50 年：浓缩中国家电业发展的光荣与梦想》，载《上海证券报》，2008 - 10 - 30。

7. 杨丽：《家电巨头分食格林柯尔王国 长虹收购美菱几成定局》，载《中国证券报》，2005 - 11 - 09。

8. 盛义：《长虹谋求扩张白色家电》，载《中国证券报》，2005 - 11 - 09。

9. 怀宗：《四川长虹收购美菱电器底牌揭秘》，载《中国经济时报》，2005 - 11 - 18。

10. 陈健健：《收购格林柯尔所持股份 长虹 1.45 亿元揽入美菱》，载《中国证券报》，2005 - 11 - 10。

11. 宁平、党鹏：《长虹收购美菱 "黑白"合璧直指大家电时代》，载《中国经营报》，2005 - 11 - 13。

案例参编：李碧荣　黄志胜

案例 11

佳通收购桦林轮胎

2003 年 7 月 3 日，由桦林集团有限责任公司（以下简称"桦林集团"）所持有的桦林轮胎股份有限公司（以下简称"桦林轮胎"）1.5107 亿股国有法人股以 97 893 360 元的价格在北京瑞平拍卖行拍出，桦林轮胎迎来了新的"洋东家"——新加坡佳通轮胎（中国）投资有限公司（以下简称"佳通轮胎"）。在这之前，北京二中院曾分别于 6 月 18 日和 7 月 1 日对"桦林轮胎"进行过两次拍卖，但均由于无一家企业办理参拍手续而流拍，此次为第三次拍卖。国有法人股在桦林轮胎占有 44% 的份额，拍卖成功后，佳通成为桦林轮胎的控股股东，桦林轮胎公司的企业性质由国有变为外资。此次并购，不仅是中国证券监督管理委员会、财政部和国家经贸委于 2002 年联合发布《关于向外商转让上市公司国有股和法人股有关问题的通知》后第一例外资受让上市公司国有股股权案，也首开了外企通过司法拍卖成功竞购我国国有法人股的先河。

1. 行业背景

轮胎是汽车等各种机动车辆的重要部件。世界轮胎第一次技术革命始于充气轮胎，而第二次技术革命始于 1948 年法国米其林公司发明的子午线轮胎。由于子午线轮胎优异的综合性能，迅速替代了斜交胎，占目前世界轮胎总产量的 90% 以上。

随着我国经济的发展特别是汽车工业、高速公路的迅速发展，我国轮胎行业得到了快速发展。同时，政府还采取了免征子午胎 10% 的消费税以及取消轮胎项目行政审批等优惠政策加以支持，轮胎制造业的总资产和销售收入均呈现出快速的增长。2000 年和 2001 年是我国轮胎行业的回落盘整期，随后便开始回升反弹。2002 年轮胎行业进入了一个新的增长期。2003 年我国轮胎业实现销售收入 898.3 亿元，同比增长 23.4%。

由于世界上主要西方国家及日本市场已经发展成熟，需求也相对饱和。自 20 世纪 90 年代我国轮胎行业对外开放起，国外轮胎企业开始全面向中国转移，国内大部分中小企业面临着被兼并、淘汰的命运。截至 2002 年年底，在我国轮胎市场上，国有和国有控股企业只有十多家，而外资和外资控股企业则已有包括法国米其林、日本普利司通、美国固特异等行业三巨头在内的 20 多家企业。全球排名前 10 位的国际品牌轮胎厂家在国内的产量，已占国内轮胎总产量的近一半。特别是在轿车轮胎方面，跨国公司在轿车轮胎市场中占据了绝对的主导地位。根据中国橡胶工业协会轮胎分会的统计，2003 年 1 月 ~ 8 月，我国子午胎产量前 10 名的公司如表 11—1 所示。

表 11—1　　　　　　　2003 年 1 月 ~ 8 月子午胎产量前 10 名公司

名次	企业名称	2003 年 1 ~ 8 月（万套）	份额（%）	同比增长（%）
	全国	6 679.39	100	37.4
1	嘉兴韩泰	667.95	10.0	57.0
2	正新中国	546.18	8.18	48.6
3	福建佳通	507.00	7.59	55.8
4	安徽佳通	441.82	6.61	26.2
5	荣成橡胶	424.67	6.36	17.3
6	南京锦湖	386.10	5.78	18.9
7	上海米其林	357.52	5.35	14.4
8	杭州中策	354.50	5.31	64.3
9	三角集团	337.19	5.05	27.7
10	天津普利斯通	229.80	3.44	33.4
	前十名累计	4 252.73	63.67	—

　　国内轮胎品牌的厂家与国外厂家相比，在营销管理的各个方面都显得比较粗糙，缺乏有效的管理以及对市场的深入研究，整个销售过程基本是交由各代理商负责跟踪，存在着渠道混乱、代理商经营实力参差不齐、销售人员素质不高、销售政策摇摆不定、销售推广手段单一等问题。另外，我国的民族品牌也缺乏品牌竞争力，与国外品牌相比有很大差距。

2. 企业背景

2.1　桦林轮胎

　　桦林集团有限责任公司前身是国营第一橡胶厂（桦林橡胶厂），是我国第一家大型轮胎生产企业，曾被誉为"中国轮胎工业的摇篮"。自 20 世纪 50 年代至 90 年代初期，在全国定点轮胎企业中始终排名第一位，是全国 500 家最大工业企业之一。桦林轮胎始建于 1938 年，1950 年由沈阳迁至牡丹江，是原化工部规划的四个轮胎生产基地之一，现隶属于牡丹江市经贸委。

　　桦林轮胎股份有限公司是桦林集团控股的上市公司，主要生产、销售汽车用轮胎。桦林股份于 1999 年在上海证券交易所上市，现拥有总股本 34 000 万股，其中国有法人股 15 207 万股，桦林集团持有 15 107 万股，占总股本 44.43%。桦林轮胎作为一家大型国有老企业，虽然于 1993 年进行了股份制改造，但由于机制落后、管理粗放和包袱沉重，始终未能够建立起现代企业制度，最终导致企业经营危困。1997 年以来，由于激励的市场竞争，桦林轮胎行业老大的地位早已不保，其市场占有率已由几年前的 15% 以上下降到 5% 左右。

2001 年 11 月 8 日，爆发了 3 000 余名职工堵塞滨绥铁路 10 小时的突发事件。不久桦林轮胎总经理及数十名经营管理人员因经济问题被检察机关收审，企业供销渠道受阻，生产经营受到严重影响。2001 年、2002 年，桦林轮胎连续两年遭受严重亏损，每股收益分别为 -0.514 元、-0.714 元。2003 年 1 月，由于资金枯竭，企业全面停产。桦林轮胎的公司财务状况极其困难，流动资金紧张，企业职工的生活也受到了影响。

2.2　佳通轮胎

佳通集团是一家拥有近半个世纪轮胎制造历史的新加坡公司，是一家集工业制造、农业、金融、百货、房地产等一体的大型跨国集团公司，旗下共有近 100 家上市公司和非上市公司，业务地域涵盖新加坡、中国大陆、印尼、美国、澳大利亚、日本、中国香港、马来西亚、中国台湾、越南、英属开曼群岛等国家和地区。1993 年，佳通轮胎凭借着丰富的制造经验、国际化的管理团队、先进的科技研发、强大的销售网络，以及不懈追求卓越品质的企业目标进驻中国市场。佳通集团先后于 1993 年、1995 年建立了安徽佳通轮胎有限公司和福建佳通轮胎有限公司。2002 年佳通集团又收购设立了重庆佳通轮胎股份有限公司，并在同年以合资形式成立了银川佳通轮胎有限公司和银川佳通长城轮胎有限公司，基本完成了其在中国的生产战略布局，形成了集轮胎和相关产品产、供、销、科、工、贸为一体的大型综合实体。

在中国轮胎市场竞争日益加剧的现状下，佳通轮胎的各项指标如生产、销售等却一直保持稳健成长的势态，其中销售收入、出口创汇等多项指标的增长率位居国内同行之首。公司已在全国独资建立了 36 个销售分公司，形成了遍布全国的营销与服务网络。与此同时，佳通轮胎也大量出口，销往世界 80 多个国家与地区，正在逐步形成遍及全球的营销与服务网络。

3. 并购过程

1999 年 8 月

桦林集团向中信实业银行借贷 9 541.8578 万元，并以所持有的桦林轮胎股份 15 107 万股国有法人股作为质押，质押期限为 1999 年 8 月 24 日至 2002 年 8 月 19 日。

2001 年

因未能按期偿还借款，中信银行向北京市第二中级人民法院提起诉讼，法院判决桦林集团败诉，但桦林集团依然未按判决主动履约。

2001 年年末

中信银行申请法院强制执行。同年，光大银行也因借款纠纷起诉桦林集团。进行审理的黑龙江省高院冻结了该部分 15 107 万股股权，冻结期限为 2001 年 5 月 22 日至 2002 年 5 月 21 日。

2003 年 3 月 20 日

桦林轮胎接到中国证券登记结算公司转来的《黑龙江省人民法院协助执行通知书》，被告知继续冻结桦林集团持有的 15 107 万股股权，冻结期限为 2003 年 3 月 20 日起至 2003 年 9 月 19 日。

2002 年

桦林轮胎已连续两年亏损，重组扭亏已经迫在眉睫。

2003 年年初

中信实业银行以桦林集团未按约偿还到期借款本息为由，继续向北京市第二中级人民法院提起诉讼。北京市二中院决定依法对桦林集团的质押股权进行司法裁决，于 2003 年 6 月 5 日委托北京瑞平拍卖行有限公司对该股权进行拍卖。

2003 年 6 月 7 日

瑞平拍卖行发布拍卖桦林集团持有的桦林轮胎 15 107 万股国有法人股的《拍卖公告》。此次拍卖属于整体拍卖，价格为每股 0.80 元，起拍价为 1.20856 亿元，竞买保证金为 1 000 万元，竞买人的资格为企事业单位。然而，从 6 月 7 日发布拍卖公告到 17 日竞买人登记截止日，无人办理参拍手续。2003 年 6 月 18 日上午，首次股权拍卖如约举行，由于无竞拍人参与竞拍，首次拍卖流拍。

2003 年 7 月 1 日上午

第二次拍卖拍卖起拍价降至 1.087704 亿元，即每股 0.72 元，较上次下调了 10%（相关法规界定的价格底线），仍无竞买人出现，第二次拍卖宣告流拍。

按照《关于上市公司国有股被人民法院冻结拍卖有关问题的通知》及《最高人民法院关于冻结、拍卖上市公司国有股和社会法人股若干问题的规定》的规定，股权拍卖保留价由具有证券从业资格的评估机构评估确定，拍卖可以进行三次，每次拍卖价格最高下浮 10%，如经三次拍卖仍不能成交时，人民法院应当将所拍卖的股权按第三次拍卖的保留价折价抵偿给债权人。* ST 桦林国有股权拍卖历经两次流拍后，拍卖价格也连续两次下调了 10%。

2003 年 7 月 13 日上午

桦林轮胎的第三次拍卖会上，佳通轮胎以 0.648 元的最低价获得桦林股权，该价格仅为截至 2002 年底经审计的每股净资产的 62%、2003 年一季度末未经审计的每股净资产的 80%，总计购买价款 9 789 万元人民币，成为首家通过司法拍卖入主上市公司的外企。

2003 年 7 月 13 日

桦林集团、佳通轮胎及牡丹江市人民政府共同签订了《并购重组协议》，该协议拟对＊ST 桦林的债务、资产与其他事宜做出相关重组安排。2003 年 7 月 16 日，桦林集团董事会通过了重组协议。

2003 年 7 月 19 日

＊ST 桦林发布了重组公告。主要的重组安排如下：

（1）原大股东以资抵债——集团还债

桦林集团与桦林轮胎拟签订《资产抵债协议》，桦林集团以其下属的机修分厂、热电分厂资产、以出让方式取得的位于牡丹江市桦林镇面积约为 58.99 万平方米的国有土地使用权，抵偿桦林集团所欠桦林轮胎的债务。

（2）资产债务重组——集团背债并获取资产

桦林集团与桦林轮胎拟签订《资产债务重组协议》。桦林集团以承担除保留在桦林轮胎本金 5 亿元的银行债务、1.4 亿元应付供应商的款项以及其他应付款 3 000万元（包括但不限于欠职工工资与福利、医药费及股东红利等）以外的全部债务（含或有负债）的方式，受让桦林轮胎所有的农用胎分厂的资产，以及除保留在桦林轮胎的 8 000 万元的存货、7 000 万元的应收账款，及桦林轮胎对桦林集团的应收款项以外的其他流动产。

（3）购买商标——集团卖资产获取现金

桦林集团与桦林轮胎拟签订《资产债务重组协议》，桦林轮胎以 1 000 万元价格购买桦林集团所有的"桦林"、"红旗"共五项注册商标的所有权，并许可拟转让给桦林集团的农用胎分厂无偿使用"桦林"注册商标，许可期限为一年。＊ST桦林需要为购买商标支付现金。

4. 动因分析

4.1　桦林的动因——摆脱经营困境

进入 20 世纪 90 年代之后，世界各大轮胎企业纷纷在中国建厂，国内一大批轮胎企业凭借外方强大的资金、技术实力以惊人的速度迅速扩张。随着行业竞争的"白热化"，桦林轮胎诸多方面的优势必将随之弱化。桦林轮胎的劣势可以概括为"四重两高"：一重是人员负担重，作为具有 50 年历史的老厂，离退休人员占职工总数的 18.61%，每年支付富余人员的工资在 5 000 万元以上，全集团每年的工资及相关费用达 1 亿元以上，单位成本中的工资是其他先进企业的二倍以上；二重是债务负担重，所欠贷款达 16.3 亿元，一年利息支出约 1 亿元，比同行业高出三倍多；三重是税收负担重，以 1999 年为例桦林轮胎当年实现销售收入 7 亿元，上缴增值税 5 400 万元，而安徽佳通公司当年的销售收入是 10.4 亿元，仅上缴 3 546 万元；四重是社会负担重，桦林集团有医院、有邮局、有学校、有派出所，每年用于企业办社会部分的投入至少在 2 000 万元以上，这是一般企业所没有的。

"两高"：一是运输成本高，企业地域偏僻，远离主要原辅材料产地和贸易集散地，每年运输成本不低于 5 000 万元，约是同行业其他企业的 2 倍；二是动力费用高，生产生活区远离市区，自建水、电厂以及其他动力供应设施，北方天气寒冷，每年生活供热期长达半年，因此，每年水、电、汽等动力费用支出都在 1 亿元以上，约是其他企业的 2 倍。

2001 年、2002 年，桦林轮胎连续两年出现巨额亏损。截至 2002 年，桦林集团合并财务报表账面资产总额达 21.82 亿元，负债总额达 23.23 亿元，资产负债率为 106.5%。其中，根据利安达信隆会计师事务所有限责任公司审计的《桦林轮胎股份有限公司 2002 年年度报告》，桦林轮胎账面资产总额 17.23 亿元，负债总额 13.30 亿元，资产负债率 77.2%。

实施并购重组，对桦林轮胎来说是很好的选择。并购重组，不但救活了桦林轮胎、安置了职工，金融机构的债权也得到了很好的落实，使滞死或马上要滞死的贷款得到了活化，有望全部收回。

4.2 佳通轮胎——战略动因

虽然佳通的品牌知名度与国际轮胎品牌米其林、普利斯通、固特异相比要差一些，然而佳通轮胎进入中国后的发展速度比其他几家还快。进入中国市场 10 年后，佳通轮胎已稳稳地坐上了国内轮胎销售的头把交椅，2002 年，佳通轮胎提出在 3 ~ 5 年内进入世界轮胎十强的目标，甚至有意将总部迁往至中国。

在中国的东部、南部、西部、北部、中部五地建厂，"争创中国第一品牌"是佳通轮胎的远景目标。在东部、南部、西部、中部地区都有了自己的企业后，收购桦林轮胎布局东北地区，正是佳通轮胎实现在中国区域布局战略的重要一步。

另一方面，桦林轮胎的子午胎扩建项目，对佳通轮胎来说也是此次并购的筹码之一。桦林轮胎上市募集资金 4.56 亿元用于年产 50 万套子午胎的扩建项目，已于 2001 年 10 月投入试生产。2001 年 12 月，桦林轮胎以 1.1 亿元现金出资，又与桦林集团共同组建了牡丹江桦林乘用子午胎有限责任公司。目前子午胎是中国轮胎产业大力发展的方向，桦林集团有刚刚投入使用的良好设备，及一大批优秀的熟练工人，佳通轮胎当然愿意取而用之。

5. 结果评价

佳通轮胎进入"桦林"后，领导班子做出的第一项重大决策，就是制定"平稳过渡、快速启动"的方针。2003 年 8 月 20 日，已经停产半年的设备重新启动，"平稳过渡"一直持续到 2004 年一季度，并为公司迎来了快速提升的阶段。当时，许多设备都处于淘汰期，桦林佳通公司充分发挥员工的创造力，用员工的努力来弥补厂房和设备的不足。经过员工的努力，公司生产能力已达到日产 6 000 ~ 8 000 条。

　　截至 2004 年第三季度末，桦林佳通的每股净资产为 0.778 元，低于股票面值，但净资产收益率已经达到 11%，三项费用也得到了较好的控制，1~9 月三项费用总和只有 7 533.72 万元。2004 年，桦林佳通年生产轮胎 120 万条，实现销售收入 8.5 亿元，同比增长 49.1%，拉动全市工业经济增长近 3 个百分点。员工的收入也明显增加，平均工资由两年前的年收入 6 000 元上升到 1.03 万元。从这一年的业绩来看，此次并购的效果是非常好的，用佳通轮胎（中国）投资有限公司副董事长李怀靖的话说，并购后的"桦林佳通"不仅达到了"佳通"的要求，而且还超出了"佳通"原来的期望。

　　2003 年 8 月开始建设年产 460 万条子午胎项目，桦林佳通的规模效应逐步形成，步入了快速发展的轨道。2008 年 11 月中旬，总投资 5.7 亿元的 460 万套全钢子午胎、半钢子午胎项目已投产。至 2008 年 9 月桦林佳通共实现产品销售收入 15.3 亿元。随着 460 万套子午胎扩建项目的全部投产，预计 2009 年桦林佳通的销售收入可达 20 多亿元。今天的桦林佳通更展强劲，正在朝着更新的征程大步迈进，继续创造着令人瞩目的传奇。

6. 问题探讨

6.1　司法拍卖形式与其他收购方式有何不同？

　　在中国资本市场，收购的方式主要有协议收购、要约收购以及证券交易所的集中竞价交易方式等三种，其中，协议收购是中国并购市场的主要模式。尽管收购方式有多种多样，但大多数收购都需经过证监会、证券交易所等证券监管部门以及财政部（现为国资委）、省政府等政府部门审批完成。而司法裁决模式却因司法机关的介入而有别于其他收购方式。

　　所谓"司法裁决"，是指司法机关按法律程序对股权实行处置，包括强制划转和公开拍卖两类。当上市公司股东逾期无力偿还股权质押的贷款或其他股权纠纷时，他所持有的上市公司股权就可能将被司法机关强制划转或拍卖。公开拍卖股权在证券市场早已司空见惯，但竞买人以外资身份参与拍卖却鲜有发生。因此，新加坡佳通公司以拍卖方式购得＊ST 桦林股权吸引了人们的关注。

6.2　佳通公司如何豁免要约收购义务？

　　由于佳通轮胎通过拍卖持有＊ST 桦林 44.43% 的股权，按照《上市公司收购管理办法》（以下简称《办法》）的规定，将触发要约收购。但由于佳通符合《办法》中"基于法院裁决申请办理股份转让手续，导致收购人持有、控制一个上市公司已发行股份超过百分之三十的"的要约豁免情形，因此佳通轮胎向中国证监会提出豁免要约收购的申请。而根据 2004 年 5 月 17 日中国证监会的有关批复，中国证监会已经同意豁免佳通轮胎由于本次受让后持有桦林轮胎 15 107 万股的股份

（占总股本的44.43%）而应该履行的要约收购义务。

6.3 外资并购应注意的问题

第一，防止外资并购产生的行业垄断和产业渗透，冲击国内企业的市场份额。发达国家的企业集团运用资本、技术和管理优势大规模进入中国，特别是通过对重点行业的企业进行并购，使其在我国市场份额的占有率明显增大，从而达到垄断的目的。因此，如何监管外资并购中的垄断行为，防止跨国并购导致行业垄断，便成为我们完善外资管理体制急需解决的重要问题。

第二，防止外资并购导致民族品牌的大量流失。品牌作为一种无形资产，是企业的宝贵财富。我国一些国有大型企业通过长期的努力逐渐树立了自己的品牌，并在国内外具有较高的知名度和影响力，已经构成了我国企业竞争力的核心基础。而在外资并购国有企业中，不少国有企业为了引进资金和技术，不仅将企业的控制权拱手相让，甚至低价或无偿出让品牌。部分外方利用中方品牌的生产能力和销售渠道，推出自有品牌，或将中方品牌定位于低档产品使中方的品牌在市场上消失或濒临消失。从长远来看，一个国家能否培育出众多具有国际知名度的"民族品牌"，不仅会对树立国民的民族自尊心有一定影响，而且还直接影响一个国家产品和经济的国际竞争力。因此，如何在外资并购中做大做强我国的民族品牌，是摆在我们面前的一项紧迫课题。

第三，防止外资并购导致外汇资金流失。在外资并购中，投机性动机不可忽视。有些外商先并购国内企业，然后经过包装上市，抛售股权获取暴利。在A股市场上，溢价发行股票普遍存在，外资很容易通过并购国有企业上市来获得极高的溢价收益，而这些收益最终会流出境外，导致外汇资金流失。

主要参考文献

1. 佚名：《＊ST桦林：新东家能否带来新气象》，网易财经，http://money.163.com/editor/030730/030730_152926.html,2003－07－30。

2. 佚名：《跨越规则障碍——关于外资并购上市公司的访谈》，中金在线，http://history.cnfol.com/031113/122,1330,267972,00.shtml,2003－11－13。

3. 陈重博：《＊ST桦林不畏年报亏损》，新浪财经，http://finance.sina.com.cn/roll/20040115/0805603854.shtml,2004－01－15。

4. 佚名：《佳通入驻机器轰鸣 ＊ST桦林变了样》，载《中华工商时报》，2003－12。

5. 佚名：《我国轮胎行业发展现状及趋势》，化工频道，http://www.wjjchina.cn/CBPResource/StageHtmlPage/A270/A2702007111001821562.htm, 2007－04－16。

6. 王岩：《ST桦林：佳通集团的桥头堡》，载《公司研究》，2005(10)。

7. 甄君、孟繁秋、李永华、于丽颖：《对桦林股份利用外资并购的调查》，载《金融调研》，2004(9)。

8. 陆建华:《佳通入主桦林三步曲》,载《上海国资》,2005(5)。

9. 连增祥、张荣坤、王东利:《栉风沐雨,再现艳阳天——桦林佳通轮胎公司两周年发展回顾》,载《中国橡胶》,2005(19)。

10. 王作函:《佳通轮胎:在竞争中不断提升》,载《商用汽车》,2008(5)。

11. 刘玉萍、刘猛:《佳通轮胎的中国攻略》,载《新财富》,2004(11)。

12. 高欣、高广志、王春雨:《桦林"换胎"艰难的选择》,载《上海国资》,2005(5)。

13. 谈玉坤:《轮胎外资企业在中国的拼搏》,载《橡胶科技市场》,2003(7)。

14. 文许谦:《轮胎业外资并购应可期》,载《新财经》,2003(9)。

案例参编:单婉兴　姚　姿

TCL 集团出售两子公司

TCL 集团股份有限公司（以下简称"TCL 集团"）于 2005 年 12 月 11 日宣布，公司拟分别以 14.57 亿元和 2.34 亿元将其直接和间接持股 80% 的两家子公司——TCL 国际电工（惠州）有限公司（以下简称"国际电工"）和 TCL 楼宇科技（惠州）有限公司（以下简称"智能楼宇"）出售给法国罗格朗公司（Legrand S. A.）。其目的在于通过出售这两家公司弥补公司亏损，但这种将盈利资产出售以弥补亏损的做法，外界又是如何看待的呢？

1. 行业背景

1.1 电工行业状况

2004 年，正是我国经济发展水平不断提高、经济运行质量进一步改善的时期。我国电工行业也随之水涨船高，各项主要经济指标持续高速增长，行业整体运行步入稳定发展的轨道。由于市场需求旺盛，为缓解当前电力供应紧张的矛盾，加快电源和电网建设将是国家经济建设的重点。因此，电工行业在未来的几年内仍将保持高速发展的趋势。2004 年全国完成发电机组 6 000 万千瓦，其他电工产品也有大幅度增长。

由于国家加大了对电力固定资产建设投资的力度，发电设备和输变电设备在近些年增长迅猛，并带动了基础电工产品的增长。总体看来，电工行业不仅需要单纯地扩大产能，更多的是需要提升技术和工艺装备水平，由以往的量变实现质变的跨越，为满足市场需求奠定坚实的基础。

同时，为了适应火电建设项目注重高效、低耗和环保的要求，2005 年火电机组将从 20 年前的引进亚临界技术向超临界和超超临界机组的世界先进水平发展；2009 年将完成装机容量总计为 1 820 万千瓦的三峡水电工程项目；正在投产的 26 台燃气——蒸汽联合循环发电设备机组，单机容量达 40 万千瓦，可大大缩小我国与世界先进国家的差距。大力提升输变电设备的技术水平也将是电工行业近年来着手研究和力争突破的技术难点。到 2020 年，我国将建设直流输变电工程线路约 20 条，电压等级将由目前的 500 千伏提高到 750 千伏。

1.2 智能楼宇行业状况

在世纪之交的十年中，中国经济突飞猛进，资源紧缺和在环保低耗方面的要求促使智能建筑产业成为我国的新兴行业，发展速度之快已名列世界前茅。从我国已建成的智能建筑来看，绝大部分的电气设备是由国外知名品牌提供的，国产智能建筑电气设备的市场占有率较低。由于中国智能建筑市场增长潜力巨大，国际知名厂商蜂拥而至，来势汹汹地抢占了国内的大部分市场，拥有自主产品及优秀系统集成解决方案的跨国企业——霍尼维尔、西门子等已相继在中国取得建筑智能化设计和施工资质。国外生产控制产品的公司也在和强电设备生产厂商积极合作，以推出完整的智能楼宇机电解决方案。

而我国同时具备生产智能建筑电气设备和提供系统集成技术服务的企业凤毛麟角。截至 2005 年年底，已获得国家建设部建筑智能化系统集成设计专项甲级的单位为 75 家，获得建筑智能化工程专业承包一级的企业为 89 家，同时具备上述两项资质的企业仅为 32 家。在国内，智能建筑电气设备的制造厂商被分为两大类，一类是生产控制产品的厂商，一类是生产建筑电气设备的厂商。根据从业资质的要求，如果公司同时拥有智能建筑电气设备的制造能力和系统集成技术，便可在行业内霸占一席之地。

从智能建筑市场销售额来看，位居前列的企业大都集中在北京、上海、深圳等经济发达城市，其中位列前十名的企业共完成总产值 29 亿，尚不足智能建筑市场规模的 5%，行业集中度不高，市场成熟度较低。

2. 企业背景

2.1　TCL 集团

TCL 集团股份有限公司创立于 1981 年，是目前中国最大的、全球性规模经营的消费类电子企业集团之一。目前拥有三家上市公司：TCL 集团（SZ. 000100）、TCL 多媒体科技（HK. 1070）和 TCL 通讯科技（HK. 2618）。

在过去 20 多年中，TCL 集团借中国改革开放的东风，秉承敬业奉献、锐意创新的企业精神，从无到有，从小到大，迅速发展成为中国电子信息产业中的佼佼者。目前，TCL 已形成以多媒体电子、移动通讯、数码电子为支柱，横跨家用电器、核心部件（模组、芯片、显示器件、能源）、照明电器和音像文化等多个产业在内的产业集群。

1999 年，公司开始了国际化经营的探索，在新兴市场开拓推广自主品牌，在欧美市场并购成熟品牌，成为中国民族企业国际化进程中的领头羊。TCL 集团旗下主力产业在中国、美国、法国、新加坡等国家设有研发总部和十几个研发分部。在中国、波兰、墨西哥、泰国、越南等国家拥有近 20 个制造加工基地。2005 年，TCL 集团的 6 万多名员工遍布亚洲、美洲、欧洲、大洋洲等 80 多个国家和地区，共实现全球营业收入 516 亿元人民币（67 亿美元）。在全球 40 多个国家和地区设有销售机构，销售旗下 TCL、Thomson、RCA 等品牌的彩电及 TCL、Alcatel 品牌手机。

2.2 国际电工

国际电工主营业务为低压电器和开关的生产和销售，公司设立于 1993 年 12 月 23 日，注册资本为 5 000 万元。TCL 集团、TCL 实业和国际电工工会分别持有其 20%、60% 和 20% 的股权。

截至 2005 年 9 月 30 日，国际电工资产总额近 2.267 亿元，净资产近 1.275 亿元，主营业务收入约为 3.47 亿元，主营业务利润约为 1.37 亿元，净利润约为 608 万元。

2.3 智能楼宇

智能楼宇设立于 2004 年 12 月 10 日，注册资本为 2 000 万元。公司主要研发、生产、销售综合布线、楼宇对讲、闭路监控、防盗报警、智能家居等。TCL 集团、TCL 实业和瑞风投资分别持有其 50%、30% 和 20% 股权。

截至 2005 年 9 月 30 日，智能楼宇资产总额约为 5 052 万元，净资产约为 2 028 万元，主营业务收入约为 1.07 亿元，主营业务利润约为 2 844 万元，净利润约为 28.3 万元。

2.4 法国罗格朗公司

法国罗格朗公司（Legrand S. A.）成立于 1860 年，作为全球低压电气行业的领导品牌，在全球占有 18% 的市场份额，年销售收入达 30 亿欧元。

公司的主营业务为制造电气电工和信息网络，普遍使用于民用住宅、商业楼宇和工业建筑。为了扩张其在中国的业务，法国罗格朗公司与国内可视对讲产品领域的领导企业深圳视得安科技进行了合资。

3. 并购过程

TCL 集团股份有限公司、TCL 实业控股（香港）有限公司（以下简称"TCL 实业"）和 TCL 国际电工（惠州）有限公司工会作为转让方于 2005 年 12 月 9 日，与罗格朗公司（Legrand S. A.）就国际电工股权转让事宜共同签署了《股权购买协议》。由转让方向罗格朗公司转让国际电工 100% 的股权，转让价款为 14.57217 亿元。具体款项分配由转让方按照其在国际电工的持股比例分配。

当日，TCL 集团股份有限公司、TCL 实业和瑞风投资有限公司作为转让方与罗格朗公司就智能楼宇股权转让事宜共同签署了《股权购买协议》，由转让方向罗格朗公司转让智能楼宇 100% 的股权，转让价款为 2.34317 亿元。具体款项分配由转让方按照其在智能楼宇的持股比例分配。

通过以上转让，TCL 集团将直接和间接持有国际电工 80% 的股权以及智能楼宇 80% 的股权全部转让给罗格朗公司。本次股权转让完成后，TCL 集团将不再持有国际电工和智能楼宇的股权。同时，国际电工工会和瑞风投资也将不再持有国际电工和智能楼宇的股权，罗格朗公司将成为两家公司的唯一股东，持有两家公司 100% 的股权。

此次交易确定后，购买价格的支付方式将分三个阶段进行：

（1）在交割日（预计于 2005 年年底前），罗格朗公司将 10% 的定金（定金于协议订立日后的 2 个营业日内存入监管账户）和相当于购买价格 65% 的款项（于 2005 年 12 月 28 日或之前存入监管账户）支付给各转让方。

（2）在 2006 年 6 月 30 日，将相当于购买价格 15% 的款项支付给各转让方。

（3）在 2007 年 6 月 30 日，将购买价格 10% 的尾款支付给各转让方。

4. 动因分析

4.1　TCL 集团出售的财务动因

2005 年，TCL 集团遇到了历史上最困难的时期。截至 2005 年 9 月 30 日，公司虽然实现主营业务收入 365.30 亿元人民币，同比增长 41.57%，但是净亏损达 11.39 亿元人民币，净资产收益率 −27.84%，公司现金流亦出现了明显的问题。经营、投资和筹资现金净额均为负数，其中经营活动产生的现金流量为 −2.68 亿元，同比下降了 95.39%。总体的现金及现金等价物水平从上一年的 34.2 亿元变成了 −21.4 亿元。造成整个集团严重亏损的原因正是公司 2003 年合并成立的合资公司 TCL——汤姆逊电子有限公司（TCL - Thomson Electronics Limited，以下简称 TTE）以及与阿尔卡特公司合资的 TCL 阿尔卡特移动电话有限公司（TCL Alcatel Mobile Phone Limited，以下简称 TA）。2003 年底，TCL 收购汤姆逊的时候，汤姆逊 2003 年的亏损总额达到 1.85 亿欧元（约合人民币 17.32 亿元）。对成本控制颇有信心的 TCL 集团计划 18 个月内扭亏，但是并购后不断发生的内部重组与调整，让 TCL 集团始终未能如愿。截至 2005 年第三季度，彩电业务仍给集团带来净亏损 1.09 亿元，为集团带来 17.85% 的亏损。与此同时，TCL 集团的手机业务也表现糟糕，在国内市场的占有率由 11% 下滑至个位数，毛利率也大幅下滑，庞大的库存让移动业务也报出巨亏。

巨额亏损使得 TCL 集团管理层承受了巨大压力。出售非核心业务资产，不仅可以缓解经营现金流量的短缺，同时还可以弥补年末可能出现的巨额亏损。

4.2　TCL 出售的战略动因

TCL 集团在经历了前两年的国际化和多元化战略之后，饱尝了战略失误的痛苦。自 2004 年 8 月、9 月两家重点合资公司 TTE、TA 正式投入运营以来，TCL 集团陆续采取了多项整合措施以求尽快实现协同效应，然而由于种种原因进展一直不够顺利：TTE 在欧美市场亏损较大，TA 海外市场成本仍然偏高。TCL 集团的手机业务也由于市场供给增加过快，在外资品牌和黑手机的双重挤压下出现严重亏损。TCL 集团给自己的重新定位为消费类电子产品的供应商，家电、手机以及电脑都是TCL 集团的主营业务，以期在 3C 融合时代赢得先机。

电工业务虽一直稳定快速成长，但只是在中国市场成长，在平面开关领域成长空间有一定局限。放弃电工产品这块非核心业务，有利于旗下资产的进一步整合，以便募集资金，集中资源做好核心业务，确保其在多媒体电子及通信业务方面的全球竞争力。因此，此次出售行为既是 TCL 集团的一种聚焦主营业务、主动调整发展战略的表现，也是企业业务运作上更加成熟、更为理性的一个表现。

4.3 罗格朗公司的并购动因

罗格朗公司隶属于全球低压电器行业的知名品牌——法国罗格朗集团（Legrand S. A.），其主营业务是负责集团在全球的投资业务。罗格朗集团成立于1860 年，是电气电工及信息网络系统和产品领域的世界级专家，主要为此类产品在住宅、写字楼及工业建筑的使用提供解决方案。目前该集团在 60 多个国家设有分支机构，其产品超过 130 000 种，行销全球 180 余个国家，在全球占有 18% 的市场份额。自 2004 年以来，罗格朗为谋求在低压电气领域的全球霸主地位，接连收购了 Van Geel、Zucchini、OnQ 等业内知名公司。TCL 集团的电气产品定位高端，在本土市场有着良好的渠道覆盖和品牌影响。中国电气市场发展潜力巨大，对于在中国市场上正欲不遗余力进行扩张、急欲抢占中国低压电气市场老大位置的罗格朗来说，借力"TCL"品牌，无异于获得一块金字招牌。

5. 结果评价

5.1 财务上缓解了压力

TCL 国际电工和 TCL 智能楼宇 100% 的股权售价分别为 14.57217 亿元和2.34317 亿元，而这两家子公司在 2005 年 9 月 30 日的净资产分别为 12.75 亿元和2 028 万元。TCL 集团对两家子公司直接持股比例为 20% 和 50%，TCL 集团下属全资控股子公司 TCL 实业对这两家公司的持股比例分别为 60% 和 30%。据此计算，出售两家子公司可给 TCL 集团带来的税前收益约为 12.34 亿元。这意味着此收益如能在年底并入财务报表，将大大改善 TCL 集团的财务状况。TCL 集团的年报显示，公司 2005 年净亏损 3.2 亿元。如果扣除这笔投资转让收益 12.34 亿元的话，公司当年的亏损将扩大为 15.54 亿元。这次出售在实质上大大缓解了公司全年的财务业绩压力。

此外，收购方法国罗格朗公司将以现金分批支付收购款，其中 65% 的价款将在 2005 年 12 月 28 日前存入监管账户,这无疑可以大大加强 TCL 集团在年底之前的资金实力。

5.2   战略调整拉开了序幕

这次出售两家子公司只是 TCL 集团进行业务重组的"开始"。TCL 集团进行此次战略收缩的目的是,有意成为世界领先品牌的消费电子产品供应商,TCL 集团将会集中优势资源投入具有全球竞争力的产业领域。

在本次转让过程中,虽然 TCL 集团在公告中对 TCL 国际电工的介绍是"主营业务为低压电器和开关的生产、销售,是中国主要的低压电器和开关供应商",但实际上,本次转让的 TCL 国际电工的业务只涉及普通开关和插座,TCL 低压电器开关的生产和销售主要集中在 TCL 工业电器(无锡)有限公司。2007 年 12 月 5 日,TCL 集团公告称,其全资子公司 TCL 实业控股已与法国罗格朗公司达成协议,以 5 亿元转让其间接控股的 TCL 低压电器(无锡)有限公司 80% 的股权。至此,非核心业务进一步被出售。

2007 年 12 月 3 日下午,TCL 集团宣布重组计划:自 2008 年 1 月 1 日起,多媒体、通讯、家电、部品四大产业集团,以及房地产与金融投资业务群、物流与服务业务群六大业务单元将构成 TCL 集团全新的阵容,其中多媒体、通讯和家电构成了 TCL 集团的三大主业。通过这次重组,TCL 集团股份有限公司已经由过去的投资控股型与经营管理型交叉的管理模式转向投资控股型的管理模式。其未来的主要任务是决定各产业的战略发展方向,进行资源重新配置,追求投资回报的最大化。

所以,从更深层次来看,此次 TCL 集团主动出售两项非核心业务,表明其开始由机会牵引型向战略牵引型转型,即根据自身战略定位选择有所为、有所不为。TCL 集团新的战略调整已拉开序幕,选择放弃,需要智慧和勇气。TCL 集团主动选择产业退出也表明了其运作更加趋于理性。

6. 问题探讨

6.1   高溢价定价问题

TCL 集团此次出售中获得的溢价相当高。截至 2004 年底,TCL 国际电工的资产总额为 2.7 亿元,净资产为 1.37 亿元,而到 2005 年 9 月 30 日,其资产总额降至 2.27 亿元,净资产也降至 1.28 亿元。按净资产账面价值计,TCL 集团此次卖出的 14.57 亿元价格溢价了 13.29 亿元。智能楼宇公司成立于 2004 年 12 月 10 日,不到一年即被卖出(2005 年 12 月 9 日)。截至 2005 年 9 月 30 日,其资产总额仅有 5 052 万元,净资产也仅为 2 028 万元。按净资产计算,出售溢价为 1.17 亿元。这两项交易的溢价幅度超过了 10 倍。

罗格朗公司愿意以高溢价的方式收购,除了向中国市场展示了其国际电工巨头的巨大实力之外，主要原因还在于罗格朗看好 TCL 集团这块业务在中国市场的前景，并获得了 TCL 品牌 8 年的使用权。中国市场是国际重要的电气市场，罗格朗 1994 年进入中国，由于对国内销售渠道及消费者心理把握不足，再加上国内电工市场竞争异常激烈，长期以来业绩平平。TCL 国际电工是国内电工市场的第一品牌，销售额近 6 个亿，占中高档开关插座市场的 25% 以上。所以，TCL 国际电工的品牌及其市场营销、技术开发、销售渠道乃至管理资源对罗格朗来说都是非常重要的无形资产。罗格朗高溢价全资购买 TCL 集团的国际电工及智能楼宇两块业务，能够一下子从高端切入中国市场，大大缩短了罗格朗深入中国市场的时间，节约了市场开发成本，摆脱其在中国市场的长期困境，有助于完成罗格朗全球业务在中国的布局。

6.2　TCL 集团核心业务的选择问题

在 TCL 集团这次的战略选择中，很多人对 TCL 集团选择放弃电气业务存有质疑。因为电气业务 2004 年销售收入达 11.3 亿元，上交集团利润超过 5 000 万元。而属于亏损领域的彩电和手机业务不但作为核心业务得以保留，而且还得到了资金补充。2005 年 11 月 11 日，TCL 集团把原本用于"2.4GHz 数字无线语音及数据网项目"、"半导体制冷系统技术开发"及"兼并收购"的总计 9.45 亿元资金，改为补充彩电、手机两大主营业务的流动资金，利润贡献不大的家用电器和数码电子也被作为核心业务保留下来。TCL 集团 2005 年的中报显示，TCL 空调和冰洗产品虽然期内销售收入达 25.3 亿元，但对集团的利润贡献仍然很小。电脑业务则销售 33.05 万台，同比增长了 6.85%，但笔记本电脑销售却有较大下降。这些业务对集团的利润贡献都不如这次被转让的电气业务。

可见，TCL 集团在核心业务的选择上并非以短期的财务业绩为衡量标准的。对 TCL 集团来说，出售国际电工与智能楼宇两公司，保留了家电、手机和电脑业务，更加明确了未来 3C（Computer、Communication、Consumer Electronic）融合的业务发展目标。3C 出现在 20 世纪 90 年代后期，随着半导体的进展以及网际网路的普及，使其渐渐发展为世界性的新兴科技产业。如今，康佳、创维、海尔、长虹等家电巨头纷纷直指 3C 产业。在这种情形之下，TCL 集团选择放弃 3C 之外的非"核心业务"，全身心地投入到 3C 业务，显然是基于未来的产业竞争而考虑的。

6.3　并购案例的借鉴意义

韦尔奇主政通用电气（GE）期间，进行了上百起并购、剥离与置换，使得 GE 永葆基业长青。在一系列国际化、多元化的收购之后，TCL 集团开始学会放弃。这一点是值得国内企业借鉴与思考的。从国内上市公司的投融资行为中，"投资饥渴症"是一种通病。不少企业决策者还是偏爱扩张，强调机会而忽略战略。也有一些企业决策者坚定要做大，跨行业投资似乎更能体现实力，规模成为满足其个人欲望的衡量标准。严重的"投资饥渴症"导致了投资效益和经济增长质量存在着严重的问题。学会放弃，也是一种智慧。

主要参考文献

1. TCL 集团主页,http://www. tcl. com/main/index. shtml。

2. 法国罗格朗公司,http://www. legrand. com. cn/。

3. TCL——罗格朗国际电工(惠州)有限公司，http://www. tcllegrand. com. cn/main/gb/index. jsp。

4. 佚名:《TCL 全盘出售两子公司 进账 13. 5 亿出让 8 年商标权》，搜狐 IT, http://it. sohu. com/20051212/n240935050. shtml ,2005 - 12 - 12。

5. 佚名:《TCL17 亿卖子非资金短缺 继续处置非核心资产》，载《第一财经日报》,2005 - 12 - 12。

6. 鲁菲:《 新增业务导致巨亏 现金流桎梏逼 TCL 卖子求生》，载《中国产经新闻》,2005 - 12 - 21。

7. 周涛、徐正辉:《TCL 突然出售盈利公司 李东生修正国际化步伐》，载《经济观察报》,2005 - 12 - 17。

8. 马晓芳:《TCL 集团:李东生亲述 TCL 电工出售全内幕》，载《第一财经日报》,2005 - 12 - 15。

9. 张炜:《TCL 出售盈利资产的启示》，载《中国经济时报》,2005 - 12 - 22。

10. 佚名:《TCL 断腕解困 国际电工楼宇科技转手》，载《财经时报》,2005 - 12 - 17。

11. 马晓芳:《 李东生亲述 TCL 电工出售内幕 试水国际化新路》，载《第一财经日报》,2005 - 12 - 15。

12. 郎朗:《TCL 低调转让电气业务》，载《21 世纪经济报道》,2005 - 12 - 10。

13. 马晓芳:《TCL 转让非核心业务 主动调整战略非资金短缺》，载《第一财经日报》,2005 - 12 - 12。

14. 王文武:《TCL 集团 5 亿出售子公司 非核心业务逐一剥离》，腾讯科技, http://tech. qq. com/a/20071205/000091. htm,2007 - 12 - 05。

15. 佚名:《TCL 集团大规模重组 六大业务正式曝光》，腾讯科技,http://tech. qq. com/a/20071203/000219. htm ,2007 - 12 - 03。

16. 佚名:《TCL 国际电工联姻罗格朗 震撼国内电工市场》，中国智能家居网, http://www. smarthomecn. com/html/2006 -01/1974. html, 2006 - 01 - 06。

案例参编:李碧荣　羊芳蔚　岑明峰

联想收购汉普

2002 年 3 月 21 日，联想集团有限公司（以下简称"联想集团"）总裁杨元庆、亚洲物流科技有限公司（以下简称"亚洲物流"）主席鲁连城、汉普管理咨询有限公司（以下简称"汉普国际"）总裁张后启在香港签订协议，联想集团斥资 5 500 万元港币认购 2 550 股汉普新股，以现金形式入主汉普管理咨询有限公司，拥有汉普国际 51% 股权，正式宣布中国最大的 IT 制造企业联想集团收购中国最大的管理咨询公司汉普国际。联想集团与汉普国际的融合，是中国技术资本与智力资本直接的横向融合，这标志着联想集团开始进军 IT 咨询业，并迈出了向服务业转型的步伐，也为汉普国际谋求进一步的发展壮大、增强国际竞争力奠定了坚实的基础。此外，这次并购对 IT 产业界和投资界来说，都具有里程碑式的标志意义。

1. 行业背景

随着全球商业环境的变化和技术的快速发展，IT 业正在转化为以服务为主的行业，而应用服务提供商的出现使得"信息工具"的理念逐渐成形。

IT 服务业主要包括咨询、实施、维护、运营、培训五大类。20 世纪 90 年代，国外 IT 服务市场发展迅速。在美国、日本和欧洲的一些国家，信息服务已成为发展最快的产业。据 IDC 统计，2000 年全球 IT 服务消费支出增长达 11%，共计 3 950 亿美元。其中，美国 IT 服务市场年增速为 12%，亚太地区增速为 23%。

2001 年，中国 IT 服务市场总量达到 93.7 亿元人民币，其中电信、金融、政府占据 55% 以上的份额（见图 13—1）。2002 年的增长率为 14.7%，远远高于硬件产品的增长速度。

驱动中国 IT 服务产业发展的关键因素是新的市场环境和竞争格局下中国企业自身能力建设的迫切需求。2000 年以来，集成化的 IT 应用已经成为明显的趋势和普遍的选择。将企

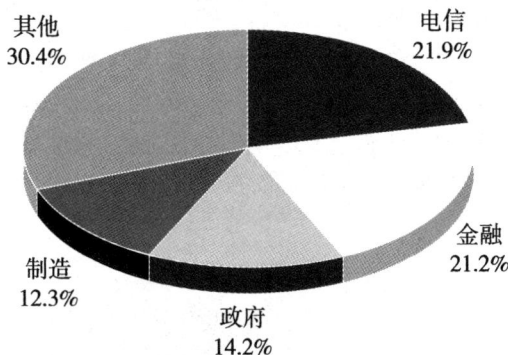

图 13—1 2001 年中国 IT 服务行业分布图

业业务、管理模式和 IT 技术有效结合起来的方案是企业真正需要的，而中国企业的管理水平及竞争需要决定了 IT 服务业在中国市场具有广阔的发展前景。

同时，中国 IT 服务业也面临着较大的困难和诸多制约因素。比如，许多潜在的客户甚至部分供应商并不了解 IT 服务的概念。在进入 IT 服务市场的竞争者中，绝大多数只有简单的系统集成能力和低端的应用软件实施能力。许多企业意识到 IT 应用服务的必要性，却不愿意花钱购买高质量的服务，造成很难推广、运行外包服务的局面。在网络系统集成的市场上，有许多低质量的供应商蜂拥而至，使得赢利相当困难。

我国的 IT 服务业正逐渐呈现出自己的特点。第一，我国 IT 业技术人才的匮乏、ERP 系统实施的复杂性以及新技术的快速发展，使得外包业务需求呈现强大的势头。第二，专业服务提供商向价值链下游转移和软硬件提供商向价值链上游转移，产品和服务之间的融合加深。第三，互联网改变了传统经济的竞争环境，电子商务的迅速发展促进了 IT 咨询、实施集成以及外包服务市场的发展。第四，企业的实际需求使得未来的 IT 服务市场将出现高端市场创造更大利润的趋势。

2. 企业背景

2.1 联想集团

联想集团是一家在信息产业内多元化发展的大型企业集团，它是由中科院计算所于 1984 年投资 20 万元人民币，由 11 名科研人员创办，并于 1994 年在香港上市。联想集团有限公司拥有两大子公司：联想电脑公司与联想神州数码有限公司。据统计，2002 年联想电脑的市场占有率达 27.3%（数据来源：IDC），位居全国第一，也是自 1996 年以来的第 7 年位居国内第一。2002 年第二季度，联想台式电脑销量首次进入全球前五名，其中消费电脑世界排名第三。

2001 年初，联想集团发布了三年战略规划，确立了六大业务群组的发展方向，并坚定地推进全公司向服务业转型。但是，在 2001 年联想集团的服务业务对象中绝大多数都是中小企业，总签单量仅有 5 000 万人民币，相对于联想集团 260 亿元的营业额来说太过微弱。为了实现联想集团向服务业转型的目标，其必须要跨越技术、咨询、软件这 3 个门槛，弥补自身在这方面的缺陷。

2.2 汉普国际

汉普管理咨询有限公司是亚洲物流科技的子公司，成立于 1997 年。截至 2002 年，汉普国际的年增长率连续五年达到 200% 以上，成为中国最大、最具影响力的本土咨询企业之一，创造了中国咨询界的神话。与此同时，汉普国际也成为国内为数不多的可以与跨国咨询集团抗衡的咨询公司之一。汉普国际一直致力于中国企业的信息化变革，面向现代管理咨询业，为企业客户提供适应电子商务时代的管理咨询服务。汉普管理咨询有限公司总部在上海，并在北京、广州、天津等城市设立了办事处，企业员工达300余人。

汉普国际的业务范围包括：企业策略咨询（企业供应链策略规划与设计、电子商务模式设计、企业信息技术规划、集团内部 ASP 建设咨询）；企业管理咨询（基于 KPI 指标分析的管理诊断、业务流程优化（BPR）、岗位绩效评价和激励体系设计、企业绩效监控系统设计）；信息系统咨询（企业资源计划（ERP）系统的实施应用、客户关系管理（CRM）系统的实施应用、物流（Logistic）管理系统的实施应用、零售（Retail）管理系统的实施应用）以及管理培训。

汉普国际的最大优势，就是拥有一支既了解中国文化，又掌握国际先进经验的管理人员及专业队伍，在管理信息系统的研发方面具有强大的实力。在发展的过程中，汉普国际与国际国内的领先 IT 企业都建立了密切的合作关系，在技术合作方面具有良好的基础。汉普国际不仅成功地为国内 100 多家企业在信息化变革、信息管理技术方面提供诊断和咨询，并且为 400 余家企业进行了信息化方面的培训。

3. 并购过程

联想集团收购汉普国际的过程相当顺利，从双方的不谋而合到谈判、签约，仅用了 3 个月的时间。2002 年 3 月 21 日，联想集团与亚洲物流同时宣布，联想集团以现金 5 500 万港元加上旗下的 IT 咨询业务入主亚洲物流及其控股公司汉普国际。联想集团认购了 2 550 股汉普国际的新股，拥有汉普国际 51% 的权益，成为其第一大股东。同时，联想集团再以现金 2 387 万港元认购亚洲物流 159 212 700 股新发行股份，占亚洲物流股本扩大后的 4.8%。入股后，联想集团将委派 6 位代表进入汉普国际的董事局，杨元庆出任新公司总裁，汉普国际原有的管理层及员工将全部留任。由此，联想集团 IT 咨询业务人员将与汉普国际现有的人员队伍进行整合，成为国内规模最大的管理咨询与 IT 服务公司。交易完成以后，张后启的股份由34% 缩水为 15%。联想集团收购汉普国际后的股权结构如图 13—2 所示。

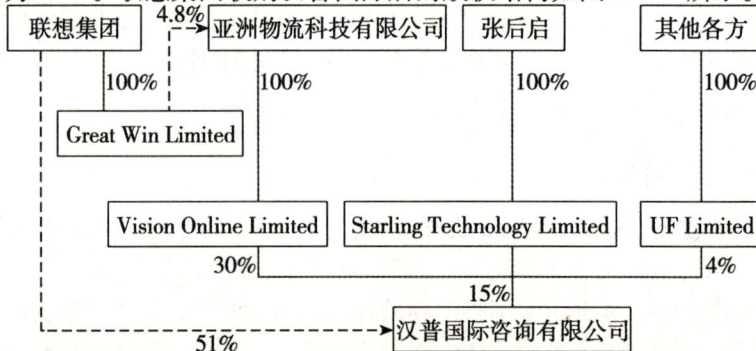

图 13—2 联想集团收购汉普国际后的股权结构图

4. 动因分析

4.1 联想集团——新的增长点

作为中国大陆最大的 IT 制造业企业，联想集团已经从高速增长期进入了平稳停滞期。虽然联想集团的销量和产量都居世界前列，但在世界 PC 市场总体需求下滑的情况下，联想集团的 PC 业务也无法像以往那样高速增长，甚至要通过裁员来削减成本。在 PC 主业增长乏力的情况下，联想集团必须通过其他的业务来挖掘新的利润增长点。联想集团曾与厦华在手机业务上开展过合作，但手机市场也如 PC 市场一样逐渐饱和。更重要的是，涉足手机生产仍然和 PC 生产没有本质上的不同，都是以产品制造和成本控制为主。显然联想集团并不希望仅仅保持一个制造厂商的角色，而是寻求更彻底的转型。

毫无疑问，像 IBM 那样从制造商转型为服务提供商，是一条极具吸引力的道路。同时联想集团作为上市公司还具有资金优势，为其通过收购 IT 服务商进行转型提供了方便。联想集团并购汉普国际并非心血来潮。联想集团对于企业并购有自己的标准，那就是一要看目标企业的业务与联想本身的业务互补性如何；二要看目标企业能否与联想集团进行成功的融合。总的来说，主要依据三个具体原则：有广泛的客户基础和需求、有赢利的潜在能力、能与联想集团产生协同效应。联想集团选择与汉普国际合作，是因为汉普国际符合联想集团上述的几个原则。

在联想集团的新战略中，以"信息化的实践者、倡导者和推动者"作为目标，致力为中国企业和社会的信息化发展提供动力。联想集团在 ERP、CRM、SCM、CPC 等大型管理信息系统的研发和应用方面有丰富的经验，同时在管理经验、市场影响力和品牌知名度方面也具有优势，为联想集团切入管理咨询领域提供了坚实的基础。而汉普国际是国内规模最大、质量最好的管理咨询及 IT 服务企业之一，拥有经验丰富的专业团队以及良好的客户基础。收购汉普国际之后，有助于有效地整合双方优势，使联想集团借助汉普的团队和客户资源，更快地进入管理咨询行业，在较高的起点上参与 IT 服务业的竞争和发展。汉普国际的管理团队和客户资源，能够帮助联想集团发挥原有业务的优势，使联想集团在获得一批优秀客户的同时，能够结合自身的技术和管理优势为客户提供更好的服务，同时进一步扩大客户队伍。入股汉普国际是联想集团通过资本运作扩展 IT 服务业务的重要举措，也为联想集团在这方面的运作积累了经验。

4.2 汉普国际——补充新鲜血液

在国内管理咨询行业不断成熟的同时，市场竞争也在进一步的加剧。特别是在 IT 应用和管理信息系统方面，历来是竞争的主要领域。在这个领域，汉普国际面临的对手都是一些跨国的重量级企业，不但有普华永道、艾森哲、毕马威等从国际四大会计师事务所分离出来的管理咨询公司，还有 IBM、惠普等大型 IT 企业。国内那些大大小小的管理咨询公司更是数都数不清。虽然汉普国际在国内管理咨询公司中是佼佼者，但面对着来自于国际、国内竞争对手的挑战，还是承受着相当大的压力。

为了增强竞争能力，取得竞争优势，汉普国际继续在资金规模和人力资源上进行扩充。在这种情况下，与联想集团的合作对汉普国际的未来发展具有着重要的意义。汉普国际在国内管理咨询市场上具有领先的地位，而联想集团在 IT 管理咨询和应用方面也有着丰富的经验，更重要的是联想集团还握有丰富的现金。两者的结合可以给汉普国际带来有力的财力支持，有利于汉普国际进一步增强与国外咨询公司的竞争能力和自身的持续发展能力。

4.3 亚洲物流——获益颇丰

亚洲物流科技虽然是以物流科技和物流管理为主业，但它同时也精于资本运作，在金融领域具有丰富的经验。把汉普国际做大做强，再把它卖给一家大企业，能够给亚洲物流科技带来丰厚的投资回报。联想集团收购汉普国际之后，虽然亚洲物流科技不再是汉普国际的大股东，但其仍拥有 30% 的股权，汉普国际今后的发展将会给其带来额外收益。如果光从投资回报率来看，亚洲物流最初收购汉普国际仅花费了 4 000 万港币，而与联想集团签订转让协议之后，亚洲物流首先可以得到联想集团入股的 2 387 万港币现金。同时，联想集团对汉普国际注入现金、业务和资产，使亚洲物流在汉普国际的 30% 股权得到了增值，根据收购时的重组评估结果，这部分 30% 的股权至少价值 1 亿港币以上，是亚洲物流一年前 4 000 万港元投资的 2 倍以上。

5. 结果评价

新汉普国际的诞生对国内 IT 产业和金融投资业来说都具有里程碑式的标志意义。尽管如此，新汉普国际的经营和盈利不论从短期还是长期来讲，都是很不理想的。2002 年，联想集团的 IT 服务业务不论是从营业额、净利润还是毛利率来讲，都是联想集团五大业务中表现最差的。新汉普国际在 2002 年亏损约 4 000 万至5 000万元人民币。不单如此，实际上联想集团自 2002 年进军 IT 服务后，该新业务范围一直亏损。2002 年亏损 6 140.5 万元人民币，2003 年亏损 5 800.9 万元人民币。而在 2004 年，仅上半年度便亏损了 4 040 万元人民币。

这次并购并没有达到联想集团和汉普国际的预期。早在 2002 年 12 月，汉普国际总裁张后启就向公司董事会辞去总裁职务。而在 2004 年 7 月 28 日，联想集团将IT 服务业务作价 3 亿元转让给亚信科技。虽然联想集团一直表示对 IT 服务业仍抱有乐观态度，此次并不是将 IT 服务业务全数卖出，而是以合作方式来表示联想集团将来发展 IT 服务业的可能。但实际上，新的合作公司全权独立于联想集团，而联想集团 3 年前对 IT 服务业的雄心壮志也不复存在。

但是，此次并购的影响仍然是极其重大的。它标志着中国产业市场和资本市场整合程度的提高和深化，具有里程碑式的意义。

首先，联想集团树立了国内 IT 厂商转型的榜样。由 IT 制造业向服务业转型，从以生产为主到以提供服务为主，已经是国际 IT 界的一种潮流。联想集团通过收购得到了国内最大的管理咨询公司之一，对联想的转型具有重要的意义。联想集团的雄厚资金、广大客户结合汉普国际的丰富经验，必然对中国 IT 应用与管理咨询市场带来重大的冲击，甚至促进整个市场的重新洗牌。在涉足 IT 服务业之后，联想集团可以将自身的硬件设备与汉普国际的服务结合起来进行销售，从而在计算机设备和 IT 服务方面都取得相对于国内对手的竞争优势，为联想集团带来新的利润增长点。

其次，新汉普国际对国内 IT 管理咨询业走向的成熟具有重要作用。联想集团收购汉普国际，有助于将联想集团的 IT 制造经验，汉普国际的管理咨询实践，亚洲物流科技及众多合作伙伴的行业经验结合起来。在新汉普国际的这个平台上对产业资本和知识资本的经验、理念和优势进行整合，可以从理论和实践两方面提高人们对企业管理信息化的理解，并为解决相关问题提供更多的方法和手段。如果汉普国际能够在这方面的整合取得成就，将有很强的示范效应，并将被其他行业成员所学习。通过在全行业推广像汉普国际之类的成功经验，有助于推动中国 IT 管理咨询业的成长，为企业提供更有效的解决方案。反过来说，在 IT 管理咨询业更加成熟的情况下，通过为国内企业管理信息化建设提供更有效的服务，又可以增强企业对管理咨询业的信心，消除企业对管理咨询业的种种疑虑，从而扩大中国 IT 管理咨询的市场规模。

最后，这次并购征示着资本的国家属性正在逐渐消失。在此次并购中除了三方不同的行业背景外，其资本来源也是很复杂的。联想集团为在中国香港上市的大陆 IT 企业，所用资金大部分为国际资本，汉普国际是土生土长的中国本土企业，而亚洲物流则为港资企业。企业并购正在将全球变为一个统一市场。

6. 问题探讨

6.1 知识资产的定价

由于汉普国际不是上市公司，因此对汉普国际的 IT 服务业务的定价是采取双方协商的方式。此次收购的作价依据有二：第一为主营业务收入，汉普国际在 2001 年确认了 1.5 亿元的主营业务收入，而联想集团经过估算之后确定汉普国际在 2001 年的实际营业额为 7 000 万～8 000 万元，已经签订但尚未履行的合同金额则有 5 000 万元；第二为发展潜力，汉普国际在成立以来的 5 年内，年均增长率都超过了 200%，估计 2002 年的增长率也不会低于 100%。另外，汉普国际在管理咨询业的品牌影响和业务收入已经超过了四大咨询公司，如普华永道在 2001 年业务收入为 8 000 万元，安永、德勤、毕马威都低于 2 000 万元。然而，这种没有具体、客观标准的定价方式，是很容易受到主观因素影响甚至导致内幕操纵的。

6.2 收购是否是转型的法宝？

收购汉普国际，是联想集团实现其转型计划的第一步。此后，2002 年 4 月，联想集团以 2 333 万元收购智软计算机开发有限公司。2002 年 12 月，以 6 000 万元收购中望系统服务有限公司。然而，IT 服务业的收入并未能达到联想集团的预期。2004 年 7 月 28 日，联想集团将 IT 服务业务作价 3 亿元转让给亚信科技，并且新的合作公司全权独立于联想集团，预示着联想集团对 IT 服务业的雄心壮志已经不复存在。这其中有着深刻的客观现实原因，但也在很大程度上反映出收购并不能成为企业转型成功的法宝。

主要参考文献

1. 董智超：《联想的光荣与梦想——IT 服务注定是联想不能承受之重》，载《知识经济》，2005(1)。
2. 郎咸平：《联想转型能成功吗?》，载《商务周刊》，2005(1)。
3. 佚名：《汉普理想的失落》，载《商务周刊》，2003(10)。
4. 徐萍：《也谈联想并购汉普》，载《软件世界》，2002(5)。
5. 宋斐：《联想入股汉普双方为何如此急不可耐》，载《互联网周刊》，2002－04－03。
6. 叶柏东：《收购不是转型法宝》，载《经理人》，2002(6)。
7. 范新宇：《回眸与展望——透析 1998 中国 IT 服务业》，载《微电脑世界》，1999(2)。
8. 钱雷：《服务撑起 IT 一片天——盘点 2001 年 IT 服务市场》，载《电脑周刊》，2002(2)。
9. 佚名：《巨头之并：联想收购汉普》，载《21 世纪人才报》，2003－02－10。
10. 佚名：《联想控股汉普咨询》，载《IT 经理世界》，2002(7)。
11. 胡延平：《联想收购汉普：预言为什么会变成现实》，载《互联网周刊》，2002(9)。
12. 王宏亮：《攀比 IBM，联想试水 IT 服务》，载《中国外资》，2002(12)。
13. 柳传志：《核心竞争力就是管理理念——访联想集团主席柳传志》，载《多媒体世界》，2002(4)。

14. 张国有、张后启、许朝辉、郭旭、施能自:《中国 IT 咨询 好戏刚刚开始》,载《软件世界》,2002(5)。

15. 周方:《联想收购汉普向服务转型》,载《广州日报》,2002 – 03 – 25。

案例参编:姚　姿　何碧莹

联想并购 IBM 个人电脑业务

2004 年 12 月 8 日，在历经 13 个月的艰苦谈判后，联想集团有限公司（以下简称 "联想集团"）与国际商业机器公司（International Business Machines Corporation 以下简称 "IBM"）签署收购协议，以 12.5 亿美元收购 IBM 个人电脑事业部。2005 年 5 月 1 日，联想集团正式宣布完成收购，任命杨元庆接替柳传志担任联想集团董事局主席，柳传志担任非执行董事，前 IBM 高级副总裁兼 IBM 个人系统事业部总经理斯蒂芬·沃德（Stephen Ward）出任联想集团 CEO 及董事会董事。这是中国 IT 行业迄今为止资金和规模最大的一笔海外收购，是中国企业实践国际化梦想的最大尝试。这次并购不仅引起了国人的广泛关注，而且在世界上也有相当大的影响。

1. 行业背景

进入 20 世纪 90 年代以来，在信息化建设、互联网浪潮等发展的带动之下，中国电子信息产业保持了稳定增长和高速发展的态势。10 年间，中国电子信息产业的年均增长率一直保持在 25%～35% 的水平上，IT 产业已经成为中国工业第一大支柱产业。我国经济的持续发展吸引了大量外资并加剧了国内 IT 业市场竞争的激烈程度，IT 产业已经逐渐形成了内资企业和外资企业相互竞争的局面。自戴尔、惠普等国际知名企业进入中国之后，凭借良好的产品质量和高效率的营销模式迅速占领市场，国内计算机企业的发展受到了极大的制约。国内市场虽然依旧是 IT 企业的必争之地，但已不再是唯一的关键之地。

但是，无论是国际还是国内的 IT 市场，PC 价格不断呈现低价趋势，PC 产业即将正式告别 "高利润" 时代，成为 "赚不到钱的行业"。由于竞争十分激烈，一大批著名的 PC 制造商陆续退出了市场，如 EC 旗下的 Packard Bell 退出了美国 PC 零售市场，Micron 电子的相关业务转让给了 Gores 科技公司，三星公司将 AST 转手，以上事件都说明了 PC 市场 "大清洗" 时代的来临。在经历了 1985 年以来的持续发展后，全球 PC 市场已于 2000 年止住了增长势头，2001 年全球 PC 市场下滑四个百分点，此后各 PC 生产商开始进行大量的并购和联姻，进入整合的高峰期，如惠普于 2001 年并购康柏等。

2. 公司背景

2.1 联想集团有限公司

联想集团有限公司成立于 1984 年 11 月，由中科院计算技术研究所以 20 万元投资和 11 名科研人员创建。表 14—1 为联想集团历年的业绩表现和重大突破。

表 14—1　　　　　　　**联想集团历年业绩表现和重大突破**

年份	业绩表现和重大突破
1985 年	以汉卡为突破口开拓市场，当年营业收入达 300 万元
1986 年	营业收入稳步上升，达 1 800 万元
1987 年	营业收入继续上升至 7 300 万元
1988 年	投资 30 万港元（54%）的股份与香港电脑经销商合资设厂
1994 年	在香港上市，当年营业收入达 54 亿元，其中海外收入占 70%
1995 年	推出基于奔腾 PRO 处理器的计算机，取得成功 在广东惠阳成立微机板卡生产基地，为称雄板卡市场奠定了基础
2001 年	IT 市场发展缓慢，联想集团的市场占有率为 28.9%
2004 年	联想集团的营业额达到 600 亿元，冲击世界 500 强

2001 年，联想集团确定了其多元化发展战略，并开始向 IT 服务业进军。2002 年，联想集团并购了汉普、智软、中望等 IT 服务业企业，搭建了三横四纵的战略布局。而随后的两年，联想集团的 IT 服务业却一直处于亏损的状态。2004 年 7 月，联想集团将 IT 服务业作价 3 亿元卖给了亚信，这在很大程度上意味着联想集团向 IT 服务业进军的战略失败。同时，2001~2004 财年期间，联想集团的其他新业务如软件、服务、手机以及数码产品等多属只开花不结果，业绩并没有达到远景规划。随后，联想集团全面收缩战线，摒弃了多元化战略，回归 PC 业。

尽管当时联想集团已经占据国内 PC 市场的三成的份额，但国内 PC 市场的容量毕竟有限，并且随着外资 IT 企业的进入，联想集团在国内市场也受到很大限制。在这种情况下，国际化战略成了联想集团的必然选择。2002 年 3 月 28 日，联想集团英文名称由 "Legend Holdings Limited" 正式更名为 "Lenovo Group Limited"，这个崭新的标志清晰地传递了联想集团急欲加快国际化的信号。然而，尽管联想集团有着在中国成功销售 PC 的丰富经验，可是在一个较为成熟的市场环境下快速地增加市场占有率并不是一个简单问题，而收购 IBM 正是一个来之不易的商机。

2.2 IBM

IBM 创立于 1911 年，是全球最大的信息技术和业务解决方案公司，其个人电脑事业部总部设于美国北卡罗来纳州罗利市，主要从事笔记本和台式电脑的生产和销售，并在北卡罗来纳州罗利和日本大和设有研发中心。作为一个国际品牌，IBM 的 PC 业务分布在 160 多个国家和地区，拥有广泛的销售渠道和销售体系。同时，IBM 还拥有世界级的技术水平和先进的管理经验及市场运作能力。

PC 问世后 20 年：IBM 公司主要业务结构变化（按年收入计）

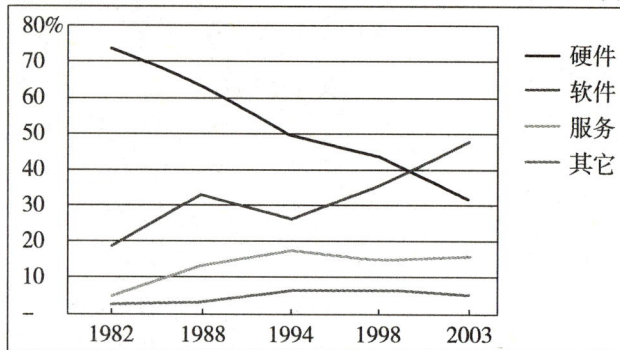

资料来源　IBM 公司年报，纽约时报。

图 14—1　IBM 1982 年~2003 年的业务结构变化

在 IBM 的业务结构中，硬件业务所占的比例呈明显的下降趋势。事实上，截至 2004 年，IBM 的 PC 业务已经遭遇连年的亏损。2001 年 PC 部门亏损额为 3.97 亿美元，2002 年为 1.71 亿美元，2003 年为 2.58 亿美元，而 2004 年上半年亏损已达 1.39 亿。而随着 PC 产业的发展，低价格和注重个人销售服务越来越成为企业竞争的重要方面。而在这些方面，IBM 都是与以 PC 销售为主的戴尔以及经验丰富的惠普相竞争。如果抛弃 PC 业务，IBM 可以更多地集中于其擅长的附加值更高的业务上，比如服务器和全球服务业务。

3. 并购过程

2000 年

IBM 计划专注于为企业提供科技服务，欲出售其 PC 业务。当年，IBM 就曾找到联想集团，IBM 的高级副总裁兼全球服务部总裁 John Joyce 访问联想集团时，首次向杨元庆表示愿意出售 PC 业务的意向。但当时联想集团把难度和风险看得很重，没有考虑。

2003 年 7 月

IBM 第八任 CEO 帕尔米萨诺来到北京探讨出售其公司全球 PC 业务一事。这一次，他径直找了中国主管经济和技术的有关官员并提出，IBM 在出售其全球 PC 业务的同时可以帮助中国创建一家现代化、国际化的跨国企业，由 IBM 全力支持，提供技术、经营管理方式、市场以及销售途径。另外，帕尔米萨诺深谙中国政府的需要，进一步提出，IBM 将帮助这家公司进军海外市场，在国外投资生产并占领海外市场，而不再仅仅是充当世界工厂的角色。

2003 年 10 月

IBM 与联想集团开始商讨出售事宜，两者正式进入艰苦的谈判阶段。

2003 年 11 月

联想集团组成了一个谈判队伍，由冯雪征领队飞往美国，与 IBM 进行了第一次接触。

2003 年 11 月到 2004 年 5 月

这一期间是联想集团和 IBM 谈判的第一个阶段。联想集团的谈判队伍在不断扩大，此次收购所涉及到的联想集团内部的部门包括行政、供应链、研发、IT、专利、人力资源、财务等。联想集团各部门均派出专门小组全程跟踪谈判过程，同时还聘请了诸多专业公司协助谈判，例如麦肯锡、高盛、安永、普华永道、奥美等。截至 2004 年 5 月，联想集团经过多番考虑之后，拿出了实质性的初步方案。

2004 年 6 月 10 日

谈判进入到最艰苦的实质性阶段，双方在价格问题上僵持。

2004 年 12 月 6 日

长达 13 个月的谈判终于有了进一步的发展。当日早晨，联想集团向香港联交所递交了有关收购 IBM PC 业务的申请，宣布停牌。

2004 年 12 月 8 日

联想集团宣布以 12.5 亿美元收购 IBM PC 事业部，包括其 PC 事业部的所有业务。同时，IBM 相关研发团队及技术也将全部归联想集团所有。IBM 拥有的"Think"商标，将归联想集团协议使用。联想集团将在 5 年内有权根据有关协议使用 IBM 品牌，并完全获得"Think"商标和相关技术。根据协议，联想集团已支付 IBM 的交易代价为 12.5 亿美元，其中包括约 6.5 亿美元现金，及按 2004 年 12 月交易宣布前最后一个交易日的股票收市价确定的价值 6 亿美元的联想集团股份。交易完成后，IBM 将持有联想集团 18.9% 的股份，成为联想集团的第二大股东。除此之外，联想集团将承担来自 IBM 约 5 亿美元的净负债。

2005 年 1 月 27 日

此次收购的最终协议获联想集团股东大会批准通过。然而，美国外国投资委员会以联想集团收购 IBM 将危及美国国家安全为由，对联想集团收购 IBM PC 业务进行调查，进行得如火如荼的并购被冰冻。

2005 年 3 月 9 日

在中国政府以及各方的共同努力下，美国外国投资委员会提前完成了对联想集团收购 IBM PC 业务的审查。

2005 年 5 月 1 日

联想集团正式宣布完成收购 IBM 全球 PC 业务，任命杨元庆接替柳传志担任联想集团董事局主席，柳传志担任非执行董事。前 IBM 高级副总裁兼 IBM 个人系统事业部总经理斯蒂芬·沃德（Stephen Ward）出任联想集团 CEO 及董事会董事。

4. 动因分析

4.1 战略动因

在联想集团的多元化战略遇挫之后，联想集团进行了战略收缩，把重心放到了 PC 业务上，确立了走"专业化、国际化"道路的战略，并为此部署了相应的战略步骤。然而，尽管联想集团在中国 PC 市场的市场份额达到 27%，居于首位，但在全球市场中的份额仅有不到 3%。另一方面，IBM 在面对 PC 业务部门连年亏损及 PC 产业发展的新形式，也作了相应的战略调整。IBM 计划出售其 PC 业务部门，把资源集中于其擅长的经济附加值高的项目中去。

这次并购是战略并购，即并购双方以各自核心技术为基础，基于企业自身战略发展的需要和目标，通过优化资源配置在适度范围内继续强化企业的核心竞争力，从而形成战略联盟。联想集团缺乏核心技术和自主知识产权，在全球 PC 市场上的品牌认知度不高，在国际市场上缺乏销售渠道。IBM 拥有覆盖全球的强大品牌知名度、世界领先的 PC 研发能力和遍及全球庞大的分销和销售网络。联想集团并购的动因是获得 IBM 的技术研发、品牌、销售渠道等资源提高竞争力，即主要是出于技术寻求动机，弥补自身能力的不足。通过并购 IBM 来培养核心能力尤其是技术核心能力，构建具有企业自身特征的知识体系，快速培育提高企业核心竞争力。而 IBM 则成功甩掉 PC 业务部门这个"包袱"，在其战略实施的过程中又迈进一步。此外，IBM 在这次并购中的提议和表现也获得了中国政府的大力支持，为其日后在中国开展相关业务提供了最完美的铺垫。同时，IBM 持有联想集团 18.9% 的股份，使得其在 PC 业务的品牌影响力可以继续维持，从而实现在企业全方位服务这一核心竞争力上与戴尔和惠普抗衡。

4.2 协同效应

并购之后，新联想集团的股权结构更改为：联想集团控股拥有新联想集团约 46% 的股份，IBM 拥有 18.9% 的股份。并购前后股权结构对比如图 14—2 所示。

此次并购无论对联想集团还是 IBM 来说，都是双赢的。对于联想集团而言，收购 IBM PC 事业部不仅可以获得 IBM 的先进技术水平和庞大的销售网络，同时能利用 IBM 覆盖全球的强大知名度来拓展全球市场实现自己国际化的战略目标。对于 IBM 而言，它既获得了丰厚的利润，也在自己的战略调整中迈出了坚实的一步，提升了自身的竞争力。

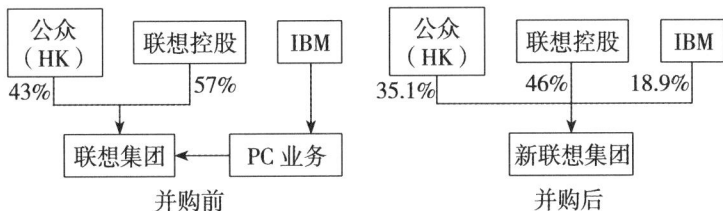

图 14—2　并购前后联想集团的股权结构图

　　另外，两家公司在销售网络和主要销售业务群方面也能产生协同效应。首先是地域上的互补，联想集团在中国市场占有的份额一直排名最高，知名度最高，拥有着完善的国内销售网络，而 IBM 公司拥有遍布全球的销售和服务网络，两者联合，即可覆盖所有的销售地域，扩大生产销售规模。其次是业务群的互补，IBM 生产的商用产品主要适用于高端大中型客户，联想集团主要面向个体消费者销售中低端产品。并购后，IBM 将集中全力发展利润率更高的业务，例如计算机服务、软件、服务器与存储以及计算机芯片等，而新联想集团不仅涵盖了二者原有的业务，还可以覆盖所有的客户群，并可利用共同的销售网络，进入到一些新的市场领域之中。

5. 结果评价

5.1　SWOT 分析

5.1.1　优势——S

　　新联想集团可以充分利用 IBM 先进的技术支持、管理资源和经验、销售队伍、分销渠道来增强其核心竞争力。并购 IBM 全球 PC 事业部使联想提高了其国际声誉。从国内品牌"升级"走向全球品牌，其象征意义已超过了实际的利润所得。

　　联想集团拥有 5 年的 IBM 品牌使用权和"Think"品牌的永久使用权，这一企业无形资产使联想集团从中获益不少。

5.1.2　劣势——W

　　此次收购，联想集团付出了 6.5 亿美元现金和价值 6 亿美元的联想股票，此外，IBM PC 事业部还有 5 亿美元净负债转到联想集团的名下。如此大的收购成本和现金流出，给并购后的联想集团造成很大压力，为并购后的发展加大了难度。

　　联想集团作为一家刚走出国门的企业，缺乏国际市场的运作经验和管理国际化企业的经验，而 IBM 的规则和文化理念可能在联想集团并不适用。

5.1.3　机会——O

　　并购 IBM PC 事业部为联想集团冲出国门走向世界提供了平台，成为联想集团实现理想的机遇。联想集团有望凭借此次并购做大做强，跻身"全球 500 强"行列。

5.1.4 威胁——T

戴尔和惠普的猛烈攻势将是新联想集团面临的最大威胁。对于戴尔和惠普这样的对手而言，此时是大挖墙脚、抢占市场份额的好机会。少了 IBM 强大的科研实力和品牌做后盾，并购后的联想集团能否强大起来，还需要市场的考验。文化和员工的整合问题是新联想集团面临的另一个威胁。另外，联想集团还面临巨额的现金支出压力，其必须提高对财务危机的预警。

5.2 短期结果

联想集团宣布拿出 12.5 亿美元资金收购 IBM 个人电脑业务后，中国香港、中国深圳和美国股市立刻做出反应。2004 年 12 月 9 日，即消息公布后的第二天，IBM（NYSE：IBM）股票在纽交所报收于 96.65 美元，较开盘价上涨 0.55 美元，涨幅为 0.57%；而联想集团在香港的股价收盘为 2.575 港元，比上一个交易日下跌了 3.74%，这主要是因为投资者及机构不看好联想集团短期内的股价走向，担心联想集团收购 IBM 后发行新股，从而摊薄利润，造成不利影响。

此次并购交易完成后，新联想集团的年销售额达 130 亿美元，成为继戴尔和惠普之后全球第三大 PC 厂商，成为了"世界 500 强"的高科技和制造企业。然而，收购过程中涉及的大笔现金流出给新联想集团带来很大的压力。在接下来的几个年度，虽然营业额大幅飙升，但利润连续被拉低。根据联想集团 2006 年第二季度的财务报告，虽然联想集团的销售业绩强劲增长，但净利润却在下降，较 2005 年同期下跌了 52.7%。

5.3 长期结果

联想集团通过此次跨国并购，使自身的品牌、管理、竞争力都得到极大提高。虽然在并购完成之初，新联想集团的利润出现明显的大幅下跌，但 2006 年联想集团年总营业额达到 146 亿元，而净利润也增长到了每股 14.61 港元，回到了 2004 年的水平。2007 年，联想集团第一季度财报显示，截至第一季度末，联想净利润达 6 684 万美元，是去年同期的 11.8 倍，远高于此前路透财经调查分析师 3 200 万美元的平均预期；季度销售额为 39.26 亿美元，同比增长 12.9%；每股盈利 0.78 美分，毛利率为 14.9%，比去年同期略有增长。这部分的增长得益于商用 PC 市场需求的强劲增长。另一方面，是由于联想集团有效利用了 IBM 笔记本业务的资源。笔记本业务成为营业收入的最大来源，2007 年第一季度，笔记本出货量同比增长 26%，合并营业收入为 21 亿美元，占第一季度总营业收入的 53%。

然而，在 2008 年年初全球咨询机构 IDC 和 Gartner 分别发表报告称，2007 年第四季度，宏基在成功收购 Gateway 后，其销售额一举超过联想集团，从联想集团手中抢得了全球 PC 制造第三的宝座。另一方面，较低的运营利润率依然是联想面对的一个重大问题。杨元庆表示，新联想还不是一个成熟、高效、有着良好盈利能力的国际一流水平企业。未来的路还很长，对联想集团来说，其中充满了挑战也充满了机遇。

6. 问题探讨

6.1　跨国收购中的文化融合

文化融合是指如何处理两个来自不同国家的公司的企业文化，包括公司自身的文化差异和中国与美国国家间的文化差异。一向以优秀的企业文化享誉世界的"蓝色巨人"IBM 和只有 20 多年成长经历的本土知名企业联想集团间的巨大的文化差异将成为公司文化冲突的潜在导火索。这些文化差异包括决策方式的差异、管理理念的差异、语言障碍等。

联想集团在收购 IBM PC 业务之后立即将总部迁至 IBM 总部所在地——纽约，并起用原 IBM 高层出任联想 CEO，这是联想集团为实现两种企业文化的融合而实施的"外包"策略。尽管在重组 IBM PC 事业部后，联想集团花巨资在海外塑造品牌形象，但联想集团在海外的品牌认知度依然较低，原来 IBM PC 在海外的市场被惠普和戴尔等公司瓜分。2005 年第四季度，联想集团个人电脑在美洲区经营亏损为港币 2.52 亿元；在欧洲、中东及非洲经营亏损为港币 8 700 万元。直到 2006～2007 财年，新联想集团才初见起色，在美洲的市场份额首次实现盈利。

6.2　企业并购中的人力资源管理

对于并购公司来说，减少员工、削减成本、提高效率是一定要面对的事情。并购后，联想集团在美国纽约宣布，在未来一年内，联想集团将在美洲、亚太和欧洲三大区域削减 1 000 份全职工作，而中国区不受影响。这意味着，IBM PC 事业部加入联想的约 9 500 名员工中将有 1 000 人离职。为了稳定队伍、留住人才，新联想集团在并购开始阶段采取双运营中心制，业务分为联想国际和联想中国两块，IBM PC 事业部在并购后虽然更名为联想国际，却仍然维持着独立的业务和销售渠道。新联想集团采用了一系列行动来稳定住员工和客户。

6.3　跨国并购中的融资策略

联想集团在这次并购中采取的融资策略有诸多高明之处。

第一，合理安排债券融资和股权融资的比例，在一定程度上控制财务风险。当时，联想集团的自有资金只有 4 亿美元。于是，联想集团与 IBM 签订了一份有效期长达 5 年的策略性融资的附属协议。

第二，充分利用境外融资，促进资本结构国际化。境外融资一直是联想集团持续发展的动力。在这次并购的国际融资构成中，三家国际投资公司斥资 3.5 亿美元认购联想集团增发的新股。这笔巨款的进入为新联想集团未来的发展上了一份大"保险"。引入三家投资者后，新联想集团成为了一家真正意义上的跨国公司。

第三，选择专业的融资代理人，确保并购融资方案的成功实施。联想集团能够成功收购 IBM 公司的 PC 业务，与高盛 5 亿美元的过桥融资及优良服务密切相关。另外，麦肯锡、高盛这两家顾问公司也起到了很大的作用。

6.4 支付方式

收购支付手段灵活多变，但是总的来说可以大致归结为现金支付、股票支付、综合证券支付等几种。在联想集团与 IBM 的交易过程中，根据双方签订的协议，采用了现金与股票混合的支付方式。并购双方结合公司的发展战略精心地做出了安排。

部分交易数额以股票支付有两个因素。一方面是联想集团不愿动用太多的现金，以免降低资产的流动性，影响其偿债能力，联想集团需要保障并购后的正常运转。另一方面，IBM 也有意持有联想集团的股票，一是分享其可能的利润，二是仍将维持其在 PC 业务的影响力，这对它的整体销售策略有着很大影响。

主要参考文献

1. 冯志文：《IBM—联想：从并购迈向成功》，载《消费导刊》，2008（9）。

2. 方中华：《PC 产业 大品牌格局下的完全竞争》，载《IT 时代周刊》，2008－09－20。

3. 乐思伟：《从联想对 IBM PC 的收购看文化融合中的冲突与对策》，载《广东外语外贸大学学报》，2008（1）。

4. 韩干群：《从联想换标看品牌变脸》，载《公关世界》，2003（9）。

5. 谢光亚、郑春：《从联想收购 IBM PC 业务看中国企业跨国并购》，载《商业研究》，2006（11）。

6. 王倩茹、周广生：《对联想并购 IBM 全球 PC 部后的 SWOT 分析》，载《价值工程》，2006（2）。

7. 王健：《海外并购中资如何长袖善舞》，载《中国检验检疫》，2008（2）。

8. 贾晓朦：《机遇与挑战并存——联想收购 IBM－PC 业务分析》，载《中国集体经济》，2008（2）。

9. 周妮娜：《跨国并购估价实例分析——联想与 IBM 并购研究》，载《广西财经学院学报》，2007（6）。

10. 王海：《联想并购 IBM PC 事业部动因三维视角分析》，载《财务与会计》，2006（11）。

11. 郇永忠：《联想并购 IBM PC 案例：主角梦想始于完美设计》，人力资源开发网，http://www.chinahrd.net/zhi_sk/jt_page.asp? articleid ＝129889，2007－07－24。

12. 张涛：《联想并购 IBM PC 部现状分析》，载《财经界》，2007（7）。

13. 武勇、谭力文：《联想并购 IBM PC 的动机、整合与启示》，载《经济管理·新管理》，2006（12）。

14. 谢艳如、甘蕊萍：《联想并购 IBM PC 业务案例分析——从非付现并购成本与非货币性收益角度》，载《商业研究》，2007(9)。

15. 刘婕：《联想并购 IBM PC 业务带来的启示》，载《山西财经大学学报》，2007(11)。

16. 顾列铭：《联想国际化——始于成功的购并》，载《广东科技》，2008(17)。

17. 徐婷：《联想集团国际化战略的分析》，载《时代经贸》，2008(3)。

18. 徐宁、王帅：《联想跨国并购中的融资策略分析》，载《商场现代化》，2007(7)。

19. 张建成：《联想收购 IBM 全球 PC 事业部案例分析》，载《财经界》，2008(3)。

20. 于桂琴：《联想收购过程中的战略问题分析》，载《中共济南市委党校学报》，2006(1)。

21. 王军宏：《企业并购的人力资源管理策略——从联想集团与 IBM PC 的并购谈起》，载《经济管理》，2005(7)。

22. 陶小燕、杨娟：《企业并购中的人力资源管理——以联想为例》，载《当代经理人》，2006(21)。

23. 李云超：《企业间品牌收购中的文化整合分析——以联想收购 IBM 为例》，载《时代金融》，2008(6)。

24. 王海燕：《浅析并购中的员工整合问题——有感于联想并购 IBM》，载《科技信息》，2007(14)。

25. 余博：《浅析联想并购的技巧》，载《价值工程》，2006(2)。

26. 黄淑萍：《谈中国企业的跨国并购——以联想为例》，载《法制与社会》，2007(10)。

27. 王海燕：《我国 IT 行业的未来发展与模式》，载《时代经贸》，2008(1)。

28. 于然东、李悦：《 中国企业的国际化捷径——联想并购 IBM PC 业务评析》，载《大众科技》，2005(12)。

29. 王海：《中国企业海外并购经济后果研究——基于联想并购 IBM PC 业务的案例分析》，载《管理世界》，2007(2)。

30. 李萍：《中国企业跨国并购的动因分析——联想收购 IBM PC 案例的分析》，载《市场周刊》，2005(4)。

31. 曾勉：《中国企业跨国并购整合管理成因分析及对策——兼论联想集团收购 IBM PC 业务的整合与管理》，载《湖北经济学院学报》，2007(8)。

32. 联想集团有限公司，http://www.lenovo.com.cn。

33. IBM 中国，http://ibm.com/cn。

34. 白旭鹏：《联想的未来是什么样》，载《经营与管理》，2005(4)。

35. 娄岩：《联想与 IBM 的姻缘际会》，北京，中国纺织出版社，2005。

案例参编：姚　姿　杨　悦

案例 15

日资收购北旅

1995年7月5日，日本五十铃自动车株式会社（以下简称"日本五十铃"）和伊藤忠商事株式会社（以下简称"伊藤忠"）与北京旅行车股份有限公司（以下简称"北旅"）签订合作经营协议，日本五十铃和伊藤忠联合以协议方式一次性购买北旅不上市流通的非国有法人股4 002万股，占公司总股本的25%（其中五十铃占15%，伊藤忠占10%），成为北旅第一大股东。日方承诺所持股份8年不转让并参与北旅的经营管理，北旅也经有关部门批准成为外商投资股份有限公司，享受优惠待遇。此次并购开启了外资并购中国上市公司的先河。

1. 行业背景

在国际汽车市场上，北美、西欧和日本是世界上汽车产销量和汽车保有量最大的三个地区，也是经济最发达的三个地区。随着汽车需求的增长由传统发达国家的市场转移至日益活跃的新兴国家的市场，特别是转向除日本之外的亚洲、东欧和南美市场后，我国已经成为继北美、西欧、日本之后世界第三大汽车市场。世界各大汽车企业看准了这些新兴市场的巨大发展潜力与增长空间，纷纷在这些地区或谋求合作、或投资建厂，并加紧建立和完善其营销体系与服务网络。由于中国经济的持续快速增长，中国汽车（尤其是家用轿车）市场正处于普及前期，巨大的潜在需求即将转化为现实需求，国际汽车产业巨头唯恐落后，纷纷涉足这一地区的汽车市场，构建在中国汽车市场的战略布局。

自改革开放以来，随着市场经济的发展和国内居民消费能力的进一步提升，我国的汽车产业取得了迅猛发展，汽车产业的地位也越来越重要，已经成为国民经济的支柱产业。在产业结构方面，"缺重少轻、轿车空白"的落后面貌得以改观，轻型轿车，特别是家用型轿车得到了长足发展；在汽车品牌方面，长期以来国内主要有解放、跃进、黄河等几个品牌，而改革开放之后相继出现了桑塔纳、捷达等合资品牌；在企业结构方面，随着一批合作或合资汽车企业的建立，形成了多元化的企业结构，促进了汽车市场的进一步成熟。在引进国外的技术和资金之后，我国汽车产业在轿车生产方面形成了一定的生产规模，完善了行业管理体制和企业经营机制，汽车的生产能力和产品质量都得到了大幅增长。

但是，前一段时间过分追求高增长率所带来的负面效应，以及国家经济转型时期出现的各种问题，使得国内汽车市场有效需求不足、市场人为分割严重、汽车消费环境极差、企业生产能力严重闲置和产品国际竞争力低下。我国汽车产业与世界先进水平相比，还存在很大的差距，在规模化生产、技术水平、成本控制、产业政策、市场推广手段等诸多方面都存在着明显的不足。

面对国内外汽车产业的发展局势及汽车市场竞争的加剧，我国汽车工业的分化组合将不可避免。在已有的存量资产基础上，随着市场的优胜劣汰，国内厂商将围绕着大型汽车工业企业展开重组，构建更大规模的企业集团。国外一些知名厂商也会以合资、合作甚至兼并、收购的形式进行资本运营，以求在中国汽车市场迅速赢得一席之地。国家顺应这种趋势，于 1994 年颁布了《汽车制造业产业政策》，确定了汽车制造业真正成为支柱产业的战略方针和措施，积极引导国内汽车产业重组，鼓励强强联合，为汽车工业的继续发展提供支持。

2. 企业背景

2.1 北旅

北京旅行车股份有限公司是在北京市旅行车制造厂的基础上组建的。该厂的前身是 1958 年由个体运输劳动者组织起来的民间运输社，在经历公私合营、国有化等一系列演化之后最终形成了北京市旅行车制造厂。1985 年 12 月，在北京市政府和市汽车工业总公司的领导和帮助下，该厂改制成北京旅行车股份有限公司，是北京市工业企业试行股份制的第一家，也是全国汽车工业企业实行股份制的第一家。

1988 年，北旅产品在全国乘用车展览会上获得包括最高奖"中华杯"在内的七个奖项。1992 年，北旅同日本五十铃公司签订了引进日本五十铃 BL/BE 旅行车专有技术的协议，生产五十铃高级旅行车。当年主要产品 BJ6560A2 曾荣获由全国消费者协会评选的"92 消费者信得过国产车金奖"。

截至 1993 年 12 月 31 日，北旅总股份达 12 008 万股，其中国家股 209.2 万股，法人股 10 499.2 万股，职工股 1 298.9 万股。1994 年 3 月 27 日～1994 年 4 月 12 日，北旅增发社会公众股 4 000 万股。1994 年 4 月 14 日，国家计委正式批准北京旅行车股份有限公司扩建开发中型旅行车项目。

经过改制之后 9 年的积累和发展，北旅于 1994 年已发展成为拥有 1 个本部工厂、1 个子公司、4 个分公司和 1 个关联公司的企业集团，是全国最大的 6600 系列的轻型客车制造企业之一，同年公司在上海证券交易所挂牌上市，股票代码为 600855。

2.2 日本五十铃

日本五十铃自动车株式会社的前身是 1916 年在东京都品川区成立的东京石川岛造船所。1922 年，开始生产 A9 型轿车；1933 年，日本五十铃与达持汽车公司合并；1937 年，该公司又与东京煤气电力工业公司、京都国产公司合并为东京汽车工业公司；1949 年，改称为五十铃自动车株式会社；日本五十铃于 1971 年和美国 GM 合作供给美国卡车底盘和相关零部件，1975 年成立了美国 ISUZU 公司，正式纳入 GM 的版图。ISUZU 以重卡起家，旗下的 4 驱车也以坚固、耐用、负载大而出名，而其柴油发动机更是供给不少其他车厂，国内很多皮卡和 SUV 都是用其底盘或车身制造的。

日本五十铃生产的汽车包括五十铃皮卡、五十铃 H 系列中型卡车和五十铃 N 系列卡车。其中五十铃 RODEO 多功能车是日本五十铃和 GM 合作在北美推出的产品，在日本本土没有生产，RODEO 车型包括 RODEO、RODEO Sport 等，日本五十铃在这个基础上还开发出皮卡变型车。

日本五十铃自从成立以来就积极致力于开发高科技、低污染的汽车及发动机，向各国用户提供高质量的运输工具，目前已经是世界上规模最大且历史最悠久的汽车制造企业之一，产品销售遍及世界各地，受到各国用户的欢迎，特别是在商用车以及柴油发动机方面，产量和质量都位居世界前列。

2.3　伊藤忠

伊藤忠商事株式会社起始于 1858 年第一代伊藤忠兵卫通过销售麻布的创业，伊藤忠多年以来领先于其他日本的大型综合商社与世界最大的市场中国展开贸易往来。早在中日邦交正常化 6 个月前的 1972 年 3 月，伊藤忠即于中国建立了正式的贸易关系。伊藤忠的这一先驱行动深受中国政府的好评，随之也带来了诸多项目的签约。伊藤忠自开展中日贸易以来，一贯将中国作为伊藤忠最重要的市场，在对中国贸易方面，一贯保持着最强的地位。在中国改革开放的政策下，无论在质或量的任一方面，始终居日本综合商社对华商务活动的首位。

持续发展历经一个半世纪，伊藤忠已成为对纺织、机械、信息、通讯相关业务、金属、石油等能源相关业务、生活材料用品、化工品、粮食、食品等各种商品的进出口及国外贸易多方位投资的企业。伊藤忠具有多种业务机能及遍布世界多个国家的广域业务网络，在世界范围内强有力地展开着各种商务活动。

3. 并购过程

1994 年 6 月 7 日

北京旅行车股份有限公司、北京轻型汽车有限公司和日本五十铃自动车株式会社、日本伊藤忠商事株式会社就合资组建北京五十铃客车有限公司签订合资意向书。

1995 年 7 月 5 日

北旅与日本五十铃自动车株式会社、日本伊藤忠商事株式会社签订合作经营协议，拟与日方进行全面合作。日本五十铃、伊藤忠联合以协议方式，一次性购买北旅公司不上市流通的法人股 4 002 万股（不含国有法人股），占公司总股本的 25%（其中日本五十铃占 15%，伊藤忠占 10%），日方在成为正式股东后，将参加北旅公司的经营管理。北旅公司将按照中国汽车工业产业政策和北京市汽车工业发展规划的要求，以五十铃产品为今后北旅公司的主导产品。日方承诺所持股份 8 年内不向中国境内法人或个人转让。

1995 年 8 月 8 日

北旅向中国证券监督委员会递交了股权转让书面报告。

1995 年 8 月 9 日

北旅公布了日本五十铃和伊藤忠购买北旅公司法人股的消息后，当日下午北旅股票交易行情发生了显著变化。

1995 年 10 月 18 日

北旅股东大会经过决议，同意北旅向政府有关部门办理转为外商投资股份公司的申报手续；选举了第四届董事会董事，其中日方代表桥本昌明、贺川义雄、木岛保寿和北村和夫也入选为董事。

北京市外经贸委以京贸资字〔1995〕98 号文，报送中华人民共和国对外贸易经济合作部。国家对外贸易经济合作部于 1995 年 10 月 19 日发布〔1995〕外经贸资二函第 832 号"关于北京旅行车股份有限公司转为外商投资股份有限公司的批复"。日本五十铃和伊藤忠收购北旅股份之后，北旅经有关部门批准成为外商投资股份有限公司，享受相关优惠待遇，并于 1996 年 5 月 1 日正式按合资企业的规定进行生产经营。

1995 年 12 月

北旅进行股权账务处理。至此，日资收购北旅股份事件拉下了帷幕。日本五十铃和伊藤忠一次性协议购买北旅非上市流通法人股 4 002 万股，形成外资法人股。虽然日本五十铃、伊藤忠分别是北旅第二、第三大股东，但由于两名日商股东具有合作关系，实际上公司的控股权已发生改变。

4. 动因分析

4.1 日方的动机

日本五十铃自动车株式会社在 20 世纪 80 年代以前的主要市场集中在欧美以及日本本土，但随着亚太地区、东欧及南美新兴国家市场的日益活跃和汽车市场需求增长的转变，日本五十铃也随全球汽车产业的潮流转变了公司的战略计划。中国汽车产业自 20 世纪 80 年代便开始了高速的发展，虽然也遇到了很多困难，但由于中国经济的持续增长，以及政治和社会的稳定，发展前景仍然很广阔，充满了无限潜力。外国公司都对中国汽车市场的前景充满信心，同时也希望在中国汽车市场的高速发展中获取更多的利润，对他们来说，尽早在中国站稳脚跟，将有助于他们在中国汽车市场中取得更大的份额。和绿地投资相比，跨国并购方式可以直接获得目标企业的资产，大大缩短项目投资周期和建设周期。日本五十铃和伊藤忠作为后进的企业为了缩小与领先者之间的差距，首选采取收购上市公司的形式联合收购北旅进军中国汽车市场，一方面是看好中国的汽车市场，另一方面是希望借助北旅的市场占有率和销售网络，以节省时间和成本，尽快切入中国市场。

在中国证券市场建立初期，上市公司在中国证券市场上是一种比较宝贵的资源，往往会得到国家和当地政府很多的优惠政策，同时也具有比较广泛的关系，这些都为日本五十铃和伊藤忠收购北旅提供了便利条件。收购之后，北旅所拥有的生产厂房、设备和营销网络都可以直接投入使用。同时国内的劳动力资源非常丰富，劳动力和原材料相对于国外资本来说都比较廉价。由于中国资产市场发育还不完善、产权交易市场发展滞后，在企业评估方面缺乏必要的经验和能力，公司的估价往往会出现比较大的波动，出售资产的价值往往低于资产的实际价值，使收购成本降低。同时企业或地方政府还对引进外资、增加生产总值有着天然的偏好，经常出现廉价变卖企业的现象。日本五十铃和伊藤忠通过并购上市公司，也就相应地获得了企业的这些潜在能力。

4.2　中方的动机

4.2.1　寻求企业持续发展

在进入 20 世纪 90 年代以后，虽然社会经济和汽车行业依然持续增长，但在通货膨胀等因素的影响下，国内汽车市场形势不太好，市场竞争进一步加剧。各汽车生产企业在产品的价格、质量、品种、服务方面都各出奇谋，力求在低迷的汽车销售市场中取得优势。北旅在比较严峻的市场环境面前，为了企业的长期发展，希望通过引入外国投资者的资金以及先进的技术和管理方法，增强企业的持续发展能力。

4.2.2　寻求国际化发展

在完善市场经济体制的过程中，参与国际化经营与竞争，是我国企业的战略目标和必经之路。对于参与国际化竞争的具体做法，一是对外产品出口，二是引入国际先进的经营理念、管理模式、企业文化等。为了达到这个目标，国内企业通常通过与外资公司合作或引入战略投资者的方式，希望由外资公司带来先进的技术和管理经验，以使中方更好地学习外商的经营理念和管理模式（包括技术和管理），从而提升中方的国际化经营能力。北旅向日资转让法人股，是希望通过日方来扩展海外销售，更希望由日方输入其成熟的生产技术和管理理念，提高中方的经营管理能力，为中方培养企业管理人才。

4.2.3　追求制度创新

随着市场经济体制的建立和不断完善，企业经营体制改革对企业本身以及整体经济的发展都有重要的影响，亟待进行。为了在企业尤其是上市公司中建立现代企业制度，需要在企业产权和管理制度上进行创新。北旅作为一家上市公司希望通过引入外商股东来进行制度创新，在公司治理结构方面进行改革，调整和优化公司的股权结构，建立科学合理的法人治理结构，从而提升其总体市场竞争力，通过引入外资股东，输入外国的公司治理理念和机制，推动公司治理机制的完善。

5. 结果评价

1995 年，北旅改良并研制开发了 8 种新车型，生产 6560 系列、6440 系列、BL/BE 系列旅行车 6 336 辆。但由于汽车市场平滞、产品结构调整尚未根本到位及企业自身管理原因，北旅经营出现亏损，当年实现主营业务收入 3 1291.7 万元，利润总额 −3150.4 万元。1996 年，北旅生产旅行车 3 268 辆，销售 3 269 辆，主营业务收入实现 1 9715.6 万元，全年实现净利润 40.89 万元，将营业利润扭亏为盈。但 1997 年又出现重大的经营亏损，亏损额为 6 275.01 万元。1998 年 6 月 10 日，上海证券交易所开始对北旅股票交易实行特别处理，股票挂牌简称改为"ST 北旅"。1998 年，北旅全年共停产 4 个月，由于任务不足，部分时间又处于停停打打状态，各项经济指标无法按计划完成，当年出现巨大的经营亏损，亏损额为 11 648.49 万元。由于连续 3 年亏损，北旅现金流量净增加额出现负增长，资金严重短缺，生产经营不能正常进行。因此，造成新开发产品 BI.6601A 车型、6471 经济型不能投产，而投入产出比例的失调及 BJ6560 系列产品的老化和市场竞争力的下降，造成北旅 1999 年主营业务继续亏损，净利润为 −5 897.80 元。根据《公司法》和《上海证券交易所股票上市规则》的相关规定，北旅普通股股票于 2000 年 5 月 30 日起暂停交易。

2000 年 9 月 26 日，北旅主要股东北京市司达旅行车公司、日本伊藤忠商事株式会社、北京汽车工业集团总公司、北京汽车工业供销公司分别同长峰科技工业（集团）公司等草签了股份转让合同，从而长峰集团取得了控股权。下表为北旅 1996 年~2000 年主营业务收入及利润表。

表 15—1　　　　　北旅 1996 年~2000 年主营业务收入及利润表　　　（单位：万元）

项目＼年份	1996 年	1997 年	1998 年	1999 年	2000 年
主营业务收入	19 715.6	12 486.68	7 823.69	7 627.44	4 128.23
利润总额	40.89	−6 275.01	−11 648.49	−5 897.80	14 570.54

日资收购北旅后，引进了急需的资金和先进的技术与管理，对于解决企业资金短缺、盘活资产存量、优化资产配置起到了一定的作用，并在一定程度上促进了国内产业结构和企业组织结构的调整。但日本五十铃和伊藤忠在后续的生产经营活动

中并没有持续投入太大的资金，北旅的经营业绩也没有得到很大的改观，最后日方不得不黯然退出。

6. 问题探讨

6.1　外资并购经历的阶段及其特征

北旅并购案例揭开了外资并购的帷幕，在外资并购经历了 1995～1998 年的探索期之后，还经历了培育期与发展期。在探索阶段，外资并购这一市场化程度高、与国际接轨力度大的方式，首度为人们所关注。但在当时我国市场经济体制刚刚建立、并购法律法规不健全以及我国尚未加入 WTO 的背景下，外资并购不能不说是超前的。由于外资并购中出现的种种问题及国务院的暂停通知，悄然兴起的外资并购戛然而止。第二阶段为 1998～2001 年的培育期，这一期间，外资并购在实践中不断探索创新之路，许多外资并购取得了突破性的进展，并出现了有别于第一阶段的鲜明特点：并购的行业范围迅速拓展，从汽车行业不断扩展到电子制造、橡胶、玻璃、食品等行业，开始出现间接控股模式，第一大股东的位置成为焦点。第三阶段为 2001 年之后的发展期，这一期间，一方面，在经济全球化和我国加入 WTO 的背景下，外资并购得到了全方位的发展；另一方面，政策法规的不断完善也积极、有效、稳健地推动了外资并购有力的展开，使之迎来更为广阔的空间和快速发展的新时期。

6.2　日资收购北旅的失败是否意味着外资并购上市公司的失败

日本五十铃自动车株式会社和伊藤忠商事株式会社收购北旅非上市流通法人股是我国首例外资收购上市公司，但由于当时经营经验不足以及在实际运营操作过程中存在的一些问题，使这次收购最终以失败而告终，但这并不意味着外资并购上市公司的失败。随着我国市场经济的不断发展和资本市场运行体制的日益健全，外资并购上市公司的益处将更加明显：有利于外资的引进，弥补我国在企业战略性调整和资产重组中的资金缺口；有利于上市公司经营管理的提高，外资受让部分非流通股之后，使得上市公司引入一些外国的投资者，改变公司原有的一股独大局面，改善公司的法人治理结构，使公司的股权结构更加合理，有利于公司进一步发展；外资并购国内上市公司，将给上市公司带来先进的设备、技术、管理以及公司经营的理念，从而使公司的技术水平得到提高，管理更加科学、规范，公司运作更加成熟，最终提高上市公司的业绩；有利于现有企业竞争力的提高，向外资企业开放证券市场，将给市场注入一批极具竞争力的外资企业，它们在许多方面有着竞争优势，上市公司在面临外资并购的威胁下，必将迫使自己提高竞争力。

6.3 外资并购方向及发展新形势

1995 年和 1996 年国家分别发布了《指导外商投资方向暂行规定》和《外商投资产业指导目录》，以法规形式对外公布了鼓励、允许、限制和禁止外商投资的领域，加强了对外商投资向基础设施、基础产业和企业技术改造方向的引导，在鼓励类和限制类项目中，对于少数关系到国计民生的产业及项目，还规定了要由国内资产占控股或主导地位以及不允许外商投资经营的若干内容。

随着经济全球化的浪潮席卷全球，中国也不可避免地加入到全球化的进程中，在国内开放程度不断提高的新形势下，外资公司对国内企业的并购往往发生在同行业中。就外资并购的发展过程来看，在制造业、食品、电信、银行的外资并购案例中的外资企业，往往对国内处于同一产业或产业链上下游的企业进行收购，具有比较强的针对性，通过收购国内企业来促进外资企业的产品销售或消灭国内的品牌和竞争者。从外资并购涉及的行业看，逐步显示出从制造、建材加工到食品、零售，从电信到银行的循序渐进的趋势，这主要与中国加入 WTO 后，各行业开放的程度和次序有密切的联系。随着加入 WTO 后各行业开放程度的加深，外资并购将更深的涉足电信、金融、公用事业行业。

中国加入 WTO 后，有关行业的开放程度在不断提高，行业壁垒逐渐降低，各项法规政策也在不断完善。2001 年和 2002 国家进一步颁布了有关外资并购的规章政策，为外资并购活动提供有效的制度保障，同时也充实、完善了企业并购方面的法律法规。在市场体系不断完善的情况下，外资并购活动将得到进一步的发展。

主要参考文献

1. 佚名:《无奈出局,北旅沉没,是谁毁了它?》,中华商务网,http://www.chinaccm. com/06/0604/060401/news/20010823/142232. asp,2001 - 08 - 23。

2. 郑卒:《当前企业兼并立法亟待解决的若干问题》,载《法制与经济》,2005 - 10 - 19。

3. 姜志华、刘斯敖:《外资并购上司公司的利弊分析》,载《商业分析》,2003(21)。

4. 韩书成:《外资并购的发展局势及特点分析》,载《科技进步与对策》,2003(11)。

5. 宁周彬:《利用跨国并购提升我国产业结构》,载《国际经济合作》,2002(4)。

6. 蒋兰陵:《跨国并购——中国对外直接投资新的实现途径》,载《商业研究》,2007(17)。

7. 刘世锦、冯飞:《汽车产业全球化趋势及其对中国汽车产业发展的影响》,载《中国工业经济》,2002(6)。

8. 程贵孙、叶燕:《我国汽车产业组织现状分析》,载《汽车工业研究》,2003(9)。

9. 马晓河:《当前我国汽车产业发展特点与问题》,载《西部论丛》,2004(4)。

10. 王中亮:《我国汽车消费特点及发展趋势》,载《上海商业》,2005(3)。
11. 汪卫东:《我国汽车产业面临的最大机遇和挑战》,载《汽车工业研究》,2005(5)。

案例参编:李碧荣 梁 杏

东风汽车牵手日产汽车

2002 年 9 月 19 日，东风汽车集团股份有限公司（以下简称"东风汽车"）与日本日产汽车公司（以下简称"日产汽车"）签署了为期 50 年的长期战略合作协议。双方共同以 50:50 的出资比例，组建"东风汽车有限公司"。在这次新设合并过程中，日产汽车共斥资人民币 85.5 亿元，成为中国汽车制造业最大的一笔外资投资。对日产汽车来说，这次投资也是其迄今为止在海外的最大一笔投资。这次合并同时形成了中国汽车行业最大的一宗合资案。

1. 行业背景

汽车工业在经过百余年的发展之后，已经是一个成熟的行业。随着汽车技术的日益成熟，汽车企业之间的竞争优势越来越依靠规模经济。通过规模经济，降低生产成本和和销售渠道成本，获取更多的利润。在这种情况下，全球的各大汽车生产厂家都竭力通过兼并重组，扩大生产规模来适应市场竞争。此外，汽车工业生产力过剩是推动兼并浪潮的重要因素。发达国家的汽车公司在 20 世纪 70 年代、80 年代由于过高估计市场的消费能力，导致投资过度。而 20 世纪 90 年代新型汽车市场的崛起，又进一步吸引了全球各大汽车制造商通过兼并重组"占领新兴市场"。

在上述这些因素的综合作用下，20 世纪 90 年代以来，兼并重组的风浪席卷全球汽车工业，仅 1997 年就出现数百次并购活动，交易额高达 280 亿美元。1998 年以来，兼并重组的规模进一步升级。德国戴姆勒——奔驰和美国克莱斯勒两公司的合并资本高达 920 亿美元，成为世界汽车发展史上规模最大的一次合并。进入 2002 年，全球汽车行业的并购又一次突飞猛进，全球汽车企业并购数量由 2001 年的 462 家增至 621 家，增幅为 35%，并购涉及金额达 351 亿美元，比 2001 年的 190 亿美元增长 85%。2002 年并购的单位数量也激增，达到汽车行业交易记录的最高水平，并逐步形成了以通用集团、丰田集团、福特集团、大众集团、雷诺——日产集团、戴姆勒——克莱斯勒集团等 6 大集团，以及本田公司、宝马公司、法国标致——雪铁龙公司等 3 家相对独立的汽车公司为主的"6 + 3"局面。这些世界级的汽车制造商们为了实现生产和销售的全球化，通过扩大规模经济、巩固现有市场、开拓新兴市场，不断走向行业集中，增强竞争能力。

中国汽车市场属于新兴的汽车市场，行业利润非常高，汽车制造技术和生产管理水平却相对落后，迫切需要引进国外的先进制造技术和管理水平。而国外先进的汽车制造商则迫切的希望能够在中国高成长、高利润的汽车市场分一杯羹。与世界跨国汽车公司"6＋3"的格局相比，中国汽车工业经过发展已经初步形成了"3＋6"的新格局：一汽、东风和上汽3大集团加上广州本田、重庆长安、安徽奇瑞、沈阳华晨、南京菲亚特、浙江吉利6个汽车制造商。外国汽车巨头的"6＋3"格局在进入中国市场的过程中，必须要与中国汽车行业的"3＋6"格局相互耦合。这种态势决定了中国汽车工业必将面临着战略格局性的合资、合作与重组。

2. 企业背景

2.1 东风汽车

东风汽车公司的历史起始于1969年，当时是中国第二汽车制造厂。东风公司从生产卡车开始，在经过30多年的建设和发展之后，截至2002年已经可以生产包括商用车、乘用车、汽车零部件和汽车装备在内的系列产品，并在十堰、襄樊、武汉、广州、上海等地建立了多个研发、生产基地，在公司总部附近建设了湖北汽车工业走廊，下属柳汽、新汽、杭汽等多个整车生产企业。

由于国家宏观调控、市场需求变缓等原因，从1993年开始，东风公司在经营上开始进入比较困难的时期，在随后长达六、七年的时间遇到了重重困难，表现在产销量大幅度下降，经济效益也大幅度滑坡。为了克服困难、走出困境，东风公司进行了多方面的努力，对公司组织结构和经营管理制度进行了改组和改革。截至1999年，东风公司已经构建了比较规范的三级管理体制，即东风公司作为母公司和总公司，主要负责公司的战略规划和战略决策；二级单位是生产经营主体，是利润中心性质；三级单位为生产单元，是成本中心性质。同时东风公司对辅业进行了剥离改组，以在核心业务上集中精力。经过一番努力之后，东风公司的措施开始收到效果，经营业绩不断上升。1999年，东风公司产销量只有20万辆，而截至2002年年底（成立合资公司前）时，公司当年产销汽车41.8万辆，销售收入达704亿元，实现利润61亿元，总资产达581亿元人民币，净资产达217亿元人民币。

进入新世纪之后，东风公司的眼光开始投向国际竞争，确立了"建设一个永续发展的百年东风，一个面向世界的国际化东风，一个在开放中自主发展的东风"的战略目标，并试图按照"融入发展，合作竞争，做强做大，优先做强"的发展策略，积极与跨国公司展开战略合作。

2.2 日产汽车

日产汽车公司成立于1933年，是日本三大汽车制造商之一。从20世纪70年代开始，日产汽车大量出口美国市场，进入了飞速发展期，并在20世纪的70年代和80年代成长为世界十大汽车公司之一。

随着日本经济在20世纪80年代后期陷入长期的低迷和萧条，日产汽车也受到了严重影响，连续 7 年出现了亏损，濒临倒闭。在极度的困境中，法国雷诺公司在 1999 年斥资 54 亿美元收购了日产汽车公司 36.8% 股权，并派卡洛斯·戈恩（Carlos Ghosn）赴日本担任日产汽车公司的社长和首席执行官。戈恩上任之后，在日产公司推行 NRP 复兴计划等一系列改革措施，对日产汽车公司进行大刀阔斧的改革，最终使日产汽车公司起死回生，重新走上了良性发展道路。作为日产汽车的最大股东，雷诺公司还持有沃尔沃公司 20% 的股权，同时，日产汽车也持有雷诺 15% 的股份。沃尔沃是目前全球第二大卡车制造商，同时也生产轿车，而雷诺在 2001 年将自己的重型卡车和中型卡车业务出售给了沃尔沃。

3. 过程描述

东风汽车公司为扩大生产规模、提升核心竞争能力，实现其国际化战略，从 2001 年便开始寻求与国际大型汽车企业进行战略合作，并与众多跨国汽车集团进行接洽。这其中包括韩国悦达起亚汽车公司、日本日产汽车公司、日本本田公司、法国标致——雪铁龙公司等等。经过一段时间的合作与考察之后，东风汽车公司决定与日产自动车株式会社进行合作，并在 2001 年 7 月开始谈判。

2001 年 7 月

东风汽车开始和日产汽车进行接触，并对谈判进行准备工作。在这一阶段，双方主要就东风汽车资产的评估价值、不良资产处置和离退休职工安置等方面存在的分歧进行沟通。

2002 年 3 月

日产汽车公司派出由财务、技术、管理等各方面专业人员组成的 80 多人的考察团进驻东风汽车公司，分成 15 个工作组对东风汽车公司的投资环境、经营状况、财务状况、管理状况、资产评估、法律事务进行了尽职调查。双方还聘用了安永会计师事务所、美标调查公司以及日本黑田律师事务所等多家国际知名的会计机构及法律顾问公司，对东风汽车公司进行大规模的调查和审计。经过大量的调查和审计，双方于 6 月 6 日编制实施计划，并很快敲定了合作的框架协议。

2002 年 9 月 19 日

经过沟通、协商之后，东风汽车总经理苗圩与日产汽车总裁兼首席执行官戈恩·卡洛斯在钓鱼台国宾馆签署了东风——日产长期战略合作协议，合作时间为 50 年。双方同意以 50：50 的出资比例共同组建一个新的汽车公司——"东风汽车有限公司"，注册资金为 171 亿元人民币（以签约日的人民币对美元的汇率计算，折合 20 亿美元）。其中日产汽车以现金出资直接投资人民币 85.5 亿元，而东风汽车公司则以汽车、汽车零部件及装备等核心业务的资产及部分子公司的股权（包括"东风汽车"和"东风科技"的股份），以及进入合资范围的企业的 2002 年度净利润作为出资额。合资企业注册资金 171 亿元，创下了我国汽车合资企业资产规模的最高纪录。新公司——东风汽车有限公司将生产包括乘用车，重、中、轻型卡车和客车在内的产品，其中客车和卡车使用"东风"品牌，而乘用车将使用"日产"品牌。另外，日产汽车还将在 2006 年以前，分批投入 200 亿～300 亿日元专门用于在中国大陆生产的产品开发。日产汽车还要向新公司提供管理经验，包括产品规划、采购、生产、物流、质量控制、品牌管理、市场开发、销售网络以及金融服务等方面一系列的支持与协助。

东风汽车以持有的子公司股权作为合资资本的一部分，是指东风汽车公司所持有的上市公司——东风汽车股份有限公司（股票代码为 600006，股票简称"东风汽车"）70% 的国有法人股，以及东风电子科技股份有限公司（股票代码为 600081，股票简称"东风科技"）75% 的国有法人股，作价出资。换句话说，东风汽车公司将上述股权转让给东风汽车有限公司，由此导致东风汽车有限公司持有上述两家上市公司的股权超过了 30%。根据《证券法》和《上市公司收购管理办法》，这次转让触发了全面要约收购警戒线。因此，东风汽车公司向证监会申请对这两家上市公司豁免要约收购，并得到了批准。

2002 年 12 月 26 日

根据东风日产战略协议的安排，东风汽车公司将湖北十堰基地的非核心业务进行整体剥离，成立了东风汽车有限公司十堰管理部。

2003 年 4 月 28 日

国务院商务部批复了东风——日产的合作项目，并下发了《关于东风汽车公司与日产自动车株式会社战略重组实施方案的批复》。

2003 年 6 月 9 日

新的东风汽车有限公司在武汉成立，苗圩出任董事长，总裁则由日产的中村克己担任。公司于 7 月 1 日正式运营，在新公司的 8 人董事会成员中，来自东风汽车和日产汽车的成员各占 4 人。东风重组后的股权结构关系如图 16—1 所示。

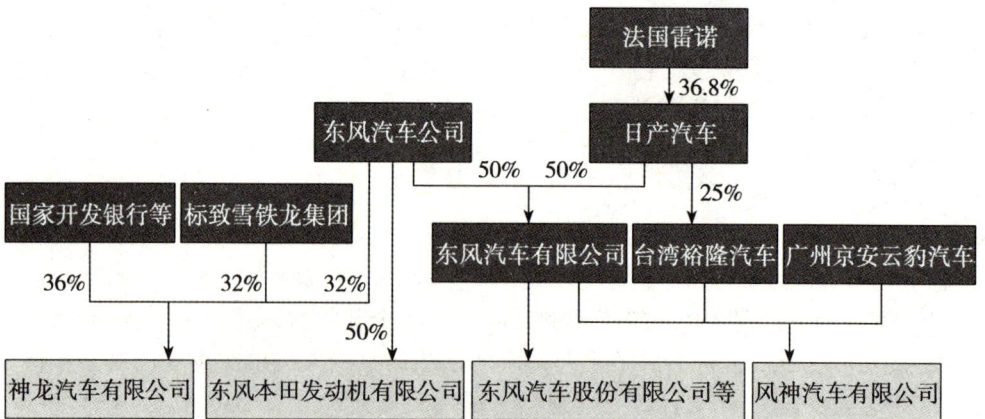

图 16—1　东风重组后的股权结构关系图

4. 动因分析

4.1 东风汽车国际合作的战略动因

自 20 世纪 90 年代开始，东风汽车在国内三大汽车集团的竞争中一直居于一汽与上汽的下风的局面。随着中国加入 WTO，汽车市场的国际化程度进一步加深，自主研发能力不足的中国汽车企业，除去合资已没有其他选择。为满足日益增长的市场需求，同时应对加入 WTO 后日趋国际化的激烈的市场竞争，国内三大汽车集团中，上汽牵手大众、通用，一汽联姻大众、丰田。通过多方位合资，这两大汽车集团的生产规模和竞争能力在不断提高。

自 1999 年以来，东风汽车集团通过锐意改革、加强管理、加大技术创新力度，竞争力有了大幅度提高。2001 年，实现赢利 25 亿元，共销售汽车 26.5 万辆，在中国汽车销售市场约占 17% 的份额。2002 年前 8 个月实现赢利 33 亿元，但利润主要来源于缺乏持久竞争力的商用车产品。以东风汽车现有的实力而言，从研发能力到生产规模，再到品牌价值，都与国际汽车企业有着不小的差距，是无法凭借自己的力量成为具有国际竞争力的汽车集团的。面临激烈的市场竞争，东风汽车公司提出了"立足湖北，面向全国，走向世界"的战略方向，以及"融入发展，竞争合作，做强做大，优先做强"战略思想。2000 年，东风汽车公司确立了在 5 年或更长的时间内，将年销售额提高到 1 000 亿元以上，在国内市场的占有率达到 18% ~ 20%，进入国内汽车行业前二位，初步形成具有国际竞争力的远景目标。要实现这一目标，东风汽车公司必须主动融入国际竞争，将对外合作由局部、阶段性的战术层次，提升到全面、整体的战略层次，积极参与汽车行业的国际分工。

4.2 东风汽车选择日产汽车的动因

东风汽车与雪铁龙在 1992 年就开始合资建设神龙汽车项目，但由于雪铁龙公司不愿将先进技术引入中国、开发更有竞争力的新车型，造成神龙汽车的产能严重浪费，成本高昂，缺乏竞争力。

2000 年，东风汽车公司与台湾裕隆以及广州京安云豹汽车公司成立合资企业风神汽车。台湾裕隆持有风神汽车 40% 的股份，而日产汽车则是台湾裕隆的股东，持有裕隆汽车 25% 的股份。因此，风神汽车同样可以使用日产技术。风神汽车成立后在国内实现了快速发展，2001 年就已经占有国内中高档轿车市场 8% 的份额，全年销售汽车 17 620 辆，销售收入 34 亿元。2002 年上半年，风神汽车的销售量同比增长 167%，其新产品"新蓝鸟"上市两个月后，在 8 月份的单月销售数量就突破了 5 000 辆。风神汽车的良好发展，让东风汽车看到了中高档轿车的巨大潜力，也给东风汽车和日产汽车带来了充足的信心。仅仅借助一个 PSA 集团，不能满足东风汽车在轿车领域做大做强的雄心。风神轿车虽然挂有"Nissan（日产）"的标志，但只是通过台湾裕隆才间接与日产汽车建立关系。本次合资之后，可以与日产汽车的直接合作，除了可以借鉴日产的技术、管理和品牌外，还可以利用雷诺、沃尔沃、日产汽车之间的紧密联系，参与国际大企业之间的联盟，形成"大中华区的市场、日产的技术、雷诺的管理"，一个完美的"金三角计划"。此外，通过与日产汽车、雷诺进行全面合资能促使标致——雪铁龙公司提升与东风汽车公司的合作层次。

4.3　日产汽车选择东风汽车的原因

　　首先，中国市场对世界级的汽车制造商具有很强的吸引力。在世界级的汽车制造商中，一些对中国市场认识的比较早的公司已经获益良多，如大众、本田、丰田、通用等等。日产汽车对中国市场关注的比较早。1990 年，日产汽车与南汽合作未果。1993 年，日产汽车与南汽谈判生产发动机项目，由于资金紧张原因，主动放弃。1993 年 3 月，日产汽车公司在郑州投资建立了郑州日产汽车有限公司，但只有 5%的股份，既没有参与管理，也没有多大的经济利益，生产出的皮卡市场表现一般。与丰田、本田比起来，日产汽车在中国市场属于典型的"醒得早、起得迟"，错过了分享中国汽车市场的高增长与高利润。1999 年，日产汽车透过台湾裕隆公司与东风汽车公司合作生产了蓝鸟汽车，取得了意外的成功。法国雷诺在中国的合资道路更加崎岖。三江雷诺投产后，前后只卖出几千辆客车。作为世界第五大汽车制造商，雷诺不可能就此退出中国市场。三江雷诺失败之后，雷诺决定采取了以日产汽车为先导的重新进军中国的策略。历史的失误和当前的行动让日产汽车，以及日产汽车的股东雷诺公司意识到中国汽车市场的重要性。2002 年 4 月 1日，日产汽车公司成立了"中国事业室"，下设 5 个部门，员工 80 余名，由总裁亲自主管，可见对中国市场的重视程度。

　　其次，对日产汽车来说，与东风汽车合作有着重要意义。日产汽车公司从1991 年起经营状况每况愈下，连续 7 年亏损，负债高达 21 000 亿日元，市场份额由 6.6%下降到不足 5%。1999 年，日产汽车公司被雷诺收购 36%的股份。新任总裁卡洛斯掌控日产汽车，3 年内裁员 2.1 万人，关闭 5 家工厂，卖掉非汽车制造部门，将 13 000 多家零部件、原材料供应商压缩为 600 家，将采购成本降低 20%，仅用 2 年时间就实现了复兴，2001 年实现赢利 36 亿美元。2002 年，日产汽车提出"180"计划：所谓"1"，是指在 2004 年，日产汽车的全球销售在 2001 年度的基础上增加 100 万辆，即由 260 万辆增加到 360 万辆；所谓"8"，是指在 2004 年实现 8%的营业利润率，达到行业最高水平；所谓"0"，是指到 2004 年，实现汽车业务的负债为零。要在短短 3 年内实现新增销售 100 万辆汽车的宏伟目标，难度很大，而日产汽车把实现这个目标的希望放在了中国市场。近 2 年东风汽车赢利水平的强劲增长，不仅提升了东风汽车的谈判筹码，也让日产汽车看到了合作伙伴的实力，增强了合资的信心。与东风汽车全面合资已成为日产汽车全球战略的重要组成部分。

5. 结果评价

5.1　提高了东风汽车的国际竞争能力

日产汽车做出迄今为止在海外的最大投资：85.5 亿元人民币（约合 10.3 亿美元、1 204 亿日元）直接的现金投入，而东风汽车将现有资产中 80% 纳入了此次重组范围，70% 纳入了新合资范围。通过合资合作之后，东风汽车公司的组织体制和运行机制再次发生了深刻变革，已经构建起比较规范的现代企业制度和体制框架，为东风汽车公司的国际化打下了良好基础。

通过引进外商投资来改造中国大型国有企业，在引进战略投资者的同时，还引进了生产技术、销售经验、研发能力和经营管理。这比采用海外上市的方式，对企业的作用更大，效果更好。通过这次合并，在整车方面，新公司涉及的产品范围包括日产全系列的乘用车和东风的重、中、轻型卡车以及客车。在零部件方面，日产汽车允诺将帮助现有的零部件生产企业提高质量、降低成本，最终把这些企业纳入日产汽车的全球零部件采购体系。在销售网络方面，日产汽车承诺在销售网络方面对新公司提供先进的管理经验。在研发能力方面，除了加强现有商用车研发中心外，还将成立一个新的乘用车研发中心。两个研发中心将成为日产汽车全球研发中心的分支机构。乘用车研发中心将发展成为具有车身和整车匹配的研发能力和自主开发自有知识产权和专有技术的中心。

这次合并清理了东风汽车过去 40 年遗留下的历史包袱，引入了日本汽车的制造理念，雷诺公司的世界级管理水平，加上中国广阔的市场，形成了一个具有国际竞争力的汽车公司。

5.2　促进法国标致雪铁龙集团加快与东风合作的步伐

2002 年 10 月 25 日，东风汽车与法国标致雪铁龙集团签署了全面合作协议，提升合作水平和层次。为实现全面的平台共享，双方同时增资扩股，使双方的合资企业——神龙汽车公司的资本增加 10 亿元，增加之后的注册资本达到 70 亿元。在增资部分中，标致雪铁龙集团将出资 6.3 亿元人民币，而东风汽车公司将出资 3.7 亿元人民币。扩大资本后，神龙汽车将形成年产 15 万辆轿车的生产规模，并开始生产雪铁龙和标致两种品牌的多种车型。两大集团还决定，将在 2005 年联手回购神龙汽车的另外 36% 股份，最终实现双方各持股 50%。这一项合作正是由东风汽车寻求与日产汽车合作的刺激作用所产生的效果。

5.3　短期业绩

2002 年，是日产汽车实施"180 计划"的第一年。这一年里，12 个新车型按计划陆续投放市场，且备受市场好评。其中，CEFIRO（风度）、SUNNY（阳光）、

X – TRAIL（奇骏）等受到中国用户的青睐和追捧。

在东风汽车有限公司正式运营的第一个月，其乘用车当月销量即达到 7 058 台。其中，SUNNY（阳光）在 7 月份销售了 3 997 台，而订单已超过 1 万台，且仍在不断增长。2003 年，东风汽车公司累计生产汽车 47.3 万辆，销售 46.9 万辆，其中商用车（包括卡车和客车）226 000 辆，实现销售收入 774.82 亿元。

2003 年 8 月，东风汽车有限公司按照日产汽车的全球标准建立的 80 家东风日产专营店已全面对外营业，并计划到 2003 年年底扩展至 100 家。

可以看出，东风汽车有限公司自成立初期已经开始有良好的表现，使人们对它未来的发展充满期待和信心。

6. 问题探讨

6.1 资产的估值问题

在东风汽车公司与日产汽车公司的合资过程中，东风汽车公司是以存量资产作为出资额，因此对这部分资产的价值评估就成了合资谈判中的关键。中方是按照收益法对这部分资产进行估值，得出的结果是包括无形资产和当年利润在内的国有资产为 200 多亿元人民币；而日产汽车在评估时聘请了安永会计师事务所，按照重置成本法计算，得出的结果是 50 亿元人民币，与东风汽车的估价相去甚远。经过协商，最后双方商定结合收益法和成本法对资产进行估值，对东风汽车公司用以出资的这部分资产估值为 790 043.98 万元，即约 79 亿元。

国有企业与外资企业合资过程中的资产评估是一个非常重要和敏感的问题。但无论是于 1991 年 11 月 16 日中华人民共和国国务院令第 91 号发布的《国有资产评估管理办法》，还是于 2003 年 4 月 12 日起实施的《外国投资者并购境内企业暂行规定》都没有对具体的评估方法做出规定，只是说明了有哪几种方法可用。《外国投资者并购境内企业暂行规定》第 8 条规定：“并购当事人应以资产评估机构对拟转让的股权价值或拟出售资产的评估结果作为确定交易价格的依据。并购当事人可以约定在中国境内依法设立的资产评估机构。资产评估应采用国际通行的评估方法。”但是，资产评估准则也没有关于并购中出资资产估值的具体规定或指导。

随着国内外企业之间的并购越来越频繁，资产评估也越来越重要。在目前的法律、经济环境下，为保障国有资产的安全、避免国有资产的流失，在并购中进行资产评估应采用收益法为宜。因为收益法侧重于考虑资产的未来收益能力，对整体资产的评估，以及以投资收购为目的的资产评估更加适用。而重置成本法则更适合对单项资产进行评估，而不适于对于企业的整体资产以及由此所产生的获利能力进行评估。并购的首要目的是为了获得对企业资产未来产生收益的分配权，因此在企业没有整体市价的情况下，资产评估时更应该使用收益法。

6.2　东风能否在雷诺——日产、标致雪铁龙集团之间取得长期平衡?

东风汽车联手日产汽车之后,形成了左手雷诺——日产,右手标致雪铁龙的局面。我国汽车三大集团在对外合资的过程中都是选择了两个合作伙伴。雷诺——日产与标致雪铁龙集团在全球范围内一直都是竞争对手,在欧美汽车市场不断萎缩的情况下,新兴的中国市场对双方来说都是兵家必争之地。在这种情况下,东风汽车同时与两个巨头开展合作,如何才能与双方都维持良好关系,使东风汽车既能够获得双方的利益,同时又不至于造成不必要的竞争与内耗?

东风汽车无疑是想通过与雷诺——日产和标致雪铁龙集团同时开展合作,以获得双方的利益。通过同时合作的方式,东风汽车可以提高自己在合作过程中的议价能力,以谋求对自己最有利的地位。一个最直观的例子就是,在东风汽车牵手日产汽车之后,标致雪铁龙集团马上改变了以往不愿投入先进技术的方法,扩大了与东风汽车的合作范围。中国汽车市场具有巨大的增长潜力,雷诺——日产与标致雪铁龙集团为了扩大在中国市场的份额,又必须要依靠东风汽车的配合,双方在对东风汽车的支持方面必然会展开竞争。这种竞争无疑会促进各自对东风合资公司的技术投入,从而使中国汽车制造行业能够引入更先进的汽车制造技术。如果能够平衡好各方的关系和利益,两大巨头在中国市场的适度竞争对东风汽车、对中国汽车行业都是有益的。

当然,事实会不会如东风汽车所设想的那样一帆风顺,还必须等待市场的实践来证明。

6.3　国有企业合资过程中的特殊问题

这次并购事件可以看作是一个典型的国有企业与外资企业进行合资的过程,因此,在这个过程中面临着很多国有企业的特殊性问题。这些问题在这次并购过程中都得到了妥善处理。

第一,关于合资过程中的投入资产问题。国有企业最大的问题就是有很多非经营性资产。在十堰,东风汽车有27个工厂、38所学校、5所医院,学校的数量多于工厂。东风汽车所负担的水厂、电厂、学校、医院,既是东风的辅业,也是负担着十堰的社会职能,这些单位大部分处于吃大锅饭的状态。在这次合资过程中,这些辅业资产被剥离在合资企业之外。东风汽车与十堰政府签订了一项涉及300多个单位、18亿元资产、1.3万职工的剥离框架协议。

第二,关于员工的养老保险的问题。按照中国国有企业目前的现状,在职员工存入的养老保险金基本上都被挪用给已经离退休的职工了。与此同时,一些城市已经在搞个人账户试点。如果一旦这项改革付诸实施的话,东风汽车要填补7万多员工的账户空缺。保险公司的精算师的核算结果表明这笔资金的缺口为90亿。东风汽车自然不能接受这种算法,因为如果这么算,东风汽车的全部资产都不足以弥补这个缺口。东风汽车对这个问题的解释是这项改革肯定是渐进式的。尽管在合作的

50 年内很可能会遇到这个问题，双方都清楚这里存在的风险，但这件事情当前无法解决，只能存而不议。

第三，离休老干部的医保问题。按照国家有关规定，离休人员不同于退休人员，离休人员是 1949 年 10 月 1 日以前为中国革命做出贡献的退休人员。离休干部的医疗保险要百分之百报销。合资前这部分开支从企业成本里走，合资后东风汽车要求由新公司承担。日产汽车方面不能理解，但考虑到 700 多离休人员在东风汽车有限公司 12 万员工中所占的比例很小，最终予以接受。

第四，历史债务问题。2000 年东风汽车实行整体债转股。当时东风汽车集团所欠四大国有商业银行以及国家开发银行的不良贷款符合规定的都已经转为股权。华融、信达、东方、长城等四大资产管理公司以及国家开发银行等五家金融机构成为了东风汽车的股东进入东风。在这项合资过程中，四家资产管理公司和开发银行股权作为不良资产被搁置在老东风中，不得进入新公司的资产负债表。

第五，党委和党委书记的地位问题。在日产汽车公司看来，党委书记不属于高级管理人员的范畴。但是东风汽车方面要求在合资公司中党委书记的身份要公开，待遇要相当，比同级的行政副职高一点，但比正职低一点，而且活动要有经费。经过一番解释和争取，最后将党委书记写进公司章程，同时将党务工作者纳入正规的人员编制，党委活动经费纳入企业全年预算，实现了党组织的机构公开、人员公开、活动公开。

第六，人员问题。东风汽车拥有在职员工 12.4 万人，7 万多人能进入合资企业。日产汽车认为职工从进入合资公司的那一天起，签订劳动合同，开始计算工龄。如果按照日产汽车的想法，这部分人以前的工龄应该由东风汽车以补偿金的形式支付。即便如此，老职工在心理上仍很难接受。最后决定，凡是进入新公司的员工的工龄全部连续计算。此外，在人员分流上采取开发性安置为主，比如组织员工开拓营销机构，把员工充实到营销队伍里去；引导员工在第三产业就业；到年龄的员工可以办理离退休手续等。不采取下岗、买断等形式，最大限度的减少了重组带来的震动。

这次合并克服了国有企业的诸多难题，可以看作是老国有企业与外资企业进行合并的典范。在这个过程中，体现了合并双方不拘泥于细枝末节，而是着眼于长远的战略眼光。

主要参考文献

1. 张训苏：《企业重组中资产价值化管理研究》，上海，上海财经大学出版社，1998。

2. 张秋生、王东：《企业兼并与收购》，北京，北方交通大学出版社，2001。

3. 佚名：《深信服东风汽车案例分析》，睿商在线，http://solution.spn.com.cn/3/35373.html,2006-10-16。

4. 佚名:《东风汽车"左拥右抱"》,新浪财经,http://finance. sina. com. cn/roll/20040108/0605594210. shtml,2004 - 01 - 08。

5. 田建军、杨希伟:《东风日产完成中国汽车业最大的外资并购》,搜狐汽车,http://auto. sohu. com/2003/12/05/46/article216494659. shtml,2003 - 12 - 05。

6. 佚名:《"新东风"运营首月乘用车销七千》,大洋网,http://gzdaily. dayoo. com/gb/content/2003 - 08/14/content_1184917. htm,2003 - 08 - 14。

7. 佚名:《苗圩:五年再造一个新东风》,载《中国工业报·汽车周报》,2005 - 05 - 23。

8. 佚名:《门外车谭:解读"新东风"汽车有限公司》,央视国际,http://www. cctv. com/news/financial/inland/20031125/100537. shtml,2003 - 11 - 25。

9. 佚名:《尖峰访谈:东风汽车公司总经理苗圩》,搜狐汽车,http://auto. sohu. com/62/28/article214862862. shtml,2003 - 10 - 26。

10. 王政:《东风汽车和日产(NISSAN)公司的合资带来什么?》,新浪汽车,http://auto. sina. com. cn/news/2003 - 06 - 08/38524. shtml,2003 - 06 - 10。

11. 佚名:《日产何以接受 40 年老国企——高盛、中金谈新东风》,载《财经时报》,2002 - 09 - 29。

12. 赵云、刘乾坤:《外资和中资各占 50% 股权 新东风是合资还是兼并》,载《经济观察报》,2002 - 09 - 27。

13. 纪乐航:《日产汽车社长预言 全球汽车业将现并购潮》,新浪汽车,http://auto. sina. com. cn/news/2003 - 04 - 28/36403. shtml,2003 - 04 - 28。

14. 魏惠娟:《日产老板秘访东风 商务谈判内容涉及风神汽车》,载《中国经营报》,2001 - 12 - 19。

15. 贾新光:《2001 年外国汽车公司在中国的主旋律——雷诺日产》,新浪汽车,http://auto. sina. com. cn/news/2002 - 03 - 15/21268. shtml,2002 - 03 - 15。

16. 程远:《日产汽车走出亏损阴影 决胜中国转折点在东风》,载《经济日报》,2002 - 05 - 22。

案例参编:李碧荣　　林嘉曦

比亚迪收购秦川汽车

2003 年 1 月 22 日，素有亚太区"电池大王"美誉的深圳比亚迪股份有限公司（以下简称"比亚迪"）分别与陕西集团和秦川机械签订收购协议，共以 2.54 亿港元收购上述两家公司在西安秦川汽车有限责任公司（以下简称"秦川汽车"）中合计 77% 的股本权益。同年 4 月 1 日，西安秦川汽车有限责任公司正式更名为比亚迪汽车有限公司。作为一家非汽车行业的民营企业，比亚迪涉足收购国有汽车企业，形成了汽车行业继国企与外企合资、民企与外企合作之后的第三条重组整合之路，所引起的轰动与疑问至今仍未平息。

1. 行业背景

中国汽车市场有着广阔的发展空间，当前汽车保有量每千人不到 30 辆，与世界平均每千人 120 辆相比差距较大。据国家统计局统计，20 世纪九十年代全国私有车保有量不超过 80 万辆，仅占汽车市场消费的 14.8%，公车消费是汽车市场消费主流。此外，中国汽车制造业与国外的同行相比，其利润空间高达 30%，这给了诸多企业进入汽车制造业的理由。

随着我国改革开放的不断深入、经济稳定持续增长，私人汽车作为耐用消费品也有着较高的增长。根据发达国家的经验表明，千人汽车数与人均 GDP 值呈正相关。因此，进入 2000 年以来，汽车制造业出现了井喷式的发展，正式宣告汽车消费时代的到来，汽车消费量以超过 35% 的速度增长。

2001 年，随着中国正式加入世界贸易组织，中国汽车市场大举对外开放。国家为了促进国内汽车制造业的发展，在外企进入中国市场前站稳脚跟，出台了一系列政策，鼓励家庭购买小轿车。将长期以公车消费为主的汽车市场转变为以私人消费为主，私人购车成为当今中国汽车消费的主流和经济增长的主要驱动力量。

2002 年，中国汽车业在产量上有了一个惊人的飞跃，超过韩国、西班牙和加拿大，排名世界第四位。借鉴日本、中国台湾、韩国汽车制造业的发展经验，以及考虑到我国人口总数以及 GDP 增长速度的影响，专家预计，我国汽车保有量在 2010 年有可能超过 1 000 万辆，在 2020 年则有望达到 1 700 万辆。

然而，制造业的快速发展，付出的代价往往也是巨大的。在我们快速进入汽车社会的同时，也面临着各种新的考验——能源紧缺、燃油价格上涨、土地资源有限、城市交通拥堵，诸多不利因素困扰着汽车业。在这种情况下，发展环保、节能的微型汽车已刻不容缓。

表 17—1 亚洲主要国家及地区汽车市场数据

		中国	日本	中国台湾	韩国
汽车总量（百万辆）	1983	0.06	24.28	0.61	0.29
	2003	8.46	42.62	5.07	9.94
百人汽车拥有量（辆）	1983	0.01	20.32	3.26	0.73
	2003	0.65	33.38	22.51	20.77
人均 GDP（美元）	1983	294	24 729	4 165	2 016
	2003	1 096	31 493	12 868	12 710

资料来源 中国汽车网。

2. 公司背景

2.1 比亚迪

深圳比亚迪股份有限公司成立于 1995 年 2 月，注册资本仅 250 万元，拥有员工 20 来人，是坐落于深圳市区龙岗葵涌小镇的电池生产企业。经过 7 年半的时间，即 2003 年，这家名不见传的小厂发展成为全国最大的二次充电电池生产商，同时在全球镍镉、镍氢和锂离子电池厂商中分别排名第二、三、四位，国内排名均为第一。比亚迪股份有限公司，2001 年实现销售收入人民币 13.05 亿元（其中锂离子电池、镍镉电池、镍氢电池销售额分别为人民币 5.62 亿元、6.06 亿元、1.22 亿元）。比亚迪成为了继三洋、索尼之后的全球第三大电池供应商。在比亚迪上市之前，王传福拥有比亚迪实业 36.97% 的权益，广州融捷公司拥有 21.45% 的权益，管理层股权拥有 13.76% 的权益，而其他 7 位个人股东拥有剩余的股份。

2002 年 7 月，比亚迪在香港主板创下 54 只 H 股中最高发行价的纪录成功上市，融资 16 亿港元，之后多次被誉为中国内地表现最佳的上市公司。当年销售锂离子电池、镍镉和镍氢电池三类二次电池共 4.85 亿只，同比增长 50%；实现销售收入 22.91 亿元（其中锂离子电池、镍镉和镍氢电池销售额分别为人民币 11.73 亿元、11.09 亿元），同比增长 76%；每股收益 1.46 元。2000 年、2001 年、2002 年实现的净利润分别为：1 310.52 万元、22 868.1 万元、70 392.8 万元。

目前，摩托罗拉、TCL、诺基亚、爱立信等是占据国内大半壁江山的大型品牌手机，这些手机厂家所使用的手机电池，多数由比亚迪贴牌生产。

2.2 秦川汽车

秦川汽车公司是经国家 1993 年批准，并由陕西省人民政府和中国兵器工业总公司共同出资组建的大型现代化轿车生产企业，是西北地区唯一的轿车定点生产企业。经过多年的建设，西安秦川汽车公司在引进德国、日本、西班牙等国设备的基础上已经建成了具有世界轿车生产先进工艺水平的"四大工艺"，具备年产5万辆轿车的综合生产能力。秦川汽车从引进生产日本铃木公司"奥拓"轿车起步，开始致力于开发国民用车。为了适应市场发展的要求，秦川汽车在奥拓生产平台的基础上，充分引进、消化、吸收当今国际轿车生产的领先技术，根据中国的市场特点和人体特征，开发出符合中国国情的排量在1.0升以下的新一代微型家用轿车"福莱尔"。福莱尔取英文"FLYER"之音，意为"飞天"，其意不言自明。

3. 并购过程

2003年1月22日

深圳比亚迪公司分别与陕西集团和秦川机械两公司订立收购协议。根据此协议，比亚迪将以2.54亿港币（约合人民币2.695亿元）收购秦川汽车股本中合共77%的股本权益。收购后，秦川汽车将占总股本的13%，原来的另一股东陕西电力投资公司将占10%的股权。

2003年4月1日

秦川汽车已得到国家工商管理总局的批准，正式更名为"比亚迪汽车有限公司"，比亚迪正式成为微型汽车行业的一支新军，也意味着在中国的汽车行业继吉利集团之后的第二家民营汽车企业已诞生。

2004年2月24日

比亚迪再次分别与陕西投资集团和北方秦川机械订立收购协议：比亚迪再次出价以5 250万元收购比亚迪汽车15%的股权。本次收购完成后，比亚迪在比亚迪汽车中的股权从77%上升至92%。

2005年7月

比亚迪再次收购比亚迪汽车约7%的外持股权。至此，比亚迪股份有限公司对比亚迪汽车的股权已由原来的92%增加到99%。

比亚迪资金雄厚，在收购秦川汽车之前的2002年年末，公司账面由以往累积盈余所形成的现金为12.4亿元。收购行动无须动用募集的资金，因此整个收购过程都十分顺利、简单，从首次谈判到收购结束仅三个月时间。

4. 并购动因

4.1 分散风险动机

虽说比亚迪是"电池之王"，敢于和三洋、索尼一争天下，但它的弱点在于客户过于集中，长期为摩托罗拉、爱立信等手机和笔记本电脑生产商等供应电池。比亚迪的大客户大多是手机厂商等电子产品的制造商，电子产品的降价风波已经传递至配件供应商。手机、笔记本等电子产品更新换代的速度可谓是眼花缭乱，产品价格不断下跌，电子产品的利润空间不断下降，自然也对像比亚迪这样的配件供应商的利润构成压力。近几年，充电电池每年的价格均有10%的下调幅度。此外，在电池制造领域除了现有的100多个生产厂家在激烈竞争之外，还有很多新的竞争者准备加入。在这样一个竞争日益激烈的行业，比亚迪可以保证未来3年依靠电池业仍然可以保持较高的业绩增长，但是从5年、10年的角度考虑，比亚迪必须要在电池之外寻找一种高盈利产品来分散未来的风险。

而在今天的中国，高盈利的行业越来越少。家电行业竞争非常激烈，房地产进入门槛太高，手机暴利时代即将成为历史，而汽车行业属于那种竞争者并不是很多，门槛相对比较高，利润率非常高的行业。全世界汽车制造业的利润，包括大众、通用等国际品牌，都只在5%左右，而在中国竟然达到了20%～30%。尽管自2002年中国加入世界贸易组织之后，国内轿车市场将价格下调了10%～20%，可是，与国外相对比，中国的汽车行业仍是一个暴利的行业。根据国家有关部门的统计资料显示，2002年汽车行业销售收入1 515亿元，比上年增长30.8%；实现利润431亿元，比上年增长60.94%，行业的平均利润率为28.45%。中国汽车市场容量之大，成长性之好，利润之高，无一不吸引着资本充裕的比亚迪。因此，比亚迪收购秦川汽车的行动，既是为庞大的现金流另寻出路，也是为了分散未来5～10年在电池行业可能面临的风险，为未来的盈利做准备，为公司的长远发展作谋略。

4.2　战略动机

收购汽车企业，对比亚迪来说既可以看作是一个多元化并购，也可以看作是一次纵向并购，可谓是进可攻，退可守。

从"进"的方面考虑，随着全球能源的日趋紧张、石油价格暴涨，对新型能源汽车的呼声越来越高，其中，电动汽车有可能成为未来的发展方向。一汽、二汽、上汽都投入了不小的力量研发电动车，但是由于锂电成本太高，一直不能批量投产。国家科技部已经投入了上百亿资金，大力推动电动车的研发工作，重点攻关电池、电机和电控三大技术，以推动纯电动机、混合动力车和燃料电池车的发展。比亚迪是移动能源专家，一直希望建立一个汽车电池产业化的平台。但是，如果仅仅通过与汽车厂合作推进汽车电池项目，不仅会影响进程，比亚迪还无法掌握主动权。而收购了秦川汽车以后，无疑为自己建立了一个汽车电池产业化的平台。正如王传福本人所说，有了这个平台，比亚迪电动汽车电池产业化的进程可能会加快2～3年。更进一步，比亚迪还可以凭借在移动电池方面的专业优势，领先于其他传统的汽车制造商，发展成为电动汽车生产领域的领先者。在传统汽车配件制造技术日益成熟的情况下，汽车动力的革新可能会成为一个绝对的领先优势。因此从"进"的方面考虑，比亚迪可以在汽车生产价值链上获得能源缓解的领先优势，进而成为未来汽车行业的领军者。

当然，从"退"的方面讲，如果进军电动汽车项目不成功，通过收购汽车企业也可以帮助比亚迪进军获利丰厚、成长空间广阔的汽车行业，分散公司的未来盈利风险。

秦川汽车产品定位为微型轿车。从市场层面来看，中国还是一个发展中国家，考虑普通百姓的承受能力，中国市场微型车的市场空间巨大。而且国内的微型车市场目前仅有奇瑞等几家汽车制造商，还没有一个绝对领先者。从技术层面来讲，秦川汽车所开发生产的"福莱尔"汽车车体较轻，适宜改造成为电动汽车。这两点都正好符合比亚迪的战略考虑。

4.3 资源协同动因

秦川汽车具有诸多的资源优势。首先是区域与政府资源优势。秦川汽车出身军工业，是西北地区唯一的轿车定点生产企业。随着汽车产业的发展，国家对轿车目录管理越来越严格，而秦川汽车是正规上了国家目录的企业。不仅如此，秦川汽车还被列入了国家规划的四个微型轿车生产企业之一。其次是技术资源。秦川汽车引进了德国 DURR 公司设计制造的涂装生产线、西班牙 FAGOR 公司的全数控冲压生产线、日本狄原公司设计制造的车身冲压模具和焊装生产线及日本万岁公司的汽车整车检验线——整车厂所必备的"四大工艺"，充分引进、消化、吸收日本、德国、西班牙等国的领先技术。有一群在各个岗位上的优秀技术骨干，有900多个工程技术人员曾先后去过日本铃木厂驻厂受训，技术根底扎实。第三是微型汽车的市场资源优势。秦川汽车已经根据中国的市场特点和人体特征，开发出符合国情的家用轿车"福莱尔"，并已成功投放市场。福莱尔 2001 年投放市场，当年就卖出了2 000 辆，2002 年销售 17 000 辆，2003 年进入产品收获期，预计产量将达到 3 万辆，纯利润将增至 3 000 万元。

国有企业通常聚集了大量的资源优势，但往往由于受到机制的束缚而经营不善，秦川汽车也是如此。秦川汽车在管理过程中，资金运转缓慢，企业高层决策效率低下，经营管理形势不容乐观。2002 年"福莱尔"销售 1.7 万余辆，收入 7 亿元，利润仅为 78 万元，如此微薄的利润在汽车市场难以立足。由于资金匮乏，广告投入几乎是零，"福莱尔"的知名度一直没有打开，公司经营陷入亏损乃至破产的边缘。对于资本密集型的汽车制造企业来说，如果没有后续资金，汽车的研发与营销难以为继，而研发和营销正是汽车企业发展过程中最重要的两步。

比亚迪至少具有秦川汽车所缺乏的两个方面的资源优势：其一是管理资源优势。比亚迪是在激烈的市场竞争中成长起来的民营企业。长期与狼共舞，不仅是摩托罗拉、爱立信等跨国公司的供应商，而且还与三洋、索尼等一些跨国公司竞争市场。比亚迪有着丰富和先进的企业管理经验，尤其是独特的成本管理经验。通过并购秦川汽车，比亚迪可以凭借自己先进的管理经验，降低秦川汽车的成本，提高产品质量，进而提高产品的竞争力，实现管理效率的提高。其二是财务资源优势。2002 年年底，比亚迪除了自有现金 12 亿之外，还上市融资 15 亿资金。凭着丰富的财务资源，比亚迪可以帮助秦川汽车加大品牌营销力度和产品研发投入。正因为如此，王传福确信收购本身会提高比亚迪每股收益，而秦川汽车在短短 3 个月内就与比亚迪达成了股权转让协议。

5. 结果评价

5.1　资本市场的质疑

比亚迪收购秦川汽车引发了市场一片质疑。投资银行和基金经理认为，秦川汽车竞争力并不足，比亚迪收购价格过高，且与比亚迪的主营业务还不相关。摩根还将比亚迪的评级由"买进"改为"卖出"。同时，香港股市反应剧烈，比亚迪在次日股市一开盘就急跌 12.22%，当日累计跌幅达 19.72%，股价最低跌至 14.1 港元，而就在收购之前数日，比亚迪股价已达到 18.3 港元，而香港证券分析师甚至预期其将走至 19 港元的高位。大量的放盘使当日比亚迪换手金额达 3.59 亿元，成为第二大成交股。随后股价连跌 3 天，由 18 港元跌至 12 港元。证券分析师纷纷指责比亚迪花费巨资收购与主业无关且远在西安的汽车厂。由此看来，收购秦川汽车引发了资本市场的普遍质疑。

5.2　比亚迪的励精图治

面对市场的质疑，比亚迪没有动摇其在汽车行业发展的决心。2003 年，在收购秦川汽车有限公司之后，随即在西安市高新技术开发区征地 1 500 亩，修建 100 万平方米面积的新厂房。并与西安高新技术产业开发区、陕西省投资集团共同投资 20 亿元人民币，合资组建比亚迪电动汽车生产线项目。

比亚迪收购秦川汽车之后紧接着第二个关键动作，是以完全控股的方式收购了北汽集团旗下的模具制造厂，成立了北京比亚迪模具有限公司。使比亚迪成为国内第一家能独立完成轿车整车模具制造的生产企业，也是目前国内最大的汽车模具制造中心之一。通过对上游模具企业的整合，大大降低了汽车的模具成本。对于一款车型，比亚迪的开模成本只有 3 000 万～4 000 万，比国际同行要低 2/3。

2003 年 4 月，上海比亚迪汽车研发中心成立，主要从事着比亚迪系列轿车车身、汽车电子、安全装置及电动汽车等方面的研究与开发工作。

2004 年 6 月，比亚迪 7 款"自主研发、自主生产、自主品牌"新车型亮相北京车展，除了"福莱尔"系列之外，还有首次露面的燃油动力车 F2 和 F4 系列，全球第一辆锂离子混合动力驱动轿车 Hybrid－S、电动概念车 ET 和 C 级轿车 F6。

2004 年 7 月，比亚迪出资建立的高等级汽车检测中心在上海投入使用。经过上述一系列工作，比亚迪在一年多时间内成功建成了四大基地：西安高新区的生产基地、上海的汽车研发中心和核心零部件制造中心、北京的汽车模具中心、深圳的汽车销售总部，目前比亚迪已在全国建立了 200 多家汽车销售与服务中心。比亚迪正不遗余力地打造传统汽车制造和销售的平台，力争在汽车市场建立其品牌的影响力。

5.3 凤凰涅槃

2002 年，秦川"福莱尔"销售 1.7 万辆，收入 7 亿元，利润仅有 78 万元。收购后，2003 年比亚迪汽车销售数量达到 2 万辆，比 2002 年增加了 16.1%，但由于该年"福莱尔"的平均单价下降了 5 000 元，总收入只有 5 亿元，比 2002 年有所下降，但是利润却升至 1 000 多万元。2004 年，受到国家紧缩信贷及汽车市场竞争加剧的影响，比亚迪汽车销量下降到 1.48 万辆，主营业务收入 3.89 亿元，但利润达到了 3 800 多万元。

表 17—2 比亚迪汽车 2002 年~2004 年销量和收入的列表

	2002 年	2003 年	2004 年
销量（万辆）	1.7	2.0253	1.4818
收入（亿元）	7	5.0916	3.89
利润（万元）	78	1 000	3 800

2005 年 4 月，比亚迪第一款新车 F3 在西安下线，并取得了意想不到的销售业绩。截至 2006 年 4 月初，F3 的定销量（定购加实际销售量）突破 34 000 台。F3 的上市表现超乎了投资者的期望，资本市场终于接受了比亚迪造车的现实。2006 年，比亚迪汽车实现盈利 1.16 亿元，股价飙升近 40%。比亚迪在进入汽车行业的三年时间，在资本市场上如同凤凰涅槃，先死后生。

2007 年，在比亚迪深圳坪山基地落成暨 F6 下线仪式上，王传福放出豪言："2015 年实现产销量中国第一、2025 年实现全球第一"。尽管比亚迪 F3 热销，但是比亚迪目前占乘用车市场份额仅为 1.25%。一言既出，引发业界诸多质疑。这个梦想能否实现，只能让历史去检验。

6. 问题探讨

6.1 电动汽车战略定位问题

自比亚迪收购秦川汽车以来，其进军目标一直被认为是电动汽车领域。但是，现实并没有想象中的乐观。电动汽车要真正走向市场，还面临着多重问题：第一是研发费用问题，第二是技术经济问题，第三是社会配套问题。

在研发费用方面，据专家估计，若想开发出电动车这种新能源轿车，研发阶段至少需要投入 10 亿元人民币，而全面投入生产，则需要不少于 100 亿元人民币的投入。在技术经济方面，一些世界级的汽车巨头都曾经或正在不断推出电动汽车概念车，但是大多由于技术经济的原因而退出市场或难以推向市场。比亚迪曾推出的电动概念车，据说一次充电的续驶里程可达 350 公里，时速达到 125 公里，噪音为零，排放污染为零，已达到国际顶级的电动车技术水平，但是这辆车的买价据说至少要 30 万元，电池的成本就要将近 10 万元，而且电池还是有一定使用寿命的。在社会配套方面，电动车的使用需要解决电动汽车整车与社会基础设施——充电站的配套问题，同时还需要很多的硬件配套设施，包括维修、售后服务、充电系统网络等等。社会转换成本也是很高的，这些成本必须要带来相应的经济效益，才会得到投入。

以上这些问题决定了在未来 3~5 年内电动汽车不可能得到普及。因此不能不说，比亚迪对电动汽车的战略定位过于乐观。尽管比亚迪公司依然认为电动车的前景十分光明，但其目前只能以生产汽油车为主。这也许正是比亚迪在电动车项目经历一番挫折之后所做出的比较现实的战略选择。

6.2　值得借鉴的比亚迪成本管理经验

比亚迪收购秦川汽车，进入汽车行业之后，承受了很多的压力。这其中既包括资本市场的不信任，也包括在电动车项目上的挫折。给比亚迪带来转机的是 F3 汽车的上市，而 F3 汽车的热销得益于其定价远远低于同配置其他品牌的车型。F3 的价格优势得益于其独到的成本管理经验，其成本管理方面的两次成功经验是：

第一，改变成本结构，降低产品成本。充电电池曾是日本厂商的天下，但是日本企业在生产电池的过程中采用的是先进的设备。考虑到中国低廉的劳动力成本，比亚迪在创业之初就探索出以手工组装的生产线来对抗初次投入成本大和更新换代成本大的自动化生产线，即将昂贵的自动化生产线分拆，把低成本人力与关键生产线相结合。比如，日资企业的一条全自动生产线需要工人 200 名，设备投资需要 1 亿美元，但是比亚迪对生产线进行改造以后，同样的一条生产线需用工人 2 000 名，设备投资 5 000 万元人民币。这种改变产品成本结构、以变动成本取代固定成本的做法具有至少两个方面的优点：第一、在劳动力成本和材料成本低的情况下，可以大大降低产品成本；第二、可以降低经营风险。因为随着固定成本的降低，企业的盈亏分界点降低、安全边际增加，经营风险杠杆系数降低。此外，在推出新产品时，这种生产线不需要像日系电池企业那样耗巨资重新改建新的生产线。正是这种改变，使得比亚迪凭借比主要竞争对手日本三洋平均低 40% 的价格切入市场，比亚迪在 2002 年成为了仅次于三洋的全球第二大充电电池生产商。这种经验后来又被移植到对汽车生产环节的成本控制。

第二，进行价值链整合，降低产品成本。中国汽车市场的一个特点就是花样翻新太快，这无疑导致汽车模具成本成为中国汽车制造商的一块比较重要的组成部分。也许是受到手机制造业经验的影响，比亚迪在收购了秦川汽车之后就收购了北汽集团旗下的模具厂。造车先造模具，成本控制从对价值链上游——整车模具企业的整合开始，如今已经被公认为比亚迪独特的成本控制之道。再加上比亚迪在生产线上独特的成本控制，两者相结合，大大有助于降低汽车模具的生产成本和供应成本。据称，同样的模具，比亚迪的售价仅相当于日本售价的 1/3 和欧美售价的 1/6。

这种低成本优势不仅为比亚迪的 F3 赢得了市场机会，而且也吸引了日产（美国）汽车、英国路虎、通用汽车等纷纷开始向比亚迪采购整车模具。比亚迪在进军汽车行业的道路上获得了意外的收获。

主要参考资料

1. 比亚迪股份有限公司,http://www.byd.com.cn。

2. 徐恺:《电动车前途未卜？比亚迪汽车在质疑中找寻未来》,新浪汽车,http://auto.sina.com.cn/news/2003-05-20/37289.shtml,2003-05-20。

3. 张文魁:《民营企业在参与国资重组中应注意问题》,搜狐财经,http://business.sohu.com/2003/12/28/47/article217534726.shtml,2003-12-28。

4. 刘承波:《"电池大王"比亚迪要抢车业巨头高利润》,全球品牌网,http://www.globrand.com/2005/13255.shtml,2005-09-14。

5. 冯淑娟、孙德庚:《参与汽车国资重组:民营企业能否成为主力军？》,载《中国汽车报》,2004-01-06。

6. 佚名:《汽车行业报告行业背景》,中国汽车网,http://news.chinacars.com/test/shichebaogao/225492.shtml,2007-04-11。

7. 雷雅梅:《民营企业收购秦川 汽车市场关注"比亚迪"现象》,载《北京现代商报》,2003-03-26。

8. 佚名:《精做"小"文章——访秦川汽车总经理刘振宇》,载《中国商报汽车导报》,2001-09-17。

9. 佚名:《深圳比亚迪公司控股西安秦川汽车》,搜狐汽车,http://auto.sohu.com/20050813/n240251891.shtml,2005-08-13。

10. 佚名:《电池大王比亚迪出师汽车业再续传奇》,营商电动车网,http://news.ebb365.com/shownews.asp？id=677,2005-12-28。

11. 王丹妮:《比亚迪汽车改变方向 三年内不做电动车专业户》,载《民营经济报》,2004-04-23。

12. 张哲诚:《比亚迪汽车在路上》,载《东方企业家》,2006-04-28。

13. 何伊凡:《比亚迪:成本杀手的涅槃》,载《中国企业家》,2007-07-03。

案例参编:李碧荣　卓玉远

宇通客车 MBO 案例

2003 年 12 月 29 日，郑州拍卖总行对郑州宇通集团有限责任公司（以下简称"宇通集团"）的 100% 股权进行了公开拍卖。由郑州宇通客车股份有限公司（以下简称"宇通客车"）的管理层和职工设立的上海宇通创业投资有限公司（以下简称"上海宇通"）以人民币 14 850 万元的价格拍得其中 89.8% 的股权，郑州宇通发展有限公司（以下简称"宇通发展"）以人民币 1 650 万元的价格拍得另外 10.2% 的股权。至此，宇通客车以股权拍卖的形式完成了 MBO，这也是我国第一例以公开拍卖形式进行的上市公司的 MBO。

1. 行业背景

汽车工业在经过百余年的发展之后，已经成为一个成熟的行业。随着汽车技术的日益成熟，汽车企业之间的竞争优势越来越依靠规模经济。通过规模经济，降低生产成本和和销售渠道成本，获取更多的利润。在这种情况下，全球的各大汽车生产厂家都竭力通过兼并重组，扩大规模生产来适应市场竞争。中国汽车市场属于新兴汽车市场，行业利润非常高，而汽车制造技术和生产管理水平相对落后，迫切需要引进国外的先进制造技术和管理水平。而国外先进的汽车制造商则迫切希望能够在中国高成长、高利润的汽车市场分一杯羹。

我国的客车工业自 20 世纪 60 年代起步以来，历经改装、仿制、技术引进和中外合资等发展阶段，目前已经形成大、中、轻、微多种型号细分的产品格局。长久以来，由于很多客车产品都是以客车厂商在各总成的基础上进行整车拼装的方式来生产，使得一时间涌现出很多客车生产厂商，从而形成了一种错误的观点：客车行业门槛低、技术含量低。我国加入 WTO 后，随着汽车市场的快速发展和国家经济贸易政策的逐渐市场化、开放化，外国生产技术陆续进入中国客车市场，客车行业的竞争越来越激烈。我国客车行业研发能力弱，缺乏整体制造思维的弱点逐渐暴露出来，就连主力客车行业也存在着被快速淘汰的威胁。客车行业面临着历史上最多的发展机遇，同时也面临着艰难的发展挑战。客车行业的各个企业都在不断寻求促使自身企业实现增长的策略，同时也有更多的新进入者加入客车行业，使行业的竞争格局进一步复杂化。

受宏观经济调控的影响，我国大、中型客车市场自 1992 年以来持续多年不振，大、中型客车产销量连年下挫。1997 年，尽管大型客车的生产和销售均有较大增长，但由于中型客车市场仍大幅滑坡，致使大、中型客车仍未走出低谷。1998 年开始，大、中型客车的产销量全面回升。为优化产品结构、提高新产品开发能力和制造水平，国内许多客车生产厂商通过合资、合作引进技术提高整体水平，国外生产大、中型客车的著名厂家也已陆续进入我国。我国客车生产厂商已具备了先进的客车车身和底盘制造技术，但是我国中档和普通大、中型客车与国际水平相比仍有较大差距，首次故障里程、平均故障里程、使用寿命等指标明显低于国际水平。

作为发展中国家，我国人口众多、城市人口密集、老龄化比例迅速加大、人均收入水平相对较低、道路面积率也很低，这些为我国城市公共交通的提高和发展带来机遇。由于以公交优先的发展思路和城市公共汽车为主的公交结构等因素，在城市化发展的过程中尤其有理由看好客车市场。因此，国内有关人士指出，尽管我国汽车市场持续低迷，但是客车市场年年都有增长，而且随着我国城市化建设和西部开发步伐的加快，假日经济不断繁荣，客车市场的前景必将越来越好。

2. 企业背景

宇通客车位于河南省郑州市市区，是在原郑州客车厂的基础上经定向募集设立的股份有限公司。郑州客车厂始建于 1963 年，是交通部在河南省唯一的一家公路客车生产厂商，也是我国从事客车生产较早的专业厂商之一，其位于郑州市凤凰路，距郑州火车东站仅数百米，距郑汴高速公路和 107 国道仅数千米，具有优越的交通条件。截至 1993 年，郑州客车厂已经成为我国主要的公路客车生产企业之一，尤其是 1989 ~ 1993 年公司（及其前身）投入了 3 300 多万元进行技术改造，引进了日本、德国的关键设备和生产工艺，新建了一条贯通式的生产线，生产工艺和技术水平都得到了进一步的提高，初步形成了 2 000 辆大客车的生产能力。

1993 年，根据河南省经济体制改革委员会豫体改字［1993］第 29 号文件的批复，郑州客车厂与中国公路车辆机械公司、郑州旅行车厂共同发起以定向募集方式设立郑州宇通客车股份有限公司。1993 年改制后，公司发挥了在技术、资金和经营机制上的优势，企业规模和效益得到了快速发展，三年内总资产从公司创立时的 8 000 多万元增加到目前的 24 000 多万元。1994 年，公司生产客车 1 401 辆，首次突破 1 000 辆大关；1995 年，生产客车 2 297 辆；1996 年，生产客车 3 432 辆，经过短短 3 年的发展，公司的实力已大大加强。

1997 年 5 月，股票"宇通客车（600066）"在上海证券交易所挂牌上市，宇通客车成为了国内首家上市的大客车生产企业。2000 年 6 月 9 日，经国家人事部批准，宇通公司挂牌成立博士后科研工作站。

2000 年，宇通客车净资产为 8.68 亿，增长为股份制改造前的 72 倍，年产量为 9 155 辆，增长为原来的 13 倍；2000 年末，主营业务收入达到 119 897 万元，利润总额为 10 539 万元。主要经济技术指标连续 7 年创造新纪录，各项指标增长率均超过 50%。

从 1993 年开始，在 10 年左右的时间里，宇通客车从一个起初年产量只有 700 台的小厂，发展成年产销量 15 000 多台、销售额 49.6 亿多元的全国客车行业的龙头企业。经历了市场化巨变、国外客车巨头的冲击等，其一直保持稳定、持续地发展、壮大，主要业务指标平均每年以 50% 以上的速度增长，被业内称为"宇通现象"。目前公司已发展成为亚洲生产规模最大，工艺技术条件最先进的大中型客车生产企业，大、中型客车国内市场占有率达到 20%，行业综合实力排名第一位，客车产量已列全国同行业第二位，仅次于扬州客车制造总厂。

3. 并购过程

3.1 准备阶段

2001 年 3 月

宇通客车管理层和职工成立了上海宇通，在 23 名自然人股东中，宇通客车职工占 21 名。2001 年 6 月 10 日，宇通客车公告称，公司第一大股东宇通集团的股份被郑州市财政局分别转让给上海宇通及河南建业投资管理有限公司（以下简称"河南建业"）。此次股权转让中，郑州财政局将所持有的宇通集团 89.8% 的股份转让给上海宇通，另 10.2% 的股权转让给河南建业。如果转让成功，上海宇通将间接持有宇通客车 2 110.3 万股，占公司总股份的 17.19%，成为宇通客车第一大股东。由于上海宇通持有上市公司宇通客车 2 350 万股的股份，占了总股本的 17.19%，因此国有股转让后构成上市公司的 MBO。公告称，在上述转让获得批准前，这部分股权将暂时由上海宇通托管。

6 月 15 日

郑州市财政局与上海宇通签署了《关于郑州宇通集团有限责任公司股权转让协议》和《股权委托管理协议》，约定由郑州市财政局向上海宇通转让宇通集团 89.8% 股权并报财政部审批。报批期间该部分股权由上海宇通代为管理。

3.2 MBO 受挫

双方签署协议后 40 个工作日内，作为收购方的上海宇通必须支付 40% 的收购款项（余下的款项在财政部批准之后支付），实际上上海宇通在 2001 年 8 月 6 日和 8 日就已经向郑州市财政局支付了约定股权转让的全部价款，但后来财政部一直没有批准宇通客车的 MBO。虽然宇通客车高层继续在与中央政府部门沟通，但一直没有取得实质性的进展。2002 年 10 月，宇通客车还受到中国证监会的处罚，理由是其在编制 1999 年年报时采取了造假手段，虚减资产达 13 500 万元。证监会的处罚，对宇通客车造成了恶劣的影响。除了被处以罚款，宇通客车 MBO 的进程也受到影响，因为财务造假而使 MBO 变得前途叵测。

3.3 司法拍卖

在上报待批的两年多时间里，宇通客车以民营企业自居，但在法律意义上还是国有企业。2003 年 12 月 3 日，上海宇通起诉郑州市财政局。理由是被告既没有转让约定股权，也没有返还股权转让款，要求郑州市财政局返还股权转让款并赔偿利息。12 月 11 日，法院裁定冻结郑州市财政局持有的宇通集团股权，并委托郑州拍卖总行进行公开拍卖。

2003 年 12 月 21 日

郑州拍卖总行刊登公告，称将在 2003 年 12 月 29 日对宇通集团的 100% 股权进行公开拍卖，拍卖价为评估后的 15 976.42 万元。拍卖当天，只有上海宇通和宇通发展参与竞拍，最后以总价人民币 16 500 万元拍卖成功。上海宇通以 14 850 万元的价格拍得宇通集团 90% 的股权，宇通发展以 1 650 万元的价格拍得剩余 10% 的股权，而宇通发展又为上海宇通的关联企业。

2003 年 12 月 31 日

宇通客车发布公告称，宇通客车的大股东宇通集团的股权，在此前两天被公开拍卖，并由上海宇通与宇通发展拍得。宇通集团于 2003 年 12 月 30 日办理了工商变更登记手续，上海宇通持有其 89.8% 的股权，宇通发展持有 10.2% 的股权。12 月 31 日的公告同时称，宇通集团合法变更为私营有限责任公司。图 18—1 为宇通客车的财务关系流程图。

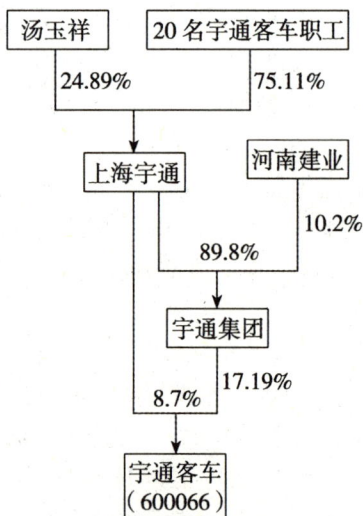

图 18—1　宇通客车的财务关系流程图

4. 动因分析

转让宇通集团股权是郑州市调整国有经济布局、深化国有企业改革的一大举措。以汤玉祥为首的经营者和员工是由政府推着走上前台的，郑州市政府副秘书长李宪召曾表示，当初郑州市政府十分重视这次转让，专门成立了一个工作小组，他本人任小组负责人，领导了转让方案设计工作。郑州市财政局副局长李大会参与了宇通集团股权转让的全过程，他说："当时，郑州市调整国有经济布局、深化国有企业改革，市政府把产权改革当成突破期，提出靓女先嫁，这就是宇通集团股权转让的背景。"

郑州第一钢厂是宇通集团股权转让的导火索。2000 年年底，宇通客车的第二大股东——郑州第一钢厂为解决资金困难，与北京一家投资公司签订股权转让协议，拟将宇通客车的股权出售，郑州市市政府对此予以制止，但也引发了政府将国有资本整体退出宇通客车的构想。郑州市国资局把宇通客车的产权改革当成国企改革的突破口，郑州市财政局同时也提出将宇通客车的国有股转让出去，以换取资金对本地纺织企业下岗职工进行安置。

宇通客车改制的消息传出后，20 多家机构表明了收购意向。郑州市政府在对有收购意向公司的洽谈和实地考察中发现，这些公司都是从事资本运作的机构，对客车主业没有做大做强的意愿。虽然政府决定退出公司经营，但仍然希望公司能继续保持发展势头。为保障宇通客车的长远发展，郑州市市政府最终决定将向宇通客车的经营者和员工转让宇通集团的国有股。管理层不仅熟悉公司的经营状况，成为公司的股东后会更加勤奋，同时也可以降低代理成本。一开始宇通客车的管理层并没有接受这个决定，时任董事长的路法尧因年龄较大，不想承担这样的压力和风险。最后，由职代会推举，宇通客车总经理、财务负责人汤玉祥成了 MBO 的牵头人。宇通客车通过 MBO 实现了股权多元化，有效地提升了国有企业的竞争力，对国有企业的改革有着很好的借鉴意义。

5. 结果评价

5.1　正面效应

（1）降低代理成本。宇通客车作为国有企业改制的上市公司，通过 MBO 改变了公司体制，通过所有权与经营权的集中降低了代理成本、加强了对管理人员的激励目的。宇通客车实施 MBO 之后，企业的特定控制权和剩余控制权便统一在管理者手中，这在降低企业代理成本的同时，也通过股权结构的改革为企业发展注入了新的活力。把经理个人的利益与公司的长远利益联系起来，使经理成为企业的所有人，收入取决于公司的经营状况，那么，企业的利益也就是管理层的利益。如果经营较好，他们将获得大的收益；如果经营失败，他们的利益也将遭受损失。

（2）完善治理结构。宇通客车实施 MBO 从一定程度上解决了经营者忽视长期利益的问题，保证了企业长期目标的实现。管理者在使用贷款购买企业产权之后，增加了企业的负债压力，因此管理层必须积极开展业务，使现金流收入能够满足债务压力，同时加强对运营资金的管理，以降低财务费用和负债水平。宇通客车实施MBO后，2001 年实现净利润 9 843 万元，比 2000 年同比增长 25%，每股收益达到 0.72 元。2002 年，实现净利润为 10 406 万元，每股收益为 0.76 元，比上年增加近 6%，充分显示了 MBO 对于提升企业经济效益有着积极意义。

（3）健全激励机制。宇通客车作为国有及国有控股企业，由于出资人不到位或者到位但不具人格化的局限，企业的经营发展更是依赖于企业管理层的经营能力和道德自律。通过 MBO 的实施，企业管理层享有企业的剩余控制权和部分剩余索取权能够激发他们全身心地投入到企业经营中去。同时，宇通客车的经营者也成为了企业的所有者，满足了股权激励最大化的条件，因此在激励效果上，MBO 较薪酬激励、股权激励、期权激励都强得多。MBO 之后的职工持股有利于加强对职工的激励，管理层和其他员工认购自己公司的股份之后，为了自身利益也会尽力追求企业的发展。由于控制权基本上被经理人占有，而且相应的管理层还拥有剩余索取权，宇通客车实施 MBO 后，公司业绩得到了大幅度的改善。宇通客车 MBO 后的实践证明，对管理者的有效激励为企业的稳定发展奠定了良好基础。

5.2　负面影响

（1）影响企业持续经营能力。宇通客车 2000 年和 2001 年派现分红高达 0.6 元/股，远远超过了上市公司派现分红的平均金额，而高派现与 MBO 有着密不可分的联系。2001 年，宇通客车每股现金流量为 -0.18 元，总现金流甚至为 -2 524 万元，但还是选择现金分红，这说明宇通客车是为了解决 MBO 收购资金的问题而采取负债分红的办法。一般来说，公司 MBO 所涉及的金额巨大，管理层往往没有足够的支付能力，所以绝大部分款项还要依靠贷款。迫于偿还债务的财务压力，公司管理者可能使用一些方法，如占用公司经营性资产、截留应收款等方法筹集收购资金。通过分红可以缓解管理层的债务压力，但是负债分红对公司现金流量影响很大，极大地增加了公司的经营风险。

（2）导致国有资产流失。宇通客车 MBO 过程中没有做到市场化，有暗箱操作之嫌。宇通客车在编制 1999 年年报时的财务造假，就有可能是为了缩小收购标的、减少 MBO 的金额。宇通客车 MBO 最大的受益者是管理层，而管理层在 MBO 过程中将净资产一再调整，就是为了在 MBO 过程中能够以低价收购。MBO 之后，管理层可以通过调账等方式增加之前隐藏的利润，在年底大量分红以缓解管理层的融资压力。宇通客车 2001 年的高分红和高派现，其实是用企业的钱还了管理层的债，造成了国有资产的流失。

6. 问题探讨

6.1 是否 MBO

面对《证券市场周刊》，汤玉祥否认这场股权转让是"MBO"。"上海宇通的背后不是 21 名自然人，而是 838 名员工。"他说，"除了我以外，另外 20 人中，每个人的背后都代表着一个科室或车间。《公司法》规定有限责任公司的发起人不能超过 50 名，才会有这样的安排。"回顾股权改制之路，宇通客车董事长汤玉祥却不无委屈，因为宇通集团的改制一开始就被视做 MBO，并在叫停声中被拖得一息难存，毕竟 MBO 没有政策依据。汤玉祥表示，并非没有其他途径实现国有股权的改革，但始终都不能回避出资问题，因此"我还是坚持到底"。依照汤玉祥的解释，这实际上是员工持股计划，确实非 MBO。员工持股计划是指由公司员工通过自筹或借债、融资购买本公司的股份，从而以劳动者和所有者的双重身份参与公司生产和经营管理的一种制度。与 MBO 的异曲同工之处是，由于管理层往往实际控制收购主体，因此公司的控制权实际上最终也属于管理者。

但是，上海隆瑞投资顾问有限公司执行董事尹中余表示，"这是一种扩大意义上的 MBO，只是概念不同而已。这不过是在缺乏政策支持的情况下，企业不得已规避的借口。"2003 年 12 月 30 日，中共中央党校主办的《理论动态》刊登了中央党校调研组的调研报告。该文通篇没有出现管理层收购或 MBO 的字样，而是规范地称之为"宇通客车的经营者和员工收购宇通集团 89.8% 的股份"。

是不是 MBO，难道就这么重要？宇通客车一位高管这样分析：在中国特别是在国有企业中，MBO 通常被认为是管理层私分国有资产的一种途径，如果称其为员工持股，猜疑、非议会减少很多。

6.2 司法拍卖涉嫌暗箱操作

宇通客车 MBO 的过程实质上借助了司法拍卖，避开了财政部和国资委对上市公司国有股转让的审批。在拍卖转让股权的过程中，这个国有股转让方案并不需报国资委备案或审批。因此，政府审批两年半没批下来的事情，司法拍卖 27 天就搞定了。

汤玉祥在没有得到郑州市财政局无偿债能力声明的情况下，让上海宇通先行提起诉讼，要求法院冻结宇通集团股权，然后委托拍卖行公开拍卖，用拍卖所得清偿债务。当然这一切要得到郑州市法院的支持才行。汤玉祥怕在拍卖的时候有竞争对手，就在《郑州日报》上刊登拍卖公告，9 天以后拍卖完成。汤玉祥为什么不在三大证券报上发布公告让全国的投资者来竞标呢？如果在全国范围内公开竞标，能出1.65 亿的人多的是，就轮不到汤玉祥了。

拍卖当天只有两个买家到场，一个是上海宇通，另一个是宇通发展，这两家企业的法人都是汤玉祥。拍卖的结果是：上海宇通控制宇通集团90%的股份，宇通发展控制宇通集团10%的股份，拍卖圆满成功。它开创了在中国利用司法机构的腐败及司法程序，绕过国资局的审批，而合法地将国有资产纳入私囊的先例。

关于这次拍卖，一些证券分析人员认为：没有竞价机制，信息不对称，至少在拍卖上是不透明的。一些投资者认为，每股净资产值达到7.65元的宇通客车是许多投资者都感兴趣的，可是我们根本不知道拍卖的消息。闪电拍卖和有限公告使得国有资产失去了最后的升值机会。

6.3　MBO资金来源

宇通客车MBO的资金来源并没有完全公开，但可以通过已公开的信息进行推测。从宇通客车管理层的收入来看，董事会成员的年薪在7万~30万元之间，管理层的累计年薪应该不过千万。但在管理层和职工注册上海宇通时，注册资本却达到1.2亿元。在宇通客车的MBO中，职工可能进行了集资，另外是获得了银行贷款。

在一份题为"上海宇通注册资金来源说明"的文件中，宇通客车的管理层介绍说，上海宇通20名股东的背后是宇通客车838名员工出资8 053.8万元，汤玉祥个人出资3 000万元，故上海宇通21名自然人股东实际是全员持股，其出资方式均为现金出资。

838名员工的8 053.8万元从何而来？据该文件解释，其一，自1993年宇通客车改制以来，员工个人年平均收入在2万元以上，是郑州市职工人均收入的三倍左右；其二，内部职工股1 294.4727万股于2000年4月24日上市流通，当天收盘价为17.63元，到2001年上海宇通成立，股票最高价为19.90元，最低价为14，20元，按均价17.27元计算，宇通客车员工出售467万股就能满足出资要求。对于汤玉祥的3 000万投资，按照汤本人对媒体的表述：他个人出了200万元的现金，借了800万元，机构投资者支持了2 000万元，合计为3 000万元。在2004年1月13日的宇通客车的公告中，汤玉祥是以4 000万出资控股上海宇通24.31%的股份。对此，宇通客车证券事务代表于莉的解释是，"另外1 000万是期权。"

由于上海宇通最早是由宇通集团出资2 000万元成立的，但最后这些钱却一并划给了汤玉祥，因此外界认为这是上海宇通资金"来源不实"的证据。汤玉祥解释说："当初我只准备拿出1 000万元，但郑州市要求主要经营者必须持大股，为此我又背负了2 000万元的债务。"

据悉，河南省财政厅对于宇通客车MBO的调查报告，也写出了"资金筹措"这一环节。其结论是：上海宇通是由宇通客车职工持股控制，员工出资积极性很高，在一个月之内，所需资金筹措到位。

主要参考文献

1. 佚名:《上市公司管理层收购（MBO）与公司治理问题研究》，http://www.ccpcc.com/jjxj/km1/020627.htm。

2. 佚名:《宇通客车 职工收购目的何在》，金融界，http://www.jrj.com.cn/NewsRead/Detail.asp? NewsID=440660。

3. 朱群力:《郑州宇通客车股份有限公司 MBO 案例研究》，清华大学硕士论文，2004。

4. 张晓盈:《宇通客车 MBO 案例分析》，西北大学硕士论文，2003。

5. 田晶:《MBO 实战操典经典案例》，北京，机械工业出版社，2004。

6. 郭宝健:《宇通客车 MBO》，郑州大学硕士论文，2004。

案例参编:谢潮昂　赵彩金

马自达入股长安福特

2006 年 3 月 8 日，商务部批准日本马自达汽车公司（以下简称"马自达"）入股长安福特汽车有限公司（以下简称"长安福特"），由马自达收购福特公司所持有的 15% 长安福特股权。长安汽车股份有限公司（以下简称"长安汽车"）、福特和马自达三大股东在长安福特中的持股比例变为 50∶35∶15。同时，长安福特汽车有限公司更名为"长安福特马自达汽车有限公司"。马自达参股长安福特标志着马自达首次以合资模式进入中国汽车制造领域。

1. 行业背景

自新中国成立以来，伴随着中国经济的曲折发展，汽车工业也经历了一段复杂的发展历程。自 1953 年以来的 50 多年的发展历程中，中国汽车工业历经了四个发展阶段。

第一阶段（1953 年~1978 年），1953 年的 7 月 15 日是中国汽车工业的起点，中国第一汽车制造厂在当天破土动工，宣告了中国汽车产业的诞生。在特殊年代建立起来的汽车工业，本身就不是纯粹的市场行为，而是带有浓厚的政治色彩以及社会责任。这种政治色彩和社会责任，一直伴随在中国汽车产业的风雨历程中。

第二阶段（1978 年~1994 年），改革开放之后，为了提高我国汽车产业的开放程度。如何吸引外资、与外国企业合作生产汽车成了一个重要问题。经过种种运作，1984 年 1 月，中国汽车业的第一个合资企业——"北京吉普"成立了。从那时起，中国汽车行业就掀起了合资的浪潮；1985 年，上海大众汽车公司成立；同年，南京汽车与意大利菲亚特合作生产了依维柯汽车；广州汽车与法国标致的合资项目也获批投产。30 多年来一直在封闭的环境中生长的汽车业开始接触国际先进的生产技术，开始了跨越式的发展。

1986 年，汽车产业获得了国家的政策支持。在当年的六届四次人大会议上，"七五"计划确定"把汽车制造业作为重要支柱产业"。1987 年，国家确定了汽车产业的总体规划，确定了"三大三小"的总体格局。之后的 1990 年，国家又根据实际情况对轿车产业的"三大基地"进行了进一步的调整。

第三阶段（1994 年~2000 年），1994 年是中国汽车发展史上比较重要的一年。在这一年，政府出台了《汽车产业发展政策》，为汽车业的发展提供了战略性的指导，解决了中国汽车业发展中的许多问题。

1998 年，中国汽车总产量飞速增长，跃居世界第十大汽车制造国，汽车的年总产量达到了 162.8 万辆。同年，中国轿车行业开始了的第二轮合资热潮，一大批合资企业纷纷落地开花，进一步促进了中国汽车市场的成熟。

第四阶段（2001 年至今），加入 WTO 之后，中国汽车行业面临着严峻的挑战。为了扩大汽车市场的需求，2001 年的"十五"计划中明确提出要让汽车进入更多的家庭。同时，国家也放开了汽车价格，汽车，特别是轿车从过去的以公务车为主要目标，过渡到越来越多地瞄准家庭用车市场。此间，各大汽车生产企业的合资项目也越来越多。

2001 年下半年，由于加入 WTO 后各项政策的变化，汽车产业内部开始了整合，如一汽收购天汽、东风联手日产等，一系列的并购事件促使中国汽车格局发生巨大变化。

经过半个世纪的发展，我国逐渐确立了世界汽车制造大国的地位，我国汽车产业在国际汽车制造业中的地位日益提高。2000 年，我国汽车产量名列第 11 位，列美国、日本、德国、法国、韩国、西班牙、加拿大、意大利、巴西和墨西哥之后；2002 年，我国汽车产量突破 300 万辆超过韩国、法国，跃居世界第四位。

同时，中国人强劲的私人购买力也开始在汽车市场上逐渐膨胀。2005 年，私人轿车购买量超过了当年轿车销量的 80%，私人消费已成为中国汽车消费增长的主要驱动力量。发达国家的经验表明：人均 GDP 与千人汽车拥有数呈正相关关系。如今，中国的 GDP 以世界瞩目的速度增长。借鉴日本、中国台湾、韩国的经验以及考虑到各国的人口总数的影响以及 GDP 的增长速度，未来 20 年内中国百人汽车拥有数将突破 15 辆。因此，中国将成为 21 世纪汽车销售的主要市场，也是世界各大汽车公司的觊觎之地。表 19—1 为亚洲主要国家及地区汽车市场销售数据。

表 19—1　　　　　　　**亚洲主要国家及地区汽车市场销售数据**

项　目	年份	中国	日本	中国台湾	韩国
汽车总量（百万辆）	1983 年	0.06	24.28	0.61	0.29
	2003 年	8.46	42.62	5.07	9.94
百人汽车拥有量	1983 年	0.01	20.32	3.26	0.73
	2003 年	0.65	33.38	22.51	20.77
人均 GDP（美元）	1983 年	294	24 729	4 165	2 016
	2003 年	1 096	31 493	12 868	12 710

资料来源　《汽车行业报告行业背景》。

2. 公司背景

2.1 长安汽车

重庆长安汽车股份有限公司成立于 1996 年 10 月 31 日，是一家开发、制造、销售全系列乘用车和商用车的汽车公司，其主要产品有乘用车、小型商用车、轻型卡车、微型面包车和大中型客车和发动机等，年汽车生产能力达 100 万辆以上，年发动机生产能力达 110 万台以上。

长安汽车与国内外汽车企业建立了广泛的联系，在生产、销售过程中积极开展与其他汽车公司的合资合作，在国内的江西、南京、重庆、河北等地都有生产制造基地。其中，在河北拥有两家全资子公司：河北长安汽车有限公司和河北长安客车有限公司；在南京拥有全资子公司——南京长安汽车有限公司；在南昌，长安汽车与江铃集团公司合资组建了江西江铃控股有限公司，长安汽车和江铃集团各占合资公司 50% 的股份。长安汽车早在 1993 年就与国外汽车企业开展了合作，与日本铃木公司合资组建了重庆长安铃木汽车有限公司，生产、销售铃木品牌的全系列轿车和发动机；2001 年，与美国福特汽车公司合资组建了长安福特汽车有限公司，生产福特系列的轿车和发动机；2004 年，长安汽车、福特公司和马自达公司三方在南京共同组建了长安福特马自达发动机有限公司，生产、销售福特和马自达的发动机。长安汽车的产品主要在中国市场销售，但其商用车、轻型卡车和面包车等产品也出口到亚洲、非洲的多个国家和欧美地区。

2.2 福特汽车

由亨利·福特先生创立于 1903 年的福特汽车公司，是目前世界上规模最大的汽车企业之一。1908 年，福特汽车公司生产出世界上第一辆以普通百姓为消费群体的 T 型车，成功引发了世界汽车工业的革命。在 1913 年，福特汽车公司在 T 型车的生产中开发应用了世界上第一条流水生产线，极大地增加了生产规模和生产速度，使 T 型车的总产量达到 1 500 万辆，缔造了一个至今未被打破的世界纪录。

福特汽车以亨利·福特先生的企业理念作为核心价值——"消费者是我们工作的中心所在。我们在工作中必须时刻想着我们的消费者，提供比竞争对手更好的产品和服务"，使得福特汽车始终保持着世界一流的地位。

福特汽车公司拥有众多著名的汽车品牌，包括阿斯顿·马丁（Aston Martin）、福特（Ford）、捷豹（Jaguar）、路虎（Land Rover）、林肯（Lincoln）、马自达（Mazda）、水星（Mercury）和沃尔沃（Volvo）。此外，还拥有世界最大的汽车信贷企业——福特信贷（Ford Credit）以及汽车服务品牌（Quality Care），这些都是人们耳熟能详的品牌。福特汽车公司多年的苦心经营，使这些品牌具有巨大的无形价值。2004 年，福特汽车遍布在世界各地 200 多个国家中的 32 万名员工，共同创造了 35 亿美元的净收益。

2.3　长安福特

2001 年 4 月 25 日，福特汽车公司和长安汽车集团签订协议，在重庆共同投资成立了长安福特汽车有限公司，双方各拥有 50% 的股份，主要致力于生产家用轿车。长安福特拥有世界一流的整车生产线，工厂初期年产能为 10 万辆，2005 年将年产能提升到 15 万辆。长安福特第二厂区已经选定长江中下游的另一个经济中心——南京。目前此项目正处于建设阶段，待完成后初期产能将达到 16 万辆/年。长安福特非常注重环境保护，并于 2004 年通过 ISO 14001 和 ISO 900 的一体化认证。

2.4　马自达

马自达汽车公司成立于 1920 年，它的创始人松田在广岛议生产葡萄酒瓶木塞起家。该公司原名东洋软木工业公司，1927 年改称为"东洋工业公司"。1984 年，公司以创始人松田的姓氏命名，翻译时则采用"松田"的音译"马自达"。1931 年，马自达公司以生产三轮载重汽车为起点，开始涉足汽车制造业；1940 年，开始生产小轿车；1967 年，与汪克尔公司签订协议，取得转子发动机的生产权利，从而开启了马自达公司的迅猛发展期。马自达与福特的第一次牵手是在 1979 年，马自达当时陷入严重的经营危机，福特出手相助并取得了 25% 的马自达股份。随后，日本经济泡沫破裂，福特借机将持股比例提高到 33.4%，从而控股了马自达。

马自达汽车公司的产品系列非常丰富，生产范围涉及经济型轿车、越野车、跑车等各种车型，其中家庭用车是马自达的主导产品。从 1967 年到 1979 年，公司累计生产马自达轿车 1 000 万辆，1987 年起在美国的工厂开始生产马自达汽车，生产能力为年产量 24 万辆，截至 2002 年，马自达已累计生产汽车超过 3 500 万辆。

马自达向来以先进的汽车设计理念而闻名，在家庭轿车方面经常推出不落俗套的创新技术，引领着日本甚至世界汽车设计的潮流与时尚；在跑车生产方面，马自达也同样负有盛名。

马自达在汽车发动机的研发方面同样也处于世界领先地位。马自达是迄今为止唯一一家生产转子引擎的汽车企业。转子引擎原本应用于航空航天领域，和常用的活塞式汽缸引擎完全不同，具有重量轻、功率大、宁静和灵敏等优点，至今只有马自达汽车公司成功地将其应用在汽车生产上面。经过多年的发展，马自达在日本国内的排名仅在丰田、日产之后，是世界知名的日本汽车品牌。

3.　并购过程

2005 年初

长安汽车、福特、马自达三方在中国的首次合作项目——南京第二工厂乘用车项目获国家发改委批准，项目总投资为 404 554 万元，迈出了福特在中国市场完善汽车产品结构、占领更多份额的重要一步。

2005 年 4 月 19 日

三方在南京成立了长安福特马自达发动机有限公司。

2006 年 2 月 27 日

长安福特和马自达的首款产品马自达 3 在重庆长安福特新落成的第二条生产线悄然下线，意味着长安汽车、福特、马自达三方合作伙伴关系的进一步加强，开启了三方在汽车生产方面的合作。

2006 年 3 月 8 日

在马自达 3 全国上市的同时，长安汽车也发布了马自达入股长安福特的消息，由福特将其持有的 15% 长安福特股权转让给马自达，同时长安福特汽车更名为长安福特马自达，标志着三方合作正式浮出水面。图 19—1 为长安福特马自达公司的股份图。

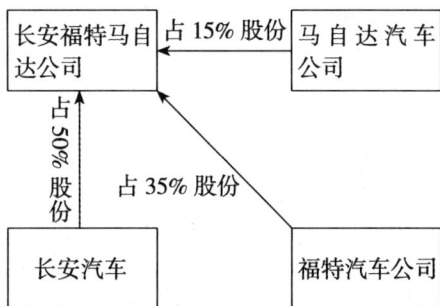

图 19—1　长安福特马自达公司的股份图

4. 并购动机

4.1　竞争动机

中国在正式加入 WTO 之后，外资企业从 2000 年开始大量涌入中国市场，与此同时，随着进口关税的不断降低，进口车的价格开始大幅下降，给国内汽车市场带来了很大的冲击。国内汽车企业或者通过学习先进企业的技术与经验来提升竞争力，或者通过低价竞争来保持市场份额。随着竞争的日趋激烈，以及价格战的连番上演，汽车行业的利润空间也越来越受到挤压。

从报表中可以看出，长安汽车 2005 年的主营业务收入（见表 19—2）虽然比 2004 年增长了 3.46%，但毛利润却下降了 76.35%，净利润更是降低了 83.03%。为了适应竞争环境、增强竞争能力，长安汽车试图通过寻找合作伙伴来渡过难关。在将合资公司 15% 的股权转让给马自达公司，引入马自达公司的资金和技术后，2006 年长安汽车在主营业务继续增长的情况下，毛利润总额和净利润都出现了双位数的增长。与长安福特之前就有过合作，而且福特又是马自达的控股公司，加之马自达雄厚的技术实力以及不俗的市场业绩都成为了长安福特合作的最佳选择。

4.2 战略动机

进入 21 世纪以来，在全球汽车产量不断增加的同时，全球汽车市场的需求却呈现不断萎缩的趋势，全球每年的汽车产量要比需求量多 1 500 万，也就是说这 1 500 万辆汽车是过剩的产出。因此，各大汽车生产商都在全球范围内寻找新的市场增长点。发达国家，包括欧美国家的汽车市场需求逐渐饱和，汽车销售持续下降，而以亚洲的中国、马来西亚、泰国等为代表的发展中国家，在庞大的消费市场和较快的经济增长的拉动下，汽车市场近年来发展迅速，成为世界汽车市场的新引擎。因此，众多国家的汽车企业纷纷向这些发展中国家转移，并以这些地区作为战略经营的重点。

马自达 2005 年在北美销量出现 2% 的下滑，欧洲市场和日本本土市场也出现低迷，从马自达近年来在中国市场的表现来看，其业绩不断得到提升，充满发展潜力，在其细分领域内具有极强的竞争能力。2005 年，一汽与丰田成立了合资销售公司，其中丰田占合资公司 49% 的股份。丰田公司在销售方面投入重金，使马自达深感不安。虽然马自达的马 6 等新型号在国内销售情况也很好，并为其在中国市场树立了良好的口碑，但马自达汽车无论从规模、实力还是产品方面都不如丰田、本田等日系汽车。为了与丰田竞争，马自达试图通过入股长安福特来扩大销售队伍，借助长安福特的销售网络来推销马自达的各款车型。但更重要的是，通过购买福特在长安福特的股份，马自达获得了长安福特的生产基地，在国内生产汽车不但有利于销售，也可以享受各种优惠政策。同时，入股长安福特扩大了马自达在中国的销售规模，成为马自达实现中国战略的一个重要平台，满足了其加强销售力量和生产能力、扩大市场份额的目标。而且马自达通过协调长安、一汽之间的矛盾，创造性地采取彼此交叉持股的模式，在福特的推动之下，实现了马自达 3 产销分离的模式，即由长安福特生产、一汽来负责销售，充分利用了各方资源，实现各方利益的最大化。

福特进入中国多年，但在中国市场一直表现平平。福特汽车在全球最大的优势是多品牌运作，但是福特品牌近来在全球的销量持续下滑，反而是其控股 33% 的马自达公司日益复兴。在福特的八大品牌中，福特品牌的优势在于皮卡和 SUV，但这些更适合北美市场。在消费需求日益增长的中小型车型上，与竞争对手丰田、日产和本田相比，车型单薄的福克斯、嘉年华等并不占据绝对领先的优势。而马自达则刚好相反，由于日资汽车拥有在中国多年的经营经验，马自达、本田、丰田等企业在中国市场都有着良好的表现，颇受消费者欢迎。而且马自达 3、马自达 2 和马自达 6 在各自细分市场上的出色表现，为福特增添了市场实力。福特向马自达转让长安福特的股份，更多是适应市场变化的主动行为。

通过将长安福特的股份售予马自达，一方面福特可以借助马自达的形象品牌推动长安福特在中国的发展；另一方面，通过对中国业务的调整，可以腾出力量对北美业务进行重组。北美地区毕竟是福特的重要战略阵地，近年来北美地区的业绩不佳导致了福特的巨额亏损，其急需资金对北美业务进行大规模重组，因此福特意图收缩在中国的业务，以集中精力和资金到北美地区。

5. 结果评价

5.1 短期经营业绩

表19—2　　　　收购前后的长安福特的经营及财务状况对比　　　（金额单位：亿元）

项目 ＼ 年份	2006 年	同比增长率	2005 年	2004 年
主营业务收入	256.75	33.95%	191.69	185.27
利润总额	8.61	135.43%	3.66	15.47
净利润	6.47	173.18%	2.37%	13.17
扣除非经常性受益的净利润	6.62	189.35%	2.29	11.80
经营活动产生的现金流量净额	21.14	55.21%	13.62	14.52
总资产	232.32	24.56%	186.51	146.92
股东权益（不含少数股东权益）	73.07	8.54%	67.32	69.77
每股收益（元）	0.4	166.67%	0.15	0.81
净资产收益率	8.85%	5.33%	3.52%	18.88%
每股净资产（元）	4.51	8.67%	4.51	4.3
调整后的每股净资产（元）	4.31	11.95%	3.85	4.16

资料来源　深券证易所官方网站。

引入马自达后长安福特的短期经营业绩如表19—2所示，从表中数据可知，长安福特2006年的各项财务指标出现明显改善，利润空间有较大增幅，净利润达到了173.1%的增长；现金流等也得到了很好的提高，增幅达到55.21%；每股收益增长166.67%，净资产收益率增长5.33%。这些财务数据表明马自达入股长安福特之后，经营效果十分突出，大大提升了公司业绩。

长安福特马自达实现了经济和社会效益双赢。2007年1~9月，长安福特马自达汽车公司生产轿车155 272辆，同比增长60%，其中：马自达、福克斯、沃尔沃高档轿车产量分别较同期增长了13倍、66%和1.1倍；实现工业总产值187亿元，同比增长50%。在产量大幅增长的同时，工业产销率达到97%。截至2007年8月底，该公司共吸纳从业人员6 342人，同比增长34.5%。

5.2　并购的长期意义

汽车行业的并购在我国已有较长的历史，并随着市场竞争压力的增大而逐渐成为普遍现象。迫于生存压力和发展压力，很多公司都通过并购重组、合资合作等手段寻求新的发展，并购案例越来越多。此次马自达入股长安福特，对长安福特而言意义重大：一是给长安福特带来了先进的技术和新的车型；二是为长安福特带来了新的资金；三是给长安福特带来了明显的经济效益，马自达带来的马6等新车型和新技术，不仅增加了公司的影响力和营业收入，还使公司的利润水平大幅提升，2006年的收益增长率达到200%；四是开创了中国汽车行业OEM生产的又一方式。马自达3由长安福特生产，然而马自达3的销售仍然是由一汽马自达来负责。这样，长安福特就成为了马自达的一个生产工厂，而其又不具有销售权，这便开创了中国汽车行业OEM生产的又一方式。

6. 问题讨论

6.1　中国汽车行业的并购特点

（1）政府政策推动。目前，在国际汽车企业纷纷向中国市场的转移、国内汽车市场竞争进一步加剧的情况下，国家政策也有意推动汽车行业的整合重组。2004年出台的《汽车产业发展政策》的政策目标之一是：推动汽车产业结构调整和重组，扩大企业规模效益，提高产业集中度，避免散、乱、低水平重复建设。通过市场竞争形成几家具有国际竞争力的大型汽车企业集团，到2010年跨入世界500强企业之列。鼓励汽车生产企业按照市场规律组成企业联盟，以实现优势互补、资源共享、扩大经营规模。

（2）横向并购，平行整合。汽车工业是有着显著的规模经济要求、以全球范围为市场的工业。我国在加入世贸组织后，汽车工业的散、小、乱必须通过并购等方式进行战略重组；在整车市场上针对不同车型的市场结构，采取横向并购的战略，由行业的优势企业并购相同类型的企业，通过横向并购方式实现汽车产业的战略重组。上汽集团、一汽和东风（二汽）等龙头企业进行了一系列的并购重组，完善了汽车生产布局，加快了汽车产业的结构调整。

（3）合资企业，整合资源。通过合资的形式，结成战略联盟，整合企业之间的优势资源，迅速提高汽车工业的竞争能力。这种战略联盟方式，能加强企业之间存在的资源依赖性和经济活动互补性，实现联合的协同效应、降低交易成本、获取更多的潜在利润，最终实现共赢。

合资合作在改革开放之初曾经一度大大提升了中国汽车产业的发展速度。但由于当时我国汽车工业太落后，没有资金、技术和产品，与外方的实力相差悬殊，因此合资双方的利益存在很大冲突。随着中国汽车行业的飞速发展，中国的汽车企业在新一轮的合资风潮中，开始具有更多的自身的经营目标，独立经营、自主管理，形成自我开发实力和品牌优势，具有规模经济效益，独立参与国际市场竞争，庆铃汽车有限公司的成功经验就很好地体现了这一特点。同时，一些国产自主品牌也纷纷采用合资方式寻求更大的发展空间。其中，奇瑞出资3亿美元与美国梦幻汽车公司成立合资企业；吉利汽车以技术转让的方式与马来西亚IGC集团在马来西亚制造、组装和出口吉利汽车。

6.2 公司同时生产三大车型，是否会导致企业管理成本的增加与品牌效益的下降？

马自达入股长安福特后，长安福特同时生产沃尔沃、福特、马自达三个系列的车型。不过，由于福特是马自达的第一大股东，两者之间的生产和管理都有不少共同之处。长安福特虽然同时生产几种车型，但多种车型都是共用一条生产线。共线生产既可以节省生产时间、生产成本，提高生产效率，也使得马自达、福特、沃尔沃的技术可以得到整合，从而提升整体的技术水平。

长安福特马自达公司同时生产三大系列产品，肯定会增加其管理成本，但并不会影响其品牌效益。三个品牌都有各自的明确定位和特定的消费群体，互相之间没有太大的竞争，反而还可以形成协调效应和互补效应。例如，福特系列轿车主要针对年轻用户和资金不太充裕的客户，而马自达则适合中高收入人士，在汽车市场中已经形成了比较固定的消费人群。另一方面，虽然管理成本会增加，但品牌互补带来的收入足以弥补这部分增加的成本。

主要参考文献

1. 李杭、蒋治、陈君宁：《我国汽车产业重组的优化研究》，载《中国地质大学学报》，2004(4)。

2. 杨波：《入世后我国汽车工业战略重组的方式研究》，载《财经问题研究》，2002(4)。

3. 国家发展改革委员会：《汽车产业发展政策》，载《黑龙江政报》，2004(12)。

4. 刘世锦：《新形势下我国汽车产业发展模式的选择》，载《经济与管理研究》，2001(2)。

5. 鑫焱：《汽车企业竞争场力测度研究》，吉林大学硕士论文，2005。

6. 汪静：《加入WTO之后中国汽车企业的金融创新》，武汉理工大学硕士论文，2002。

7. 任洪斌：《并购》，北京，电子工业出版社，2008。

8. 邵海忠：《WTO与汽车营销》，武汉，湖北人民出版社，2001。

9. 李静：《我国企业战略联盟和并购决策选择分析及启示》，载《乌鲁木齐成人教育学院学报》，2004(1)。

10. 福特汽车公司官方网页,http://www. ford. com. cn。

11. 深圳证券交易所官方网页,http://www. szse. cn。

12. 中国经济报刊网,http://www. szse. cn。

13. 中国并购交易网,http://www. mergers – china. com。

14. 焦旭:《中国汽车 50 年经历的四部曲》,中国广播网,http://auto. cnr. cn/ qqqcgyfzs/200512/t20051205_504137330. html,2005 – 12 – 05。

15. 恒丰美林研究部:《汽车行业并购重组提速》,新浪财经,http:// finance. sina. com. cn/review/observe/20050914/12521967817. shtml,2005 – 09 – 14。

16. 吴幼祥、杨鸣:《长安福特马自达每年都推出世界水平新车》,华夏汽车网, http://www. sinocars. com/sinocarnews/docnews/624000/2007/06/n185816. shtml, 2007 – 06 – 22。

案例参编:邓　艳　朱妙欢

三菱参股东南汽车

2006 年 4 月 12 日，福建省汽车工业集团公司（以下简称"福汽集团"）、"中华汽车公司"（以下简称"中华汽车"）和日本三菱汽车公司（以下简称"三菱汽车"）结束了关于三菱入股东南汽车工业有限公司（以下简称"东南汽车"）的谈判，三菱汽车以现金形式收购"中华汽车"持有的部分东南汽车股份（占总股份的 25%），完成了对东南汽车的股权重组。由于三菱汽车在"中华汽车"持有股份，其在东南汽车的直接和间接控股权超过了"中华汽车"，成为东南汽车的第二大股东。三菱汽车参股东南汽车是其进入中国汽车市场的标志性收购事件，至此东南汽车成为了三菱汽车在中国的第一个汽车制造基地。

1. 行业背景

产能过剩是进入 21 世纪后世界汽车产业所呈现的新特点，世界需要新的汽车消费市场。世界三大汽车消费市场主要是美国、西欧与亚洲，但美国与西欧市场已经接近饱和；在亚洲，日本与韩国市场日益萎缩，而中国成为了世界第四大汽车生产国和第三大汽车消费国。目前，中国的平均汽车保有量非常低，汽车市场开发潜力巨大，是举世公认的世界上最大的汽车消费市场。中国汽车市场的兴起及汽车产业的高速发展引起了跨国汽车公司的密切关注，他们纷纷进入中国建立合资企业，与中国本土汽车企业形成跨国战略联盟。

自 20 世纪末全球汽车产业重新洗牌，掀起大规模重组浪潮以来，世界各大著名汽车厂商更是不约而同地将目光瞄向了中国——这个巨大的、现实的、潜在的汽车市场。特别是在我国加入 WTO 以后，国际汽车产业资本对中国汽车产业介入的深度和广度的增加，跨国汽车企业对华战略也进行了调整——从原来相对独立的"中国战略"转变为与其"全球战略"相互融合；在合资过程中从原来中外双方相对平等的"合作型"战略逐步转向谋求单方面主导的"控制型"战略；在经营方面由过去相对谨慎向积极扩张转变，由制造环节向采购和销售服务环节逐渐渗入，加强了对汽车产业链的全面控制。

我国汽车工业起步于 20 世纪 50 年代初，历经了半个世纪的发展，目前已初具规模。尤其是通过 20 世纪 80 年代以来大规模的引进外资，无论在生产能力、产品质量、产品结构还是在研究开发能力方面均有了长足的进步。进入 21 世纪以来，随着国民经济的稳定快速发展，居民收入和生活水平的不断提高，居民对汽车等大件商品的消费欲望和能力的不断提升，进一步促进了近年我国汽车工业的迅速发展，使得汽车工业已经成为我国很多地区的支柱产业。2001 年之前，我国汽车年产量不足 80 万辆，而且大多是公务用车。2002 年，我国汽车年产量首次突破 300万辆，汽车年产量跻身世界前 10 位，高达 325.12 万辆，其中轿车产量达到 109.1万辆。截至 2005 年，我国汽车工业的发展跟前一阶段相比已取得了显著变化。表 20—1 为 2001 年 ~2005 年中国汽车销售量及其同比增长率。

表 20—1　　　　　2001 年 ~2005 年中国汽车销量及其同比增长率

项目 ＼ 年份	2001 年	2002 年	2003 年	2004 年	2005 年
销售量（万辆）	208.28	325.12	439.56	505.5	575.8
销售同比增长率（%）	—	37.4	35.2	15	13.9

汽车尤其是轿车的迅速发展不仅表现在产量的高速增长，技术进步的步伐也在大大加快。我国轿车生产企业以合资企业为主，截至 2005 年，上海通用、北京现代和上海大众三者的市场占有率就达到了 39.17%，广州本田、广州丰田和东风雪铁龙等也是较大型的企业。经过十几年的打拼，包括吉利、华晨、奇瑞等一批国内民营企业也在轿车市场取得了越来越大的份额。但是，与世界先进的汽车生产商相比，还存在很大的差距。我国汽车工业在规模化生产、技术水平、成本控制、产业政策、市场推广手段等诸多方面都存在着明显的不足。汽车工业综合竞争能力仍然较弱：产业组织的整合程度较低，产业组织结构高度分散、集中度低，产品档次低、质量差、品种单一，研究开发能力不足，企业利润低、总体经济效益不理想，汽车工业效率低下尚未实现规模经济等，汽车工业产业组织结构亟待进一步调整。

2. 公司背景

2.1　日本三菱汽车公司

日本三菱汽车于 1970 年在三菱重工业公司和美国克莱斯勒公司共同出资下成立，是日本第四大汽车生产商，属于日本汽车制造业中较为年轻的公司，公司总部设在东京。自 1917 年在日本首次推出"三菱 A 型"轿车以来，三菱汽车不断研制出各种优质且富个性的小轿车、商用汽车、卡车及客车，汽车年产量达 100 万辆以上，旗下产品包括微型轿车、载货汽车、小型轿车、厢式车、客车、运动车、发动机和其他零部件等多种系列，拥有包括 GRANDIS、LANCER Evolution、OUTLANDER、PAJERO、GALANT 等著名汽车品牌。公司业务遍及日本国内及欧美等发达国家，在日本国内有 10 个生产厂、2 个轿车研究中心和 1 个载货车、客车研究中心，在国外有 25 个生产厂。

三菱汽车早在 20 世纪就已经瞄准了中国市场，除了向中国用户提供不同种类的三菱汽车外，还积极参与中国的重点项目建设。1996年与中国长丰集团等合作，成立湖南长丰汽车股份有限公司；1997年与中国航天汽车工业总公司等合作，成立沈阳航天三菱汽车发动机制造有限公司；1998年与哈尔滨东安动力股份有限公司等组建成立哈尔滨东安汽车发动机制造有限公司。此外，三菱公司从20世纪80年代起，就开始积极向中国进行技术转让，如长春一汽中型卡车驾驶室的技术转让、金杯卡车驾驶室的技术转让、柳州五菱L100微型车的技术转让，通过"中华汽车"对福建东南汽车得利卡、富利卡的技术转让等。2002年6月，三菱汽车与北京吉普汽车有限公司签署了引进生产三菱帕杰罗SPORT车型的技术许可协议。为进一步提高竞争力，巩固全球化事业的基础，三菱汽车还与享有盛誉的戴姆勒·克莱斯勒公司建立了合作关系。

但自2000年以来，受到质量问题等丑闻困扰的三菱汽车遭遇了信任和销售危机，2003年巨亏2150亿日元（约合19亿美元），成为该年度日本汽车行业中唯一亏损的一家企业。为摆脱困境，三菱汽车一方面及时采取补救措施，将消费者的损失减少到最低，以维护品牌形象和重新赢得消费者的信赖；另一方面，于2004年公布了金额达4500亿日元（约合41亿美元）的自救计划：主要依靠来自于三菱集团的其他公司和战略合作伙伴"中华汽车"的援助，同时通过精简内部结构、发行新车型、开拓新市场来改善公司业绩。

2.2 东南汽车工业有限公司

东南汽车是由福建省汽车工业集团和台湾最大的汽车企业——裕隆企业集团所属的"中华汽车"汽车公司于1995年11月合资组建的，双方各占50%股份，是迄今为止经国家正式批准成立的最大的海峡两岸合资汽车企业。

东南汽车充分发挥了海峡两岸汽车合作的双重优势，融汇吸收"中华汽车"汽车先进的管理经验，以及源自日本三菱汽车领先时代的全球造车科技，引进35家台湾专业汽车零部件厂商和日本、德国的国际遗留技术设备，形成冲压、焊接、涂装、总装、车检线等多位一体的现代化生产流程，成为了一个自前段工序配套件至后段工序整车组装都具自主发展能力的，具有国际先进水准的专业汽车生产基地。东南汽车城的同步建成提高了东南汽车产品的国产化率和生产效率，降低了产品成本，提高了产品品质，有力地增强了东南汽车的竞争实力和发展潜力。其生产的得利卡传统轻客、富利卡SUV基本型的国产化率已达95%以上，菱帅轿车的国产化率已达到85%，菱绅MPV/04的国产化率达到64%。东南汽车投资建设的技术研发中心分阶段提升车身、底盘工程的整合能力、衍生车型的开发能力、动力系统的匹配能力，逐步从联合开发方式过渡形成自主研发能力。东南汽车通过引进先进的质量管理体系，在国内汽车行业中首家通过ISO 9001：2000版质量体系认证，通过国家强制性产品认证，同时也是唯一一家被评为"2002年优质服务先进单位"的汽车制造企业。

东南汽车在全国32个省市建立71家一级经销商和特约经销商，共设立经销网点 593 个，维修网点 477 家。东南汽车引进了包括 "DELICA"、 "FREECA"、 "LANCER"、"GRANDIS" 及 "VERYCA" 等三菱技术，拥有得利卡、富利卡、菱帅轿车、菱绅 MPV、菱利高端微客五大产品系列，是国内少数同时拥有微客、轻客、轿车、MPV、SUV 的汽车生产企业之一，市场销售良好。2003 年曾创下全年销售 8.5 万台、销售额 82.5 亿元的良好业绩，比 2002 年销售 4.7 万台增长了 81%，在全国汽车整车厂中排名第 13 位，在轻客行业排名第 2 位。但由于产品型号长期没有更新，在车型陈旧、技术落后的影响下，2004 年和 2005 年的汽车销量不断下滑，菱帅、东南得利卡和东南富利卡上半年的销售额同比分别下跌了 13%、43% 和 46%。

3. 并购过程

2004 年 7 月

三菱汽车与 "中华汽车" 进行接触，并与 "中华汽车" 就其所持有的东南汽车股份展开会谈。

2004 年 12 月

三菱汽车宣布已经与 "中华汽车" 签署关于在东南汽车经营业务方面开展合作的协议，同时还将与 "中华汽车" 就购买东南汽车股权的事宜展开谈判。

三菱汽车于 2004 年 12 月 28 日公告称，三菱汽车已经和中国 "中华汽车公司" 签订了谅解备忘录，旨在扩大双方在东南汽车公司的合作，并加快了三菱汽车在中国生产和销售网络的发展。此次合作也为东南汽车挂三菱车标一事扫除了最后障碍。

2005 年 2 月 17 日

"中华汽车" 表示，该公司旗下在中国大陆的合资企业东南汽车将从 7 月份开始出售三菱牌汽车，酝酿已久的东南汽车挂三菱车标一事终于有了明确说法，东南汽车与三菱汽车之间的关系已经由技术层面的合作转为合资层面的合作，"中华汽车" 持有东南汽车 50% 股权。目前，东南汽车在中国大陆仅出售自有品牌汽车。三菱汽车则通过持有 "中华汽车工业" 15% 的股权而间接持有东南汽车股权。

2006 年 3 月

三菱汽车与 "中华汽车" 经过几个月的磋商之后达成了大致意向，由三菱汽车向 "中华汽车" 购买东南汽车约 20% ~25% 的股权。

2006 年 4 月 12 日

福汽集团、"中华汽车" 和三菱汽车联合宣布，关于三菱汽车入股东南汽车的股权谈判已经全部结束，三菱汽车正式入股东南汽车，由三菱汽车以 5.79 亿元人民币采用现金形式收购 "中华汽车" 所持有的东南汽车 25% 的股份，分两年将股权收购完毕。

经过此次股权重组，福汽集团仍然持股东南汽车的 50%，"中华汽车" 持股

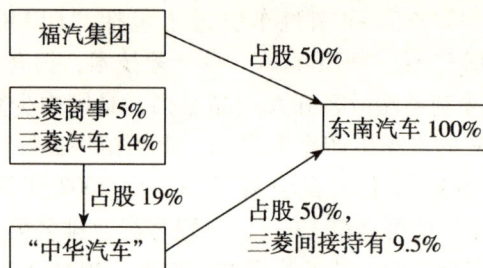

图 20—1　参股前结构图

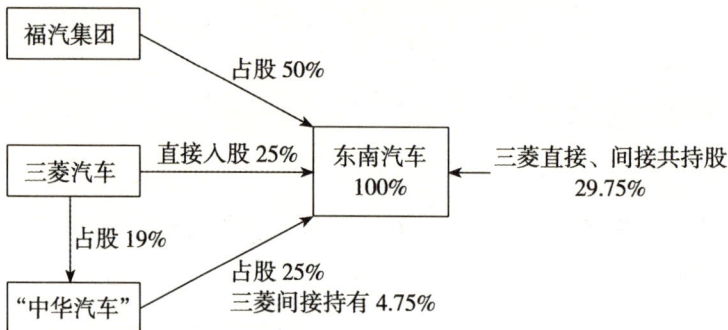

图 20—2　参股后结构图

30%，三菱对东南汽车直接及间接持有的股份达 29.75%，成为东南汽车的第二大股东，东南汽车将成为三菱汽车在中国的轿车、MPV 及轻型商用车产销基地。

4. 动因分析

4.1　战略需要

三菱汽车长期以来主攻发达国家市场，在中国汽车市场的销售份额有限。自 2000 年在欧美市场受挫以后，为摆脱经营和财务困境，三菱汽车重新制定了战略计划。在三菱汽车的新战略中，中国车市的迅速增长以及三菱汽车在中国市场的良好销售成绩，使得三菱汽车把在中国大陆的发展摆在很重要的位置上。虽然其进入中国市场的时间比较早，但在整车制造方面成绩不大，迟迟没有建成合资厂，多数产品以进口方式出现。北京吉普是三菱汽车的合作伙伴，也使用三菱车标，但三菱汽车并没有北京吉普的股份，其与哈飞的合作也仅限于技术转让。更加重要的是，三菱汽车至今在中国大陆没有自己的销售网络，都是通过代理销售。中国市场已经被三菱汽车视为战略要地，谋求在中国市场的更大份额和完善的销售网络成为了一项重要的任务，而东南汽车已经在全国拥有了 74 家一级经销商、112 个 4S 店、482 个经销网点和 365 个特约维修站，对于三菱汽车来说有着相当大的吸引力。入股东南汽车，可以帮助三菱汽车直接获得东南汽车原有的销售网络，通过扩大市场份额来取得其在中国大陆的快速增长，以尽快实现其战略目标。三菱汽车在中国大陆的汽车事业正处于起步阶段，如果能够借用东南汽车成熟的销售网络，将节省大量的时间和金钱。东南汽车已经拥有完备的厂房、设备和人员，还具备乘用车和商用车的生产资格，而且其一直都以生产三菱车型为主，可以按照三菱的要求迅速投入新车型的生产，三菱汽车还可以在短时间内扩大其在中国大陆的生产能力。

虽然东南汽车一直声称自己拥有独立的研发机构，但却一直受到车型陈旧和品牌弱势这两个问题的困扰。事实上，东南汽车自成立之日起，就依靠三菱汽车的战略伙伴——"中华汽车"汽车为其提供技术，主要生产改装的三菱车型，包括菱帅、富利卡、得利卡等系列。在产品营销方面，东南汽车一直宣扬其产品拥有纯正的三菱血统。在汽车市场飞速发展的初期，东南汽车也曾取得了优秀的成绩，但随着消费者消费观念的变化和市场竞争的加大，面对国内市场上越来越多的竞争车型，长期依靠几款老车型包打天下的东南汽车面临着越来越大的压力。特别是在轿车方面，东南汽车几年来都只有一款陈旧的菱帅，在不断推出新品的其他竞争对手面前自然是节节败退。三菱汽车从技术支持到全面的品牌、管理、资金支持，对同样需要扭转下滑态势的东南汽车将起到有效作用。为了摆脱困境，东南汽车还必须在技术和车型上实现升级换代，而三菱汽车的出现无疑符合东南汽车的目标。

4.2　协同效应

三菱汽车参股东南汽车，可以说是一种双赢的策略。三菱汽车和东南汽车可以通过这次参股合作取得更高的经营和管理协同效应，在生产和销售方面取得互补优势。并购之后，能够取得更大的生产规模经济从而降低成本，同时通过管理经验和队伍的移植提升企业的整体管理水平，从而提升整体竞争力。

三菱汽车能够利用东南汽车完整的销售和售后服务网络，大大加快其中国战略的实施，提升公司业绩；而东南汽车则可以借助三菱汽车的技术和品牌提高竞争力，实现品牌和业绩的提升；在三菱汽车对东南汽车的入股中，三菱汽车除了注入资金，还派遣了专业技术人员对东南汽车的生产和质量提供支援，并将在经营管理、销售、采购方面提供专业的技术人员和技术支援。

参股之后，东南汽车可以通过引进三菱汽车的管理经验提升自身的管理水平，而三菱汽车则可以通过东南汽车的销售网络加快扩大其在中国轿车市场的占有份额。在所持股权上，三菱汽车只占不到30%的股权，并不能威胁中方的控股地位，使得东南汽车能保留自有品牌的控制权。

5. 结果评价

2006 年，三菱汽车在包括中国、南美在内的新兴市场的汽车销量大概在 20 万辆左右，已经超过了美国市场的销量而大致与欧洲市场销量相等。2007 年 4 月，三菱汽车发布了 2006 年财务报表，宣布其在营业利润和净利润方面实现扭亏为盈，这也是三菱汽车近 4 年来首次在主要业绩指标上实现盈利。而中国大陆市场的销量增加以及日元疲软带来的海外竞争力增强，对公司扭亏为盈起到了重要的作用，三菱汽车在中国大陆的布局已经初见成效。表 20—2 为三菱汽车 2005 年 ~ 2006 年财务与销售状况对比。

表 20—2 　　　　　　三菱汽车 2005 ~ 2006 年财务及销售状况对比　　　　　（单位：亿日元）

项目＼年份	2005 年	2006 年
销售额	21 201. 15	22 028
营业利润	67. 62	402. 37
经常利润	− 177. 58	185. 42
纯利润	− 921. 55	87. 45

2007 年，东南汽车销量开始回升，达到 60 086 辆，比 2006 年同比增长了 26.3%。但与 2003 年 8 万台的销量和东南汽车当时在汽车企业中排名的第 12 位相比，当前东南汽车的排名已落后至近第 20 位。三菱汽车入股东南汽车时，曾表示要用 5 年时间，帮助东南汽车进入排名的前 10 位。从目前情况看，双方合作并未取得预想成绩，被寄予厚望的三菱戈蓝，原计划 2007 年销售 5 万辆，实际仅售出 9 793 辆。

三菱汽车参股东南汽车后，东南汽车并没有按照原来的设想那样步入良性循环，反而因为多种原因而陷入重重困难。其销量并没有明显提升，其中几款老旧车型如菱帅、富利卡等均悉数下降，使得东南汽车比较受伤。这主要和东南汽车的几大股东福汽集团、"中华汽车"及三菱汽车之间的博弈有关，其中福汽集团为了保存自有品牌而要求继续生产菱帅，但结果使新、老车型在国内的销售都受到影响。

以自主品牌拓展海外市场成为近一两年来东南汽车新的突破口，海外销售在总销售量中所占的比重越来越大。2007 年，东南汽车获得近 1 万辆的东南得力卡出口伊朗的订单和外销伊朗 5 700 台得利卡的订单，为 2008 年 21 500 辆的海外市场销售开了个好头。同时，东南汽车除出口伊朗外，还包括俄罗斯、埃及等国家，未来还将继续加大对其他国家的出口力度。

✍ 6. 问题讨论

6.1　东南汽车能否继续保存自主品牌

三菱汽车入股东南汽车以后，将对生产和质量管理、经营管理、销售、采购等方面派遣专门的人员进驻。也就是说，三菱汽车其实是要接管并逐步掌握东南汽车生产经营方面的各个关键环节。对三菱汽车来说，其收益当然是很大的。根据三菱汽车的中长期计划，大陆市场将是其主攻点，计划到 2008 年在大陆建成包含 500

家专卖店的销售网络，并实现销售汽车 22 万辆。如果这个目标能够实现，将使三菱汽车加快复兴的速度。

2006 年国务院颁布的《关于加快推进产能过剩行业结构调整的通知》明确要求，所有新建汽车整车生产企业和现有企业跨产品类别的生产投资项目，除满足产业政策要求外，还要满足自主品牌、自主开发产品的条件。国家发改委单独发文列出的调控细则中也明确指出，汽车产能的调控将涉及到整个汽车行业，且其中新加入对自主品牌等方面的具体要求首次涉及合资企业。因此，对于东南汽车来说，前景似乎仍然不能令人乐观。在两者逐渐加大生产合作程度的情况下，其自有品牌的车型将加快退出市场的速度，因为三菱汽车不可能为了东南汽车自身的品牌而在其生产经营中投入过多资源。另一方面，随着市场需求的不断变化，这些老旧车型已经没有太大的竞争力，而东南汽车自身本来就缺乏研发能力，因此东南汽车逐渐成为三菱汽车的代工厂似乎也成为了必然。针对东南汽车的困境，三方股东福汽集团、三菱汽车以及"中华汽车"将追加对东南汽车的投资，东南汽车仍然投入大量的人力物力坚持东南合资品牌和自主品牌的双品牌发展道路。东南汽车相关人士表示，目前，东南汽车的三菱品牌和自主品牌已经开始独立运作，将来也会进行销售渠道的彻底分家。东南汽车的自主品牌能否继续保存还需要时间的检验。

6.2 东南汽车股东间的博弈

三菱汽车入股东南汽车后动用近 6 亿人民币入股东南汽车，这也意味着"中华汽车"在东南汽车经营管理中的弱化。而对于福汽集团而言，虽然其仍然是第一大股东，但三菱汽车对各关键部门的掌握也意味着福汽集团已经丧失了很多的经营管理权。

本来东南汽车的三大股东都具有不同的特点，有望形成互补优势。例如：福汽集团在当地拥有丰厚的人脉资源，三菱汽车具有产品和技术优势，而"中华汽车"则具有丰富的营销经验。但三菱汽车在入股东南汽车之后已经表明其掌握生产、质量管理、经营管理、销售、采购等关键业务的意图并派专人接管，显然三菱汽车并不打算只做个第二股东，而是打算全面接管东南汽车。在这种情况下，三菱汽车、"中华汽车"及福汽集团三方的博弈才刚刚开始。比较有可能的结果是，三菱汽车逐渐掌控东南汽车，实行其在中国大陆的战略，而福汽集团和"中华汽车"成为彻底的配角。

6.3 东南汽车能否走出困境

没有人怀疑三菱汽车在世界市场上应该拥有一席之地，也没有人说东南汽车生产的汽车不好，可是近几年，东南汽车在国内的销量一直差强人意。一个不错的汽车企业，既有雄厚的造车技术储备，又有较完善的销售网络，却陷入销售困境。现在的东南汽车，正努力抓住最后一根稻草，在自主品牌汽车的研发与制造方面狠下工夫，期待突破。更多的人则表示，东南汽车要想突破只能等待别的大股东携带资金进入。

东南汽车的股东博弈内耗严重，东南汽车的股权更迭一直令业界眼花缭乱。此前，福汽集团和"中华汽车"各占东南汽车股权50%；随后，三菱汽车收购"中华汽车"所持有的东南汽车20%股权；接着，又增持东南汽车5%的股份。加上三菱汽车因持有"中华汽车"股份的19%从而间接持有东南汽车股份，因此，三菱汽车以29.75%的持股比例成为东南汽车的第二大股东。虽然三菱汽车参股东南汽车最初被业界普遍看好，但由于参股过程复杂、耗时长，难免错过了一些市场机遇。另一方面，也引发了股东间一轮新的博弈。在股权变更后的发布会上，三菱汽车会长益子修提到将从日本引入零配件厂商，而这对已经发展到50多家，有了很强的配套能力的"中华汽车"从台湾带来的配套厂商显然构成一定威胁。而三方股东如何解决零配件供应利益分配，将直接影响公司的经营运转。

近两年，东南汽车销量严重下滑，三菱汽车入股东南汽车后推出的戈蓝更是在中高级车市处于销量排名的末端。正因为如此，三菱汽车加速了对东南汽车的拯救，在原有的四款车型国产的基础上，2008年10月又增加了一款刚下线的君阁。东南汽车董事长凌玉章表示，"除加强与三菱的合作外，今后还将加强自主研发的创新，在自主品牌方面与国内企业加深合作。"有关人士透露，在上汽与南汽合作后，东南汽车曾试探以南汽模式加入上汽，但未能成功。在北汽扩张的构想下，也曾传出福汽集团与北汽秘密洽谈合作一事。不过，分析人士表示，北汽与福汽同属弱势企业，合作意义不大。目前传闻最盛的，要数广汽收购东南汽车，但是目前东南汽车高层对此讳莫如深。据内部人士透露，相较于北京，广州当地日系车的配套体系更适用于东南汽车。而对于在中国遇到瓶颈的三菱汽车来说，广汽也许是个机会。

凌玉章曾对记者表示，如果东南汽车被兼并，自己一生的心血会付之东流。可见，东南汽车从内心来说并不希望被兼并。各方面的迹象显示，处于整合传闻中的东南汽车加大了自救力度。凌玉章表示将加大与三菱汽车的合作力度，不仅三菱所有车型都可随时选择国产，其全球车型也可放在中国首发，此外，三菱汽车还在东南汽车内部专门成立了三菱品牌营业部。同时，东南汽车的三方股东将继续追加投资，以加快新车型开发。目前，东南汽车正在制定一个"三年振兴计划"，未来将继续降低采购成本，加大车型引进和自主车型研发，每年至少推出一款新车。此外，东南汽车还通过加强与三菱汽车、克莱斯勒合作来提升东南汽车大品牌的实力。凭借多方努力，东南汽车能够破局而出吗？我们拭目以待。

主要参考文献

1. 樊莹、罗淑贞：《财务学原理》，广州，暨南大学出版社，2002。

2. 艾青、向正军：《企业并购的动因与理论分析》，载《中南财经政法大学学报》，2004(2)。

3. 佚名:《浅析企业并购的动机》,载《发展论坛》,2003(6)。

4. 佚名:《换股收购 vs 现金收购 孰优孰劣》,载《中国证券报》,2006 - 09 - 14。

5. 刘磊:《关于我国企业并购动因的分析》,载《哈尔滨商业大学学报》,2004(1)。

6. 宁华:《三菱汽车中国策略转向中国市场被视为救命稻草》,载《经济观察报》,2004 - 08 - 21。

7. 屈丽丽:《并购无定式》,载《中国经营报》,2007 - 01 - 08。

8. 张朝晖:《东南汽车力图销量重回历史高点》,载《福建工商时报》,2008 - 03 - 28。

9. 丛刚:《东南三年拯救计划破题 技术导入不再绕道台湾》,载《福州报道》,2008 - 10 - 29。

10. 刘世锦、冯飞:《汽车产业全球化趋势及其对中国汽车产业发展的影响》,载《中国工业经济》,2002(6)。

11. 程贵孙、叶燕:《我国汽车产业组织现状分析》,载《汽车工业研究》,2003(9)。

12. 马晓河:《当前我国汽车产业发展特点与问题》,载《西部论丛》,2004(4)。

13. 王中亮:《我国汽车消费特点及发展趋势》,载《上海商业》,2005(3)。

14. 汪卫东:《我国汽车产业面临的最大机遇和挑战》,载《汽车工业研究》,2005(5)。

案例参编:李碧荣　梁惜茹

四通 MBO 案例

1999 年 5 月 6 日，四通集团的职工共同出资成立了北京四通投资有限公司，以收购公司资产的方式完成了 MBO。已经与"中国民营高科技企业的一面旗帜"定位名不副实的四通集团，凭借一个叫做 MBO 的方案，与久违的"旗帜"重逢——这一次是"民营科技企业体制创新"的"旗帜"。无论是否还有人对它的"第一"地位以及它是否是真正意义上的 MBO 持怀疑态度，至少它在当时极大地吸引了人们对 MBO 的兴趣，并为中国民营集体企业的产权改革闯出了一条新路。两年后的 2001 年，MBO 开始在中国大陆大面积兴起，而 2003 年更是被称为中国企业的"MBO 年"。

1. 行业背景

1.1 信息产业

中国信息产业的发展是从 20 世纪 70 年代末开始，90 年代开始进入产业资本主导时期，形成了广州、上海、北京中关村等几大领先地区，我国信息产业的快速发展取得了举世瞩目的成就。尤其是电子信息产品制造业的发展速度十分迅猛，2003 年的销售额已位居世界第三。

尽管我国的信息产业一直保持高速的成长，但是繁荣背后同样存在着一系列问题。在信息产业的国际化分工中，无论是新产品开发，还是产品生产、营销，中国均处于中低端。中国信息产业总体上以组装和来料加工性质为主，很少拥有自主的知识产权，产业发展所依赖的优势只是廉价的劳动力和土地。这种发展模式受全球经济影响波动较大，以这种方式发展信息产业与地区长期发展的战略并不相符，与确立地区信息产业竞争优势的主线也不相符合。

北京中关村是中国的硅谷，拥有一大批高科技企业。其中大部分的民营科技企业中有 70% 左右都有着集体企业的"红帽子"，在我国从计划经济向市场经济转轨的时期，许多民营企业都以集体企业的形式出现，实质上还是私有企业。十几年来，随着经济的发展，这些"红帽子"企业都面临着产权结构不清的问题，急需得到解决。

1.2 照明行业

20 世纪 90 年代，中国照明行业还没有实现有效的整合，行业集中度偏低，国内市场无序竞争，行业外向度缓慢下降，这与欧盟 RoHS 指令的实施有一定的关系。RoHS 指令的实施导致国内技术差的企业出口受阻，转而奋战国内市场。整体上来看，中国照明行业处于过度竞争的态势，行业的二次整合迫在眉睫。从区域分布来看，中国的照明行业企业主要集中在珠江三角洲和长江三角洲两个地区，其中珠江三角洲照明企业发展比较早，走在了市场发展的前面。但是长江三角洲的照明企业更加重视企业的内部管理和外销，两手抓、两手都要硬，不但在电工行业的竞争中走到珠江三角洲的前面，而且在照明行业中也表现出了咄咄逼人的气势。

随着外资的逐渐进入，照明市场出现了国内竞争国际化的局面。努力增加节能光源和不同档次、花样、不同用途的照明器具的开发，加快绿色、节能光源产品的开发推广和应用是 21 世纪我国照明电器行业结构调整的重点。同时，打造自己的优势品牌也是照明行业应对竞争的重要课题。我国照明电器行业面临着前所未有的机遇和挑战，而由此带来的巨大商业利益也成为众多照明企业瞩目的焦点。

2. 企业背景

四通集团是中国著名的民营科技企业，也是中国电子信息产业的一支重要力量。1984 年 5 月，四通集团诞生于世界新科技浪潮与中国改革洪流交汇之地的中关村。在没有政府一分钱投入，没有国家科研院所做依托的条件下，一群辞去公职的科技人员借款 2 万元办起了公司。依据"自筹资金、自由组合、自主经营、自负盈亏"的原则，凭借勇于探索、锐意开拓的创新精神，成就了初创期的辉煌。

20 世纪 80 年代，四通集团主要致力于办公自动化产品的开发经营。在公司成立当年，对 M2024 打印机进行二次开发并投放市场，并获得巨大成功。1985 年，其又完成了 M1570 彩色打印机的二次开发并迅速占领市场，效益显著。1986 年，由四通集团研制开发的第一代 MS 系列文字处理机——MS－2400 诞生。之后以 MS 系列文字处理机的销售为契机，四通集团开始建立遍及中国各地的营销服务网，四通文字处理机国内的市场占有率达到 85% 以上，为中国办公自动化事业的进步做出了重大贡献。以此拳头产品为支撑，20 世纪 80 年代的四通以每年 300% 的增长率高速发展。

进入 20 世纪 90 年代后，顺应计划经济向社会主义市场经济全面转轨、全球经济日趋一体化的新形势，四通集团率先举起了"第二次创业"的旗帜。围绕着"股份化、集团化、产业化、国际化"的目标，施行了一系列重要举措：整合旗下若干电子类企业，组成"四通电子"在香港联交所上市，成为第一家在香港上市的民营 IT 公司，四通集团的活动舞台由此从国内扩展到海外。四通集团从初期的单一品种经营，转向开发生产打印机、收款机等多种产品，特别是面向国民经济各部门用户、行业用户的专用电子产品，进入国民经济信息化改造的主战场。四通集团的第二次创业取得了巨大成功，使公司基本摆脱了产品单一、产业脆弱的局面，并开辟了国际合作的广阔渠道。四通集团还制定了与"巨人同行"的战略方针，与一大批著名跨国公司合资兴建大型生产基地，包括与日本松下电工合资的中国最大的照明电器公司、与日本三菱电机合资的大规模集成电路公司、与美国 TRW 合资的大型系统集成公司等等。

自 20 世纪 80 年代以来，在层出不穷的中国民营企业中，四通集团以民有、民营的模式发展高新技术，由小做大，百折不挠地奋斗。公司共拥有 50 余家独资、合资联营企业，4 个海外分支机构，职工 3 000 多人，被公认为是民营企业最杰出的代表之一。

3. 过程描述

3.1 确定方案

1998 年年初，四通集团董事会批准设立"重组改制"领导小组，段永基任组长。1998 年 2 月至 5 月，四通集团曾接触了国内外不少投资银行，聘请国际金融公司（IFC）和中国证券市场研究设计中心担任顾问，联办投资部出任融资协调人。

1998 年 6 月之后，联办的四通项目小组按照四通集团的委托，对公司的现状和历史进行了系统的调查和审核，并在公司经理层的"认识磨合"过程中提出并反复修订了四通融资重组方案。

四通集团的重组方案中心旨在：①逐步解决产权不清的痼疾，让所有者真正到位，以形成对企业财富增长和长期发展的深层激励与最终约束。②建立科学的内部治理结构，实行规范化管理，为实现经理层年轻化奠定基础，迈出建立现代企业制度的关键一步。③将资产重组与业务重组相结合，使公司清理、摆脱历史包袱，优化资产结构，强化核心竞争力，实现更大规模的发展。

3.2 MBO 过程

（1）1998 年 10 月 9 日，四通集团职代会做出成立员工持股会的决议，616 名员工共同出资 5 100 万元。1999 年 5 月 6 日，四通集团职工持股会获得政府正式比准，随后与四通集团共同出资成立了北京四通投资有限公司（以下简称"新四通"），其中四通集团持有 49% 的股权，四通集团职工持股会持有 51% 的股权。职工持股会在新四通中拥有控股权，而总裁段永基和董事长沈国钧等 14 个高管是职工持股会的核心成员。随后，新四通融资收购的首选目标是香港四通，这是一家上市公司，四通集团所持股份可以流动、易于操作。此外，香港四通的主营业务是四通集团的电子分销业务，新四通经过收购，将拥有第一块自有业务。

（2）新四通通过贷款、私募股权等方式取得资金，逐步收购四通集团的原有资产，完成了产权重组、产业重组、机制重组三位一体的战略目标。1999 年 7 月 19 日，新四通收购了四通集团在香港四通所拥有的全部 50.5% 的股份。

（3）在私募扩股的基础上，将新四通上市成为公众公司。在新四通中，有
49%的股份是四通集团产权模糊的资产，伴随一次次的扩股，这49%的产权模糊
将逐渐稀释，上市之后这部分资产将稀释到一个很小比例，大约在10%左右。而
新四通的增量资产的产权随着资产的整体规模的扩大，产权清晰的部分将占到
85%左右。

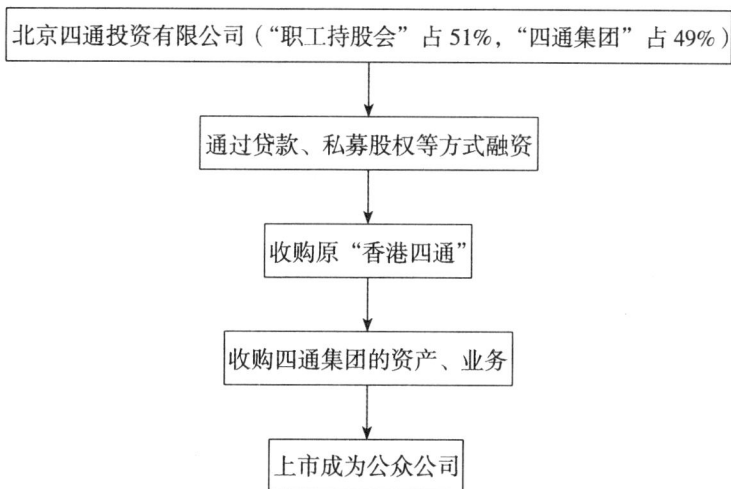

图21—1   四通MBO方式产权改革重组示意图

✍ 4. 动因分析

四通集团在没有任何国家资金投入的情况下，依靠技术创新、出色的经营管理
和灵活的经营机制，迅速成长为中国最大的高科技企业之一。产权不明晰的问题却
随着四通集团的发展而逐渐暴露出来，开始束缚四通集团的继续发展。四通集团是
由十几个科研人员集资发展起来的，是在当时特殊的历史条件下成立的集体企业，
但是这种集体所有制的企业是属于企业内所有人的，而不是属于某一个人的，并且
在企业后续的发展过程中不断有新的人员加入，因而无法确定谁拥有多少数量的产
权，谁占有多少股份。这造成了公司资产的所有者不明确，由此而产生的一系列弊
端导致其在20世纪90年代逐渐失去了原有的风采。虽然看起来四通集团所有资产
应该由全体员工共有共享，但根据有关法律的规定，集体所有制企业的财产共有共
享，不得分割，因此无法对公司财产进行分割。另一方面，公司人员流动大，也难
以明确员工的具体产权。其实，早在1987年四通集团就已经开始在产权改革方面
进行探索。当时，在著名经济学家吴敬琏的主持下，设计出一个"冻结存量，职
工参股组建股份公司，然后招募新股"的方案。但是由于各种客观原因而没有实
施，错过了产权改革的大好时机，导致了如今四通集团不改制就不能生存的局面。

MBO可以定义为公司的经理层通过融资收购自己所服务的公司的全部或部分

股权，使管理层能够以所有者和经营者合一的特殊身份主导重组公司，从而产生一个代理成本更低的新公司。当 MBO 发生时，目标公司通常完成从公众公司向私人公司转变的过程。

在这一思想指导下，四通集团通过 MBO 构筑了一个产权清晰的"新平台"。然后，将这个"新平台"在国内或国外上市，这将有利于目前我国在国外及中国香港地区上市的各公司，成为名副其实的中国民营高新技术上市公司。

5. 结果评价

5.1 借鉴作用

四通集团是中国第一例以 MBO 方式对公有制企业进行重组的民营企业，其对我国企业产权改革具有重要意义，为我国民营集体企业产权问题的解决提供了新思路。但我们也应看到，由于我国经济正处于转型时期，与西方典型的 MBO 相比，我国的 MBO 有其自身的特点：①在我国公有制企业中，经理层不但是经理，而且事实上掌握着企业的控制权，虽然没有拥有企业的股份，但已成为事实上的股东。把 MBO 引入中国转型中的企业，不但需要经理层融资收购，而且股东也参与其中，相当于"管理者融资收购"。②在转型企业中应用 MBO，重组企业业务和组织结构是必不可少的一环，其目的不仅仅只限于典型的 MBO 加快归还贷款的步伐，更重要的是消除过去产权不清晰给公司带来的病伤，提高营运效率。③转型企业由于产权不清晰，导致 MBO 中出售方不清楚，因此买方只有加入目标公司，扩大目标公司的总股本，从而使所需资金比一般要多。因此，MBO 作为转型企业重组公司产权、业务、结构的一种工具，在公有制企业的转型中必须依照实际有所调整，四通集团利用 MBO 进行产权改革为我国企业的产权改革蹚出了一条新路。作为中国最早的民营高科技企业之一，作为目前中国最大的民营高科技企业之一，作为一家充满历史纠葛的企业，四通集团在产权问题上的新尝试，对众多为产权问题所困扰的企业、也为我国民营集体企业解决产权问题提供了新的思路。

四通集团产权改制是按照存量调整与增量注资相结合的方式进行的。所谓"存量调整"，是指将国有资本存量中的一部分出售给企业经理层个人，在不改变企业净资产总额的情况下，改变企业股权结构。所谓"增量注资"，是指企业经理层按一定比例对企业追加注资，即扩大企业的总资本额，改变原来由国家单独投资所形成的单一股权结构。

实际上，四通集团 MBO 在进行经理层收购时，采用的是分步购买、边积累边购买的方式，充分利用财务杠杆使所需资金尽量降低，解决了国有资产存量和增量的问题，这对其他大中型民营企业、国有企业的经理层收购，显然有着重要的借鉴意义。

5.2   总体评价

四通 MBO 提高了公司的竞争力和效率。MBO 后，四通集团改造成股份制的现代公司，有利于公司的长远发展。在四通的重组中，新四通收购了四通集团的优质资产，而效益差的资产和债务都留在四通集团中，MBO 后公司业绩有了明显提升。

四通集团的 MBO 并未真正支付现金。由于四通集团原来就没有清晰的股权结构，因此在四通集团 MBO 过程中，新四通支付给四通集团用以购买股权和资产的现金，并没有分给所谓的股东，而是留在四通集团中，而四通集团实际上又是受新四通及原来的管理层控制的，因此所谓的 MBO 主要是明确产权，同时把现金从左手交到右手。

但四通集团 MBO 并没有彻底解决产权不清晰的问题。虽然四通集团的资产不断集中到新四通去，换回来现金，最后剩下以现金为主的资产，但四通集团还是一个集体所有制企业，如何分配这部分资产还有待解决。

6. 问题探讨

6.1   四通 MBO 的融资方式

四通集团实施 MBO 时，先由四通公司做担保，以职工持股会（社团法人）的名义向银行申请贷款，再以个人承担。因此，其资金主要来源于银行贷款。

由于要完成收购所需的资金量很大，公司经理层还需要通过融资进一步完成收购。除了要收购香港四通外，新四通还需要从四通集团购买系统集成、信息家电、软件开发等业务。公司着重于高科技产业的业务重组，可为有眼光的商业银行提供重大机会。新四通下一步的财务安排就是从新的银企合作中寻求出路。

收购的完成需要私募扩股，引进外部投资者。四通公司将需要引入一批境外股权投资人进入新四通董事会。外部股权投资人可带来新四通所需的管理背景、金融背景和国际背景。四通集团的重组方案公布之后，引起了国内外一些金融机构的浓厚兴趣。世界银行组织成员国际金融公司决定出资 80 万美元聘请法律、管理顾问，在融资、管理、战略等方面提供财务和技术援助，国内一些金融资本也愿意进行协调。此外，四通集团的外资合作伙伴都愿意在第二步私募扩股时加盟。

6.2   四通 MBO 是否解决了产权问题

四通集团的困惑主要是产权问题，即企业的所有者是谁，财富归谁所有，四通集团改组也主要是为解决产权问题。四通人从四季青乡借款 2 万元，并挂靠四季青乡成立了四通集团，其实，要了解四通集团的产权归属并不难，看看营业执照上怎么写就清楚了，问题的实质在于名不符实。四通集团面临的是许多"红帽子"民营企业所面临的令人焦头烂额的难题。事实上，国家工商行政管理局在 1987 年 12

月 11 日就曾发表《关于处理个体合伙经营及私营企业领有集体企业营业执照问题的通知》，通知要求要如实对待假集体、真私营的企业。但当时发文的目的主要是加强税收和工商管理费，奇怪的是工商局以后反而不发这样的文了，但法院在判决书中将集体企业认定为私营企业的判例却自始至终未间断过。所以，还私营企业本来面目的问题是个普遍性规则不能出台、可因个案而异的问题。

四通人的做法是有创意的，是一个没说不是公胡却未当成公胡对待的做法，四通集团拥有新四通49%的股权，新四通获得了四通集团优良的资产，购买了四通集团的资金不仅留在了四通集团，又被新四通收购回来，甚至这笔钱直接作为无息贷款给了新四通。整个过程是无视四通集团的所有者利益的，是建立在四通人可以完全自由支配四通资产和政府默许这种支配的基础上，是四通人自己卖自己。那么，四通人占有、使用、收益四通集团的资产，并且可以完全支配、甚至买卖四通集团的资产，这不就是 MBO 的全部内涵吗？但政府没有明文批示，四通人也没有这样说，仍将四通集团49%的股权和出卖资产所获得的债权留给了那个实际上"空缺"的所有者。只是帮助四通改组的国际金融公司的专家们纳闷，既然是这样，为什么非得办一套"买"的手续。

主要参考文献

1. 佚名:《四通 MBO 有始无终》,载《经济观察报》,2001 - 05 - 30。
2. 佚名:《我国 MBO 的运作》,载《上市公司》,2003(1)。
3. 王可珂:《我国管理层收购(MBO)探析》,载《山东电力高等专科学校学报》,2004(3)。
4. 李玉宝:《管理层收购的理论及相关难题》,载《哈尔滨商业大学学报》(社会科学版),2005(2)。
5. 尹生:《四通 MBO 第一案》,载《中国企业家》,2005 - 12 - 27。
6. 佚名:《现场报道:段永基披露四通 MBO 的风风雨雨》,搜狐财经,http://business. sohu. com/81/95/article206409581. shtml,2003 - 02 - 16。
7. 田晶:《MBO 实战操典经典案例》,北京,机械工业出版社,2004。
8. 李岷:《四通:后 MBO 迷局》,载《中国企业家》,2001(8)。
9. 蔡虹:《两个四通产权轮回,MBO 搁浅?》,载《互联网周刊》,2001(11)。
10. 武晓歆:《MBO 四通公司的新抉择》,载《经营管理者》,2000(2)。

案例参编:谢潮昂　陈艳平

深圳华强 MBO 案例

2005 年 12 月 8 日，国务院国有资产监督管理委员会批准了深圳华强集团有限公司（以下简称"华强集团"）高管直接间接持有其公司 91% 的股权，广东省政府持有剩余 9% 股权的改制方案。至此，华强集团历时两年的 MBO 终于在重重疑问中落下帷幕，这个 MBO 的成功案例由于完成了种种看起来不可能完成的任务，被媒体称为"中国 MBO 神话"。

1. 我国 MBO 背景

1.1 MBO 现状

MBO 是优化企业治理结构的重要途径之一，在我国国有企业改革与集体企业改制的过程中起着越来越大的作用。

近年来，国内企业特别是国有企业的 MBO 已经出现了不少实践案例，但这些发生在我国经济转型期间的 MBO，与国际流行的 MBO 模式有很大不同。国内 MBO 多以国企为主，很多都是以明晰产权、优化股权结构为目的，主要有以下两种类型：一是明晰产权型，常见于戴着集体企业的"红帽子"，但实际上是私有制的企业，它们的 MBO 主要是为了明晰产权、解决历史遗留问题，代表性的案例有四通集团、美的集团等；二是产权多元化型，常见于国有企业通过 MBO 实现对产权结构的优化，对管理层进行股权激励等，代表性的案例有上海强生集团、洞庭水殖、大众科创、TCL 等。

就国内的上市公司而言，从 1999 年 6 月粤美的完成第一个上市公司 MBO 之后，陆续有佛塑股份、深方大、大众科创、洞庭水殖、特变电工、胜利股份、红豆股份、全兴股份等上市公司或其母公司进行了 MBO。2003 年 12 月 1 日，证监会颁布了《上市公司收购管理办法》，对上市公司 MBO 和员工持股等问题做出明确规定，为国内上市公司 MBO 提供了政策依据。

1.2 MBO 特征

（1）实行 MBO 的公司，一般都是由创业者辛苦拼搏，带领员工由小到大发展起来的。创业者及其团队在奋斗过程中历经千辛万苦，才把公司发展壮大，并挂牌上市。通过 MBO，可以让这些创业者及其团队分享企业的发展成果，得到应有的回报。

（2）对实行 MBO 的上市公司来说，几乎都具有较高的流通股比例。在已经实行 MBO 的上市公司中，流通股占 50% 以上的占一半以上，占 30%～50% 的有 1 家，占 30%～40% 的有接近一半，占 30% 以下的只有很小一部分，主要是因为这些公司不是国家必须控股的战略性行业或者具有战略意义的重点企业。

（3）转让方式基本以协议转让为主，主要参考净资产进行定价。就目前 MBO 的成功案例来看，转让价格普遍较低。

2. 行业背景

中国信息产业的发展从 20 世纪 70 年代末开始，90 年代进入产业资本主导时期，形成了广州、上海、北京中关村等几大领先地区，信息产业的快速发展取得了举世瞩目的成就。尤其是电子信息产品制造业发展速度十分迅猛，2000 年以来，每年以 20%～30% 的速度增长，2003 年其销售额已居世界第 3 位。

尽管我国的信息产业一直保持高速成长，但繁荣背后同样存在着一系列问题。在信息产业国际化分工中，无论是新产品开发，还是产品生产、营销，中国均处于产业链的低端。中国信息产业总体上以组装和来料加工性质为主，很少拥有自主的知识产权，产业发展所依赖的优势只是廉价的劳动力和土地。这种发展模式受全球经济影响较大，以这种方式发展信息产业与地区长期发展的战略并不相符，与确立地区信息产业竞争优势的主线也不相符。

"十一五"规划的出台，标志着中国经济社会发展模式的全面转型，以及对新发展模式的整体尝试。在新理念的指引下，中国经济发展将进入新一轮的战略机遇期。信息产业作为国家经济发展的重要支柱产业，将与国家经济发展大环境相协调，抓住国家经济转型中的战略机遇，实现更大的突破和飞跃。《中共中央关于制定国民经济和社会发展第十一个五年规划的建议》（以下简称《建议》）站在历史和时代的高度，指明了我国现代化建设的发展道路、发展模式和发展战略。其中，《建议》将信息产业列为首要发展的高技术产业，并在多处论述中提到了"通信、信息、信息产业、信息化"，对信息产业的下一步发展具有重大的指导意义。其中，推进产业结构优化升级，加强基础产业、基础设施建设，提高自主创新能力，促进区域协调发展，推进和谐社会建设等关键词，生动描绘出在未来五年信息产业发展的经济大背景。

3. 企业背景

华强集团是一家综合性的公司，成立于 1979 年。从一家小工厂开始，在经历了不同的发展阶段之后，公司规模不断扩大，逐渐由生产企业向资产运营集团转变。经过多年的发展，华强集团已成为拥有 30 多家企业的大型集团，并拥有两家上市公司——贵糖股份（股票代码为 000833）和深圳华强实业股份有限公司（股票代码为 000062）。华强集团是全国 500 家最大工业企业之一，先后获得"全国质量效益型先进企业"、"全国高出口创汇企业"、"全国电子行业百强企业"等先进称号。

在资本市场长袖善舞的华强集团借助资产运营，在全国先后建立了五大产业基地，形成了以高科技信息产业为核心，并涉足家电、制糖与造纸、房地产领域的产业布局。公司生产的多项产品都在世界市场内占有一定地位，产品远销欧美各国。在家电行业竞争激烈、利润下降的情况下，华强集团根据自身实际，积极推进产业结构调整，主动适应产业发展趋势，重点转向信息产业，大力发展以电子专业市场为基础、以电子商务平台为核心、以供应链服务为主要支撑和配套、服务电子专业市场的商贸物流，致力于建设全国性的面向产业链上下游的新型电子专业市场网络，发展面向现代电子信息产业的生产性服务业，成功实现了向信息产业的转型。

作为"中国电子信息百强"企业，华强集团一直致力于发展高科技电子制造业，通过引进世界一流的电子元器件制造技术，形成了以激光头、微型马达为主的高科技电子制造业，在电子精密制造领域处于国际领先地位。华强集团实施适度多元化发展战略，跨行业、跨地区经营，以股权投资形式成功进入糖、纸制造等资源性产业。公司通过对两大糖业集团的重组改造，发挥其在技术、资源、环保等方面的优势，提升公司糖、纸制造水平，成功推动企业开发高新科技和生态环保产品，在广西建成了一个以甘蔗生物化工为主导，多产业、多功能、农工贸一体化的大型生态高科技产业基地，形成了糖、纸产业链，极大地提高了资源的利用率，其旗下的贵糖集团已入选国家首批循环经济试点单位。

华强集团坚持以自主创意、自有知识产权为理念，以数字影视、数字动漫、数字游戏、文化产品等为核心内容，以文化产业主题公园、数字 4D 影院、网络、电视、出版物为市场平台，努力打造集创意、设计、生产、研发、销售、人才培养于一体的产业链，通过建设文化科技产业园，充分发挥产业链的集聚效应，提升整个产业链服务于全球文化市场的水平。从文化产业项目投资开发建设到经营管理，从世界一流的文化产业创意到多元化的主题文化产品，从国际领先的娱乐科技到新一代的主题公园，华强集团文化科技产业已经迅速成为中国文化产业的一支生力军。

华强集团及深华强的资产质量相当不错。华强集团 2003 年上半年实现主营业务收入 1 318.02 万元，利润总额 1 609.12 万元，净利润 1 732.80 万元。更值得一提的是，深华强的现金持有量非常充沛，2003 年中期财务报表的资产负债率竟然只有 6%，货币资金高达 6 个亿。由于华强集团董事长张锦墙持有华强集团 11.5%的股权，而华强集团持有深华强 52.5%的股权，根据深华强 2003 年的中期财报显示，该公司净资产达 12 亿多元，张锦墙对应的净资产为 7 300 多万元，而考虑到法人股与流通股的差价，深华强每股净资产为 4.47 元。

4. 并购过程

4.1 准备收购

为了实施 MBO，华强集团员工（共 1 348 名自然人）在 2003 年 7 月 28 日发起设立了深圳华强合丰投资股份有限公司（以下简称"华强合丰"），注册资本 3 亿元人民币，法人代表为李国洪。公司主营业务为股权投资、投资兴办实业。如果股权转让成功，华强合丰将成为华强集团的第一大股东，华强集团的国有股权比重将大大缩小，华强集团也将由职工集体控股代替原来的政府控股。由于华强合丰的主要股东是华强集团的管理层，因此，此次股权转让实际上就是 MBO。

4.2 签订协议

2003 年 9 月 29 日，在得到广东省省政府授权的情况下，广东省财政厅与华强合丰、华强集团 10 名高管签署了《深圳华强集团有限公司国有股权转让协议》，向华强合丰与华强集团高管转让其持有的华强集团 91% 的股权。完成股权转让之后，华强合丰将持有华强集团 45% 股权，成为华强集团的第一大股东，华强集团 10 名高管将持有其他 46% 的股权。但这个方案还需要国务院国资委的批准。

4.3 收购价格的确定

此次 MBO 的转让价格是以净资产为基础来确定的。经评估，华强集团的国有净资产为 53 949.98 万元，广东省省政府按 90% 的价格，即 48 554.98 万元进行转让。广东省省政府规定在国企改制时，改制后继续留在企业工作的职工可以得到个人经济补偿金等优惠政策，因此在这个净资产的基础上，还要扣减广东省政府应该负担的在岗员工经济补偿金、内退职工的经济补偿金、奖励金以及离退休人员管理费用合计 25 999.71 万元。扣减之后，剩余净资产变为 22 555.27 万元。按 90% 计算，转让 91% 股权的价格合计为 20 525.29 万元。若在规定期限内付款，还可再享受 10% 优惠，这实在是优惠再优惠、折上加折的价格了，因此华强集团管理层及员工实际支付的价款为 18 472.76 万元。

4.4 国资委批复

签订协议之后，华强集团 MBO 方案一直没有得到国资委的批准。直到 2005 年 12 月 8 日，在按要求补齐差价之后，国资委才批复同意了华强集团的 MBO。华强集团股份转让前后对照如图 22—1 所示。

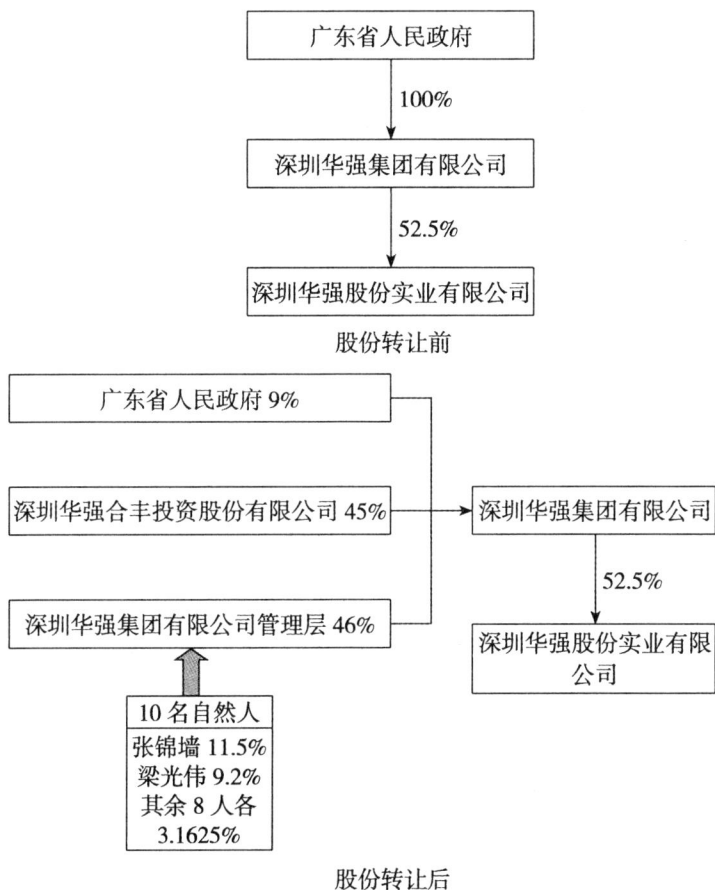

图 22—1　股份转让前后对照图

5. 动因分析

5.1　政府推进

华强集团的改制主要是受国有企业改革这个大环境的影响。自 1998 年以来，国家十分重视国有企业改制以及在一些行业实行"国退民进"的策略。华强集团作为广东省国企改制的试点单位，力图通过 MBO 的实践来探索国有企业产权改革的新模式，并通过改革为集团取得更大的发展。而华强集团能成为广东省省属企业改制试点的先锋是由华强集团的四个特点所决定的：第一是华强集团国有资产规模较为适中，只有近 5.4 亿元，比较好操作；第二是华强集团的经营状况不错，但同时盈利能力又不是很强；第三是华强集团属于电子类企业，该行业的市场竞争性强，属于国有资产可退出领域；第四是华强集团地处深圳这座改革前沿城市，有改革的便利条件，而且作为省属企业，还存在主管部门管理不便的问题。

这次华强集团整体改制的主导力量并非产生于内部，而是来自外部。主导者是广东省人民政府，由省长办公会议拍板，具体由省政府的五个部门与华强集团联手操作，作为集团下属的上市公司，深华强只是被动接受。而在改制过程中，除了改制方案由省里确定，对集团的资产评估也是由相关部门通过公开抽签的方式，确定由深圳中勤信资产评估有限公司对华强集团的资产进行评估，整个资产评估过程由各部门监督实施，最后由省财政厅核准评估公司出具的资产评估报告，从而杜绝集团管理层压低净资产的可能。同时，国家也陆续颁布了相关政策及优惠措施，为公司的改制提供了良好环境。因此，广东省政府五个部门的介入，成为这次改制的最大推动力。

5.2　集团机制改革

华强集团的改制要求虽然来自政府方面，但从集团层面上讲，也希望通过改制来促进企业的进一步发展。华强集团董事长张锦强在一次内部会议上指出，华强集团经过20多年的发展，经济指标持续增长，综合实力不断增强，初步建立了现代企业制度，在经营上实现了由生产经营型向资产经营型的转变；但集团内部产权主体单一，没有真正达到建立现代企业制度的要求，国有资本金增量投入少，企业抗风险的能力比较弱，主导产业尚未形成核心竞争力，没有一个很好的主导产业支撑华强集团，经营上的激励、约束机制不活。

MBO通过设计管理层既是企业所有者又是企业经营者的特殊身份，使得企业在管理层的自我激励机制以及在高负债的外部约束条件下充分挖掘其潜力，实现企业价值的最大化。在目前我国国有企业面临内部激励不足和扭曲的情况下，管理层收购必然地成为解决我国国有企业激励不足的一种选择。当华强集团国有股权转让协议签约完成后，当地媒体报道称"这标志着深圳华强集团有限公司由省政府授权经营的国有独资公司转变为混合持股的有限责任公司，成为了自主独立经营、自我发展、自我约束的真正的法人实体和市场竞争主体。"

6. 结果评价

6.1　兼顾各方利益

作为国企改制的试点，在制定华强集团改制方案时，既要通过产权多元化推动企业体制的改革，又要确保职工合法权益以及防止国有资产的流失，因此，最后确定了一个兼顾各方利益的折中方案，并最终体现在股权比例的设计中。华强集团的改制方案中保留了9%的国有股，主要是通过国有股东的存在继续对管理层进行监督，保证改制后公司的平稳运营。其次，政府可以通过国有股继续分享企业增长带来的利益。而由员工设立的华强合丰持有45%的股权，华强集团管理层持有46%的股权，是为了使员工集体持股与管理层集体持股均大于30%，两者互相制约，同时还可以保证利益分配的公平性。股权转让完成后，员工设立的华强合丰以持有 45% 股权而成为华强集团的第一大股东，虽然管理层每人持有的股份不超过 12%，但加起来共持有 46% 的股权，使管理层在集团内还是拥有话语权。由于改制方案充分考虑了职工的利益，因此华强集团的 MBO 容易从内部得到职工的支持，在集团内部取得统一认识。深华强副总经理兼董事会秘书周红斌表示，对于华强集团本次的改制，不要以"管理层及员工持股"来理解。她认为华强集团的此次改制，是作为广东省国企改革的一个试点项目推出的，是为促进广东省推进"产权制度多元化"的目的而实行的。但华强集团的产权性质改变，实现管理层及员工持股却也成为事实。由此，华强集团的改制方案实现了三个目的：实现国有资产的退出；明确管理层的责任和权利，有利于企业发展；形成有效的员工激励机制。

6.2 总体评价

华强集团的股权改制在 2003 年就签订了协议，但直到两年半之后才获得国资委的批复，其主要原因在于转让价格较低，以净资产的九折计价，不符合国有资产管理政策。从华强集团的 MBO 整个过程来看，地方政府在转让国有资产、国企产权改革方面似乎比中央政府更为积极，反而是国资委比较慎重。这可能是因为国资委的动作关系到全国的政策执行，而且还要考虑国家的总体规划和各地区的经济差异。

为了更好地对企业 MBO 进行规范，建立约束机制和外部监管机制，以解决目前企业 MBO 过程中存在的管理层融资渠道不畅，容易出现国有资产流失等问题，国资委经过研究制定了一系列关于 MBO 的法规和规定，并对 MBO 进行严格的限定，包括要求实行 MBO 的资金必须及时到位，收购者不能以被收购企业和其他国有企业的产权作为融资担保，更不能向银行贷款；管理层不能参与被收购企业的财务审计、清产核资、资产评估、价格确定等事项。在相关法律完善后，企业 MBO 将逐渐向公开转让、公开竞价发展，防止暗箱操作、管理层贱卖国有产权等问题。

虽然华强集团的改制遭到很多质疑，但改制对于华强集团来说似乎并非一无是处。在实行产权多元化之后，作为持股者的管理层和员工将会更加关心企业的经营，将自身利益与企业发展联系在一起。

7. 问题探讨

7.1 定价是否合理

华强集团股权转让价格是在以净资产总额的 90% 扣减在岗员工经济补偿金、内退职工的经济补偿金、奖励金以及离退休人员管理及费用的基础上确定的，如果华强集团十名高管在协议生效之日起 3 个月内将转让款分两期汇入转让方指定账户，将享受 10% 的优惠，受让方最终支付的价款只有 18 472.76 万元，这个价格已经远低于华强集团的每股净资产。据此分析，华强集团改制后员工、管理层、退休人员可得到 25 999.71 万元，而整个收购价格合计 20 525.29 万元，照这个理论分析，华强集团员工及管理层收购集团公司不用花一分钱。

那么上述四项扣减项目为什么要作为费用扣除呢？根据广东省的相关政策，政府在国企改革中必须对国企员工进行补偿，因为一直以来国企员工都没有购买社保，而是实行工资制，那么在改制之后就要把社保的这一部分给补上。这四项共 2.6 亿元的费用本来应该由广东省政府支付给员工或者社保系统，现在在转让价格中扣减，也就是说这块费用就当是政府给过了，以后员工的社保和补偿由自己负责，政府不用再出钱。

但这种扣减是否合适呢？根据国务院的有关文件，对于转让国有产权的价款，优先用于支付职工的经济补偿金和移交社会保障机构的社保费，以及偿还债务和企业欠缴的社保费，剩余价款再进行处理。也就是说应该先由收购方支付费用，支付以后再进行补偿、交社保。华强集团的改制看来并不符合这样的要求，但对于华强集团 MBO 来说，即使员工先支付收购费用，之后补偿的费用还是要还给员工，所以先行扣减也不是完全没有道理。

但是根据国家部委有关文件的规定，国有股协议转让不能进行折价，但华强集团的转让价格却是按照净资产的 90% 计算，甚至在及时付款的基础上又优惠 90%，条件优惠得让人难以置信。在我国现在执行的国有股权转让的有关规定中，转让价格一般不得低于每股净资产。但本次股权转让的定价，突破了这一限定。显然这样的股权价格是国资委迟迟不能批准改制方案的主要原因。从规范意义上讲，企业的管理层收购是一种市场行为，收购价格应该由收购者和目标公司进行确定，以基本反映公司的市场价值。但从上述华强集团股权转让的定价准则来看，显然很难令人相信其转让价格的合理性。

7.2 资金来源

华强集团 MBO 的两个收购方——员工设立的华强合丰和管理层 10 个高管共需支付近 2 亿元的款项，那么筹措这笔巨额资金也不是一件容易的事情。华强合丰由华强集团员工共同成立，注册资本为 3 亿元人民币，不论华强集团的员工是通过什么方式筹集的款项，以这个注册资本已经可以负担整个收购的费用了，更别说只需要负责 9 千万的支出。压力较大的是 10 个高管，必须个人自筹资金，支付 1 亿多的费用，光是老总张锦墙一人就需要为他名下的 11.5% 集团股权支付 2 300 多万元。仅仅依靠员工和高管的历年工资积累，这几乎是不可能完成的任务，不通过对外融资是难以完成资金筹集的。由于相关信息并未公开，所以不能确定资金是如何筹集的。不过光是华强合丰的注册金就有 3 亿元，也许华强合丰先支付所有费用，由管理层以后偿还。而且华强集团的改制受到广东省政府的大力支持，由广东省政府或者银行提供资金支持也不是不可能的事。

此外，深圳华强集团高管层对该公司 MBO 消息曝光不足一周，有熟悉华强集团内幕的知情人士就透露了另一个重大内幕：华强集团 MBO 之前的 2000 年和 2001 年，华强集团旗下华强控股通过影子公司低调间接控股了南宁百货并同意收购贵糖股份的母公司贵糖集团。另一个值得关注的事实是，就在华强集团 MBO 之前不久，深圳永丰国等四家公司悉数从南宁百货撤出，将所持股权分别转让给了南宁市高新技术开发投资公司和南宁市自来水公司，转让金额约 9 363 万元。据该知情人士表示华强集团此举撤退主要也是由于华强集团 MBO 急需资金。

而中山大学魏新勒教授指出，类似深圳华强集团这样的收购资金来源可分为两部分：一是内部资金，即管理层本身提供的资金；二是外部来源，即债权融资和股权融资。一般情况下，目标公司的股权或资产的价格往往远远超过收购方（经理层）的支付能力。所以，在收购中管理层自身提供的资金只能占总收购价格中很少的一部分，大部分还要依靠外来资金，其中，债务融资（包括高级债务、次级债务和流动资金贷款）往往占有很大的比例。

主要参考文献

1. 佚名：《深圳华强曲线 MBO 台前幕后》，网易，http://biz. 163. com/31014/0/056SJTCV00020QF0. html，2003 - 10 - 14。

2. 郑义夫：《国资委批复深圳华强集团 MBO 六大疑问浮出水面》，载《赢周刊》，2006 - 01 - 06。

3. 佚名：《母公司国有资产九折转让 深圳华强曲线 MBO 玄乎》，新浪财经，http://finance. sina. com. cn/t/20031026/1134490555. shtml，2003 - 10 - 26。

4. 赖昭瑞：《对我国管理层收购问题的反思》，载《经济问题》，2004(8)。

5. 余凯：《明目张胆的 MBO》，载《粤港信息日报》，2003 - 10 - 10。

6. 蔡玉龙：《我国上市公司管理层收购(MBO)问题研究》，载《广东经济管理学院院报》，2003(6)。

7. 王可珂：《我国管理层收购(MBO)探析》，载《山东电力高等专科学校学报》，2004(3)。

8. 李玉宝：《管理层收购的理论及相关难题》，载《哈尔滨商业大学学报》(社会科学版)，2005(2)。

9. 佚名：《深华强 MBO 资金来源调查:管理层隐秘操作南百与贵糖式》，载《经济观察报》，2003 - 11 - 05。

10. 佚名：《深圳华强大股东 MBO:棋未完局》，金融界，http://www. jrj. com. cn/newsread/detail. asp? newsid = 539107。

案例参编:谢潮昂　林亮冰